해방일기

해방일기 8
의미를 잃어버린 해방

2014년 8월 4일 제1판 1쇄 인쇄
2014년 8월 11일 제1판 1쇄 발행

지은이 김기협
펴낸이 이재민, 김상미

편집 이상희
디자인기획 민진기디자인

종이 다올페이퍼
인쇄 천일문화사
제본 광신제책

펴낸곳 너머북스
주소 서울시 종로구 누하동 17번지 2층
전화 02)335-3366, 336-5131 팩스 02)335-5848
등록번호 제313-2007-232호

ISBN 978-89-94606-29-3 04900
ISBN 978-89-94606-05-7 (세트)

너머북스와 너머학교는 좋은 서가와 학교를 꿈꾸는 출판사입니다.

해방 일기

1947·9·3~1947·12·31

8

의미를 잃어버린 해방

김기협 지음

너머북스

머리말

분단건국의 길이 뚜렷해져 가고 있는데……

'정통성' 주장으로 맞서는 남한과 북한

남한과 북한은 1948년 8~9월 분단건국 이후 각자 '정통성'을 주장하며 상대방을 '괴뢰'로 규정했다. 자기네가 올바른 정부고 상대방은 일개 반역집단일 뿐이니 상대방을 쳐부수고 통일을 이뤄야 한다는 주장이었다. 1991년 가을 유엔 동시가입으로 공식적인 정통성 논쟁은 무대를 내려왔지만, 장외에서 아직까지 계속하고 있는 사람들이 있다.

어느 쪽 주장이 옳으냐에 앞서 이 '정통성'이란 것이 무슨 뜻인지 생각해봐야겠다. 영어에서는 'legitimacy'로 표현된다. 그런데 이 말이 실제 쓰이는 것을 보면 '정통성'보다는 '정당성'의 뜻에 더 가깝다. 안으로는 국민에게 국가 노릇을 제대로 해주느냐, 밖으로는 국제사회의 일원으로서 제 역할을 하느냐 하는 것이 'legitimacy'의 기준이다.

서양에서도 이 말이 '정통성'에 가까운 뜻으로 쓰인 적이 있다. 군주제에서 혈통에 따라 계승자를 정할 때 'legitimacy'를 따진 것은 '정통성'의 뜻이었다. 그러나 현대에 와서는 이념적인 정통성보다 기능적인 정당성이 국가를 평가하는 기준이 되었다.

전통적인 정통성 개념이 가장 늦게까지 문제가 된 것은 제2차 세계대전 중의 프랑스였다. 프랑스 제3공화국은 1940년 6월 독일군에게 항복하고 독일이 패퇴할 때까지 그 통제를 받았다. 샤를 드골 장군이 이끄는 자유프랑스는 비시로 수도를 옮긴 국내의 정부를 괴뢰로 규정하고 망명정부를 선포했다. 영국의 처칠 수상은 이 망명정부를 승인했지만, 미국의 루스벨트 대통령은 프랑스 국내의 정부가 정상적 선거를 통해 구성된 정부이므로 자유프랑스는 일개 항쟁단체일 뿐이라며 망명정부를 인정하지 않았다.

1945년 봄 루스벨트가 죽고 뒤를 이은 트루먼이 자유프랑스를 승인했다. 그래서 프랑스가 패전국이 아닌 연합국으로 인정받을 수 있었던 것이다. 'legitimacy'가 이념적 의미보다 기능적 의미로 굳어지는 데 이것이 하나의 계기가 되었다.

기능적 의미의 정당성은 실적을 통해 평가받는다. 아직 실적이 쌓이지 않은 건국단계에서 다툼의 대상은 정통성이다. 건국 방법이 올바른 것이라 하여 정통성이 인정되면 국민의 신뢰와 협조를 얻기 위한 좋은 조건이 된다. 그런데 건국 방법의 올바름을 판별하는 데는 서로 다른 여러 가지 기준이 있다. 남한과 북한이 각자 정통성을 주장하며 상대방의 정통성을 부정한 일차적 이유가 이 기준의 차이에 있다.

'유엔 승인'에 의지해온 대한민국의 정통성

대한민국의 정통성을 내세우는 큰 근거로 두 가지가 있었다. 하나는 임시정부의 법통을 이어받았다는 것이고, 또 하나는 유엔의 승인을 받았다는 것이다.

임시정부의 국호를 그대로 쓰고 헌법 전문에 임시정부의 계승을 표시하는 등 임시정부의 법통을 겉으로 강조하는 데 비해 그 실질적 의미는 크지 않다. 임정 요인들이 대한민국 건국과 운영에 많이 참여하지 않았다. 주석 김구는 분단건국에 반대하다가 건국 주도세력에게 암살당했고, 임시정부를 대표해 부통령을 맡은 이시영은 분노와 좌절 속에 사임하기에 이른다. 부주석 김규식을 비롯한 다수 임정 요인은 전쟁 발발 때 정부의

버림을 받고 북한군에 붙잡혀 북한으로 끌려갔다.

대한민국의 정통성 주장을 임시정부의 법통보다 더 강력하게 뒷받침해 준 것이 유엔 승인이었다. 1948년 12월 12일 대한민국의 독립 승인안이 유엔총회에서 찬성 48, 반대 6, 기권 1로 가결된 것이다. 이 승인안은 대한민국 정부를 "한국 국민의 대다수가 거주하는 지역에 대해 교화적인 지배와 관할권을 가진 합법정부이며„ 한국에서 유엔임시위원단이 감시한 지역 선거인의 자유의사의 정당한 표현에 의한 선거로 수립된 유일한 정부"로 인정했다.

전통시대 한국의 왕조는 중국 황제의 승인을 정통성의 근거로 삼았다. 천명을 받은 중국 황제가 제후로 승인함으로써 천명의 일부를 나눠주었다는 것이다. 대한민국 건국 주도세력은 유엔총회의 이 결정을 마치 중국 황제의 조선 국왕 승인과 같은 의미를 가진 것으로 국민에게 선전했다.

그런데 20세기 중엽의 유엔은 전통시대 중국 황제와 성격이 다른 존재였다. 천명을 대표하던 이념적 구심점으로서의 중국 황제와 달리 유엔은 국제관계의 조정을 기능으로 하는 실용적 기구였다.

1948년 12월의 총회 결정이 대한민국을 "한반도의 유일한 합법정부"로 규정했다고 남한 정부가 국민들에게 주장했지만, 실제 그 결정의 내용은 그 시점까지 유엔이 인정하는 방법으로 수립된 것이 확인된 유일한 정부라는 것이었다. 북한까지 포함한 한반도 전체에 대한 통치권을 부여한 것이 아니었다. 이후에라도 한반도의 다른 지역에 유엔이 인정하는 방법으로 수립되는 또 하나의 정부를 승인할 길을 없애는 결정이 아니었다. 그렇기 때문에 북한도 1991년 유엔에 가입할 수 있었던 것이다.

유엔이 독립국으로 인정했다면 회원으로 가입하는 것이 마땅하다. 유엔의 승인이라면 회원 가입이 진정한 승인이다. 그런데 남한은 1991년에야 북한과 함께 유엔 회원국이 된다. 그때까지는 남한, 북한 어느 쪽도 회원국이 되지 못하고 있었다.

안보리 아닌 총회에서 승인이 이뤄진 이유

한국을 승인했다는 유엔 결정이 총회에서 이뤄졌다는 사실에 주의해야 한다. 회원 가입은 안보리를 거쳐야 한다. 유엔의 첫 번째 목표가 세계평화 유지에 있는데, 국가 수립은 세계평화에 큰 영향을 끼치는 일이다. 승인받을 조건을 갖춘 국가가 승인을 못 받거나 조건을 갖추지 못한 국가가 승인받는 일이 있다면 전쟁을 어떻게 피하겠는가. 그래서 회원 가입은 안보리를 거쳐야만 한다. 1948년 남한 건국이 안보리를 거치지 않고 총회 승인을 받은 것은 변칙적인 일이었다.

왜 이런 변칙적인 일이 일어났는가? 갓 설립된 유엔의 운영방법이 아직 안정되지 못한 상태에서 미·소 대립이 시작되었기 때문이다. 돈이 많은 미국은 총회에서 거의 어떤 의안에 대해서도 유리한 결정을 얻어낼 수 있었다. 그런데 안보리에서는 상임이사국인 소련의 거부권이 가로막고 있었다. 그래서 미국은 1947년 봄 그리스 사태 이후 안보리 소관이어야 할 일을 총회로 바로 가져가려는 시도를 거듭하고 있었다.

어릴 때 소련의 거부권이 부당하고 무도한 것이라고 배우며 거부권 제도 자체에 대해 의문을 품었다. 강대국 하나가 유엔의 결정을 가로막을 수 있다니, 비민주적인 제도 아닌가? 어째서 세계 최고의 정치기구인 유엔이 그런 비민주적 제도를 쓸 수 있을까?

오랜 시간이 지난 뒤에야 이해하게 되었다. 유엔은 민주주의 원리에 따라서가 아니라 현실의 기준에 맞춰 운영되는 기구라는 사실을. 인구 몇십만의 나라들이 인구 몇억의 나라들과 같은 한 표씩 가지는 것이 민주주의 원리에 맞는가? 아니다. 세계를 이루고 있는 온갖 형태의 국가들을 모두 '주권국가'로 인정하는 것이 현실적인 조직의 길이기 때문이다.

국제관계의 정말 중요한 일들은 중요한 나라들로 구성되는 안보리에서 다루고 총회는 이것을 추인하는 형식적 역할을 맡는 것이 유엔의 실상이다. 안보리에서 특히 중요한 나라들은 상임이사국으로서 거부권을 가지는 것도 현실적 기준에서 필요한 일이다. 주요 강대국 하나라도 원치 않는 방침을 채택한다면 불안을 없앨 수 없는 것이 현실이다.

평화 유지를 목적으로 하는 국제기구에서는 거부권의 존재가 바람직하다. 만장일치를 이루지 못한다면 국제기구가 개입하지 않는 편이 낫다. 그러면 분쟁이 국지적 규모에 그친다. 완전한 합의가 되지 않은 채로 국제기구가 개입하면 오히려 분쟁이 확대되기 쉽다. 제2차 세계대전 전의 국제연맹에서는 군사적 결정에 관해 (분쟁 당사국을 제외한) 모든 회원국에 거부권을 주기도 했다.

일본제국으로부터 해방된 한반도에 어떤 국가가 들어서느냐 하는 것은 대전 후 세계평화를 위한 중요한 과제 중 하나였다. 이런 전후처리 과제는 아직 유엔이 궤도에 오르기 전에 연합국의 합의를 통해 방침이 정해졌다. 한국 문제도 1945년 12월 모스크바의 연합국 외상회의에서 미소공동위원회를 통해 처리하기로 했다. 그런데 세계적 미·소 대립이 심화된 끝에 미국은 소련과의 합의를 포기하고 한국 문제를 유엔에 상정하러 나선 것이다.

유엔에서 이 문제를 다룬다면 당연히 안보리에서 논의해 적어도 5대 강국은 모두 동의하는 길을 찾아야 했다. 그런데 1947년 가을, 미국은 안보리가 아닌 총회에 한국 문제를 제기했다. 결국 1948년 12월에 이르기까지 안보리를 배제한 유엔의 한국 개입은 소련의 반대를 무릅쓰고 이뤄진 것이었고, 전쟁의 위험을 만들어낸 조치였다.

극좌도 극우도 분단건국을 원했다

미소공위도 배제하고 안보리마저 회피하며 수적 우세를 자신할 수 있는 유엔총회로 조선 문제를 가져간 것은 미국이 소련의 동의 없이 한국의 정부수립을 추진하겠다는 뜻이었다. 소련이 이북 지역을 점령하고 있는 상태에서 이런 일방적 조치는 분단건국과 내전의 위험을 품은 것이었다. 이 위험에 대해 조선의 정치세력들은 어떤 반응을 보였는가.

민족국가 건설을 바라는 조선인이라면 누구나 분단건국을 반대했다. 그런데 다른 생각을 가진 집단이 있었다. 친일파였다. 제대로 된 민족국가가 세워지면 처단의 대상이 되거나 적어도 특권을 내놓아야 하는 입장이었다. 그들은 한민당과 이승만을 중심으로 모여 겉으로는 민족주의를 표방하면서 눈치를 보고 있다가, 1947년 봄부터 미·소 대립이 뚜렷해지자 정부 수립을 서두르고 나섰다. 일단 이남에서라도 국가를 세워놓은 다음 이북까지 확대한다는 것이 그들의 일반적 주장이었는데, 분단건국과 내전을 말만 그럴싸하게 표현한 것이다. 이들 친일파를 중심으로 '대한민국 건국 주도세력'이 형성되었다. '반탁'을 내걸고 미소공동위원회 반대투쟁을 해온 그들은 미국이 드디어 미소공동위원회를 버리고 유엔으로 가자, 분단건국의 마지막 수순에 접어들었다.

1947년 11월 14일 유엔총회에서 미국이 제안한 유엔 감시하의 남북총선거를 통한 한국정부 수립안이 43 대 0(기권 6)으로 가결됨으로써 유엔의 한국문제 개입이 시작되었다. 명목상 '남북총선거'를 규정했지만, 소련이 이북 지역을 점령한 상태에서 불가능한 일이었다. 분단건국 추진세력은 이 상태에서 이남 지역에서 먼저 선거를 시행하도록 군정청을 재촉했다. 선거 감시를 위한 유엔위원단이 오기 전에 최대한 기정사실로 만들어놓으려는 속셈이었다.

이 분단건국 추진세력을 종래 '반공'이나 '극우'로 표현해왔다. 그런데 실제로 그들의 정치적 동기는 이념이 아니라 이해관계에 있었다. 이 세력의 주축이 된 친일파집단은 해방 전에 확보해놓은 기득권을 지키고, 나아가 미국의 비호 아래 더 키워나가려는 속셈이었다. 이승만 등 기회주의적 정상배들이 그들과 손을 잡았다. '반공'은 핑계일 뿐이었다.

좌파에서 중간파까지 다른 모든 정파가 분단건국의 획책에 반대했다. 그러나 좌파와 중간파가 바라보는 방향에 차이가 있었다. 좌파에게는 분단건국이 이뤄질 경우 이북에 '혁명기지'를 세워 극우파의 '반공통일'에

'국토완정'으로 맞선다는 복안이 있었다. 그래서 분단건국의 책임을 미국과 극우파에게 씌우면서 실제로는 분단건국의 결과를 가져오는 방향으로 움직였다. 순수한 민족주의를 내세우는 중간파에게는 그런 대안이 없었다. 중간파에게는 좌우합작을 통한 분단건국 저지만이 유일한 목표였다.

좌파와 중간파를 맺어줄 가장 중요한 위치에 있던 여운형이 1947년 7월에 암살당했다. 분단건국 추진의 본격화를 목전에 둔 시점에서 암살당했다는 사실에서 분단건국 추진세력이 그를 암살한 동기를 짐작할 수 있다.

'분단건국' 앞에서 갈팡질팡하는 김구

중도 좌익의 영수 여운형이 사라지자 중도 우익 성향 중간파의 분단건국 저지세력 형성 노력이 더욱 어렵게 되었다. 막강한 공권력과 자금(테러자금 포함)을 장악한 극우파의 반공 공세에 위축된 중간파는 1947년 연말 민족자주연맹을 결성하면서도 좌익 인사들을 적극적으로 끌어들일 수 없었다. 그 대신 김구가 이끄는 한독당이 분단건국 저지 노력에 참여할 기색을 보임에 따라 '좌우합작' 아닌 '우익연합'으로 중간파의 노선이 돌아서게 된다.

김구는 이승만, 한민당 등 분단건국 추진세력과 반탁운동을 함께했다. 그런데 미소공동위원회가 최종 결렬에 이르고 분단건국의 가능성이 뚜렷해지자 다른 입장을 보이기 시작했다. 어찌 보면 민족주의 입장을 초지일관 지킨 것이라고도 볼 수 있지만, 달리 보면 분단건국 방안이 구체화함에 따라 '임정 봉대'(奉戴) 주장이 분단건국 추진세력 내에서 외면당하게 되었기 때문이라고 볼 수도 있다. 1947년 가을 중 김구의 행보 중에는 그가 민족주의 이념보다 전략적 득실에 따라 분단건국에 대한 입장을 선택했다고 보는 후자의 의심을 뒷받침하는 대목이 많이 있다. 한독당의 2인자였던 조소앙이 10월 이후 중도파와 손잡고 각정당협의회 활동에 나선 것은 김구의 양해 아래 조소앙 자신의 소신에 따라 설정한 노선으로 보인다. 그러나 11월 말 김구가 이승만과 '빅딜'을 성사시키고 태도를 표변함에 따라 사정이 달라졌다. 각정당협의회에 대표로 나섰던 사람들이 한독당에서 제명당하고 조소앙은 은퇴를 선언했다.

12월 들어 김구가 태도를 바꾸자 중간파는 한독당과의 우익연합 가능성을 바라보는 동안 보류하고 있던 민족자주연맹 결성에 나섰다. 1946년 7월 이래 중간파 활동의 보루 노릇을 해온 좌우합작위원회가 12월 15일 해체되고 12월 20일 민족자주연맹이 출범했다. 민족자주연맹은 독점자본주의와 무산계급사회를 아울러 배격하고 "조선의 현실이 지시하는 조선적인 민주주의 사회의 건립"을 지향한다고 표방하면서 통일정부 수립을 위해 남북정치단체 대표자회의 개최를 제창했다. 그런데 김구가 이승만과의 재결합을 공표하던 바로 그 시점, 12월 2일에 장덕수 암살사건이 일어났다. 한민당의 책사로 알려진 장덕수의 위치로 보아 김구에게 의심이 돌아갔다. 장덕수를 무척 예뻐하던 군정청 지도부는 상상하기 어려운 수준의 강한 압력을 김구에게 쏟기 시작했다. 김구와 이승만의 11월 말 빅딜은 김구의 국민의회와 이승만의 민족대표자대회를 통합함으로써 김구의 조직 기반을 넓히는 내용을 담고 있었는데, 군정청의 탄압 때문에 이것도 여의치 않게 되었다.

유엔한국임시위원단의 도착이 임박한 1947년 연말, 극우세력은 분단건국 추진에 열을 올리고 있었고, 평양의 집권세력은 겉으로 분단건국에 반대하면서 속으로는 독자적 정부 수립을 준비하고 있었다. 남로당은 평양에 의존하는 입장에 가 있었고, 걸출한 지도자를 잃은 중도 좌익은 행방을 잃고 있었다. 극우세력 중 민족주의를 앞세우던 김구의 한독당은 이해득실에 따라 갈팡질팡하고 있었다. 중도 우익을 크게 넘어서지 못하는 중간파의 민족자주연맹만이 분단건국에 확고히 반대하는 자세를 갖추고 있었다.

2014년 7월

김기협

차례

일러두기

1. 이 책에서 인용한 1차 사료(신문기사, 포고문, 법령 등)는 국사편찬위원회 한국사데이터베이스(http://db.history.go.kr)의 자료를 원본으로 하였으며, 일일이 출처를 명시하지 않는 대신 흐린 글씨로 표시하였다. 또한 지금은 별로 쓰지 않는 한자어를 우리말로 풀어쓰는 등 한글세대도 쉽게 읽을 수 있도록 일부 수정하였다.
2. 이 책에서 인용한 글의 서지사항은 처음 나올 때 표기하고, 이후에는 제목과 쪽수만 표기하였다.
3. 인명이 처음 나올 때 한자 또는 원어, 생몰연도를 함께 표기하였다(확인되지 않는 일부 인명의 경우 제외).
4. 단체명은 처음 나올 때 원래 명칭과 줄임말을 함께 표기하고 이후에는 줄임말을 사용하는 것을 원칙으로 하였다.
5. 각 장의 말미에 실은 '안재홍 선생에게 묻는다'는 해당 시점(예를 들어 1장 말미의 대담은 1947년 9월 말, 2장 말미는 1947년 10월 말)에 저자가 안재홍 선생과 나누는 것으로 가상하는 대담이다.

1

미소공동위원회를 떠나 유엔으로

1947년 9월 3 ~ 26일

해방 이후 평양 모습. 당시 도시 풍경은 남쪽이나 북쪽이나 큰 차이가 없었다.

1947. 9. 3.

미국 정책의 변화를 가져오지 못한 웨드마이어 특사

트루먼 대통령 특사인 웨드마이어(Albert Coady Wedemeyer, 1897~1987) 중장이 9월 3일 조선을 떠났다. 중국과 조선 상황을 조사하는 임무를 띤 웨드마이어 특사는 7월 22일 중국에 도착해 한 달 남짓 머무른 다음 8월 26일 조선에 들어왔다가 8일 만에 떠난 것이다.

1944년 10월부터 2년 가까이 주중 미군사령관을 지낸 웨드마이어는 미국 군부에서 중국 사정을 제일 잘 아는 사람의 하나였고 장개석 정부와 비교적 사이가 좋은 사람이었다. 중국에 있는 동안 장개석(蔣介石, 1887~1975)과 철천지원수가 된 전임자 '식초장군' 스틸웰(Joseph Warren Stilwell, 1883~1946)과 대비되어 이 우호관계가 두드러져 보였다(1946년 9월 16일자 일기).

웨드마이어 특사의 사명은 물론 중국 쪽에 중심이 있었는데 그의 사명에 조선 문제가 포함되어 있었다는 사실이 주목된다. 미국의 동아시아 정책의 한 부분으로 조선 문제가 검토되고 있었음을 보여주는 일이기 때문이다. 종래 조선에 파견된 미국의 고위급 특사는 폴리(Edwin W. Pauley, 1903~1981)뿐이었다(1946년 11월 18일자 일기). 폴리의 임무는 배상문제에 국한되었는데, 웨드마이어의 임무는 상황의 전면적 검토였기 때문에 미국의 대조선 정책에 큰 영향을 끼칠 것으로 기대되었다.

도착 당시 웨드마이어의 사명에 관해 이런 공식 발표가 있었다.

〔주 서울 AP특파원 램버트 제공 합동〕 26일 오후에 입경한 웨드마이어 중장은 즉시 다음과 같은 성명서를 발표하였다.

● 공보부 특별발표

트루먼 대통령의 지시에 의하여 내조한 사절단의 주목적은 중국에 관한 것과 같이 현하 조선의 경제적·정치적·사회적 및 재정적 상태를 조사하는 것이다. 사절단 일행은 하등의 구속이나 편견 없이 완전한 객관적 입장에서 사실을 조사할 것이다. 만약 그렇지 않으면 사절단의 공평한 실정조사 계획안은 수행되지 못할 것이다. 이런 입장에서 자료를 적당히 수집하여 조선국민의 복리를 향상시키고 고심하여 얻은 평화를 유지하기 위하여 조선국민과 협력하는 방법을 강구함에 있어서 미국 정부에 큰 도움이 될 것이다.

26일 당지에 도착한 미국 대통령 특사 웨드마이어 중장은 신문기자에게 다음과 같이 말하였다.

1. 우리 사절단 일행은 조선사태 조사에 있어서 순전한 객관적 태도를 취할 것이며 혹종의 언약을 하거나 예단 재결은 하지 않을 것이다.

2. 조선에서 수집된 정보는 미국으로 하여금 조선인 민생문제 향상을 위하여 조선인과 협력하는 방책과 많은 고통을 겪고 획득한 평화를 조선인에게 유지시키는 데 대한 방책을 결정하는 데 미국을 도울 것이다.

(「편견 없는 실정조사 조선의 평화 유지에 원조, 공보부 특별 발표」, 『조선일보』 1947년 8월 28일)

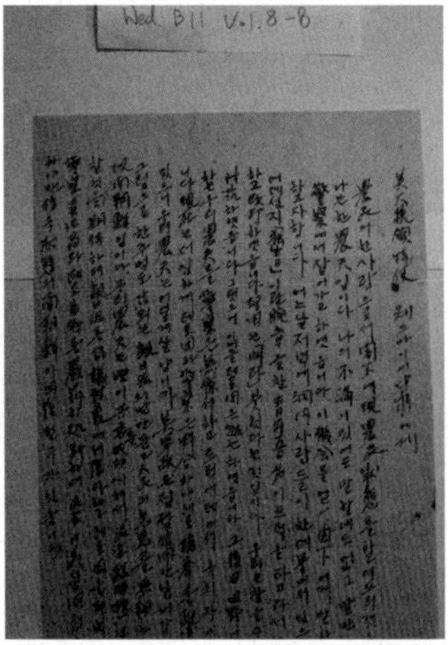

웨드마이어 사절단이 모아둔 1947년 당시 한국인의 편지. 많은 일본인이 맥아더를 '외국인 천황'으로 여기고 엄청난 분량의 편지와 선물을 퍼부은 것과 달리 하지 사령관에게 존경심과 애정을 표시한 조선인은 많지 않았다. 그러다가 잠깐 방문한 웨드마이어 특사에게 꽤 많은 편지가 보내진 데 대비해 미군정에 대한 민심을 알아볼 수 있다.

웨드마이어 도착 직후 그의 활동에 기대를 표명하는 성명이 민주의원, 조선민주당, 민족통일총본부(이하 '민통'으로 줄임), 한국독립당(이하 '한독당'으로 줄임), 좌우합작위원회(이하 '합작위'로 줄임)에서 나왔다. 미국 특사이므로 좌익 쪽에서 시큰둥해하고 우익과 중간파에서 환영한 것일 텐데, 이승만이 아무 말 없는 것이 오히려 눈길을 끄는 일이다. 김구가 군정청 인사들과 함께 비행장에 출영한 것과 대비된다.

김구의 출영은 충칭 시절 교분이 있었기 때문이었는데, 이승만은 웨드마이어를 '자기편'으로 여기지 않고 있었던 듯하다. 이승만은 9월 1일 발표한 담화의 한 부분에서 웨드마이어 환영의 뜻을 표하는 데 그쳤다. 이런 부분이다.

"웨드마이어 장군이 금번 대통령의 특파대사로 실정을 조사하기 위하여 우리나라를 심방(尋訪)케 되었으므로 우리는 웨 장군과 그 일행을 열정으로 환영한다. 미국 정부에서 이와 같은 권위를 가진 인물을 파견하게 된 것은 가장 우리의 광영으로 알며 트루먼 대통령께 심심한 사의를 표하고자 한다.

씨가 중요한 사명을 띠고 중국에 다년 시무하여 공산파에 대하여 타 고관들보다 특히 정확한 관찰을 가진 분이므로 이번 시찰에 이 문제에 대하여 정당한 보고가 대통령께 갈 줄로 믿으며 따라서 씨는 38선 문제가 악화된 것을 깊이 유감으로 생각하는 터이니 이 문제에 대하여 원칙적 조처가 있기를 우리는 깊이 바라는 바이다."

(「38선 원칙 문제 해결하라」, 『동아일보』 1947년 9월 2일)

웨드마이어는 군정청 보고에 주로 의존하고 조선인 상대의 독자적 조사는 별로 행하지 않았다. 그가 조선인을 개별적으로 접견한 것은 떠나기 전날 조소앙(趙素昻, 1887~1958, 국민의회)과 전진한(錢鎭漢, 1901~1972, 대한노총)을 만난 일만이 보도되었다(『조선일보』 1947년 9월 3일). 그러나 공식적 조사는 아니라도 조선인들을 여럿 만나 꽤 깊은 이야기를 나눈 것으로 보인다. 커밍스(Bruce Cumings, 1943~)는 웨드마이어 보고서의 일부 내용을 이렇게 소개했다.

앨버트 웨드마이어 장군은 1947년 후반의 조선 방문 때 이와 비슷한 증거를 보고했다. "과도정부의 행정관 중 압도적 다수가 한민당 당원이거나 암묵적 지지자들"이라고 그는 기록했다. 한민당은 지주들의 정당이며 그 지도자 김성수는 서남지방의 대지주였고, 또 하나의 지도자 장덕수는 김성수와 떼어놓을 수 없는 동지이자 한민당의 두뇌와 같은 사람인데, 일본 식민통치에 대한 "강력한 지지" 경력 때문에 공적 활동에 다소의 제약을 받는 사람이라고 적었다. 그러나 하나의 정당으로서 한민당에는 중대한 한계가 있다고 했다. "대도시 외에는

> 지방에 조직이 되어 있지 않다."는 것이었다.
>
> 많은 조선인들이 공산주의를 신봉해서가 아니라 친일협력자들에 대한 반감 때문에 좌익의 길을 택했다는 사실을 웨드마이어는 조선인들과의 대화를 통해 알게 되었다. 인민이 공산주의자들을 지지하는 까닭이 이북 세력의 획책 때문이 아니라 그들의 애국적 항일운동을 기억하기 때문이라고 저명한 문인 정인보가 웨드마이어에게 말해주었다. "이곳의 공산주의는 민족주의라는 비료에서 영양분을 얻은 것입니다." 나아가 정인보는 지난 수십 년 동안 "우리와 접경해 있는 러시아만이 일본에 대한 적대감을 우리와 공유해왔다."는 사실을 따끔하게 지적하기도 했다.
>
> 반공주의자인 소설가 강용흘은 웨드마이어에게 보낸 편지에 "조선은 세계 최악의 경찰국가 중 하나였다."고 썼다. 조선 내의 대립은 "배부른 소수 지주층과 배고픈 대중 사이의 싸움이며 지금 지주층(한민당)이 칼자루를 쥐고 있는데 다수 대중은 오래된 이 불의를 바로잡고 싶어한다."고도 썼다. 강용흘은 이승만이 유엔의 지지를 얻음으로써 "러시아인들을 이북에서 쫓아낼" 수 있게 되기를 바라고 있다고 예측했다. 조선 정치의 교착상태의 피할 수 없는 결과가 내전이라는 이야기를 웨드마이어는 그 밖의 저명한 조선인 여러 명으로부터도 들었다. (『The Origins of the Korean War 2』, 187~188쪽)

정인보(鄭寅普, 1893~1950)와 강용흘(姜鏞訖, 1898~1972) 외에는 이름이 나타나 있지 않지만, 중간파 사람들의 이야기를 웨드마이어가 많이 들은 것으로 보인다. 조선에서 '좌익'의 정체에 대한 이런 관점이 잘 파악되었다면 맹목적 반공·반소 정책을 조정하는 데 참고가 되었을 것이다. 그런데 9월 19일 제출된 웨드마이어 보고서는 정책 결정에 큰 작용을 하지 못했다고 한다.

> 결과적으로 웨드마이어의 보고서는 미국의 대한정책 결정에 큰 영향을 미치지는 못했다. 왜냐하면 이 보고서가 제출되기 전에 이미 한국 문제를 유엔에 이관하려는 정책이 워싱턴 고위당국자들 사이에서 합의되었기 때문이다. 당시 트루먼 행정부는 미국이 나쁜 영향을 최소화하는 선에서 한국으로부터 철수할 수 있도록 한국 문제를 처리하는 방향으로 정책을 추진했다. (이상호, 『맥아더와 한국전쟁』, 푸른역사 2012, 127쪽)

웨드마이어 보고서가 관심을 집중한 것은 역시 조선보다 중국 문제였다. 국무장관 마셜이 1946년 중 중국에 특사로 나가 국공 대립 문제를 해결하려고 노력했지만 성과를 거두지 못했다. 미국이 추구한 해결 방안은 국민당이 주도하는 연립정부에 공산당이 참여함으로써 내전을 피하는 것이었다. 마셜은 국민당의 협조 여부에 군사원조를 연계함으로써 협조를 강요하다시피 했지만 장개석은 '멸공(滅共)'의 고집을 버리지 않았다.

국민당에 가장 협조적인 미국 장군 웨드마이어를 특사로 고른 것은 장개석에 대한 압박을 최대화하기 위한 것으로 보인다. 웨드마이어까지도 부패 청산과 연립정부 추진을 권한다면 미국의 뜻에 의문의 여지가 없을 테니까. 웨드마이어 보고서에는 역시 중국에 대한 대대적 원조를 추천하면서도 국민당 정부의 개혁을 조건으로 붙여놓았다.

그러나 장개석은 이 조건에 따르지 않았고 미국의 원조가 줄어들면서 공산당에게 대륙을 내어주기에 이른다. 공산당의 대륙 석권 후 미국 반공진영에서는 '중국 상실'의 책임 문제가 끓어올랐다. 트루먼과 마셜이 혹독한 비판의 대상이 되었는데, 비판이 집중된 대목의 하나가 웨드마이어 보고서에서 권한 원조 강화 권유를 묵살했다는 것이었다. 이에 따라 웨드마이어는 반공진영의 아이콘이 되기도 했다.

웨드마이어 방문 당시 조선에 대한 미국 정책은 조선 문제를 미소공위를 떠나 유엔으로 옮겨가는 쪽으로 확정되어 있었으므로 그의 보고서가 방향 결정에 작용하지는 못했다. 그러나 이 방문을 계기로 조선 문제를 중국 사정에 연계해서 보는 관점이 세워졌고, 이에 따라 중국의 공산화가 조선 문제에 대한 미국의 태도를 경직시키는 결과를 가져오게 된다. 중국 사정은 과연 어떻게 변해가고 있었는가, 머지않아 한 차례 살펴봐야겠다.

1947. 9. 7.

갈림길에 선 이승만과 김구

1947년 초 반탁운동을 재개할 때부터 김구-한독당-임정 세력은 '임정 추대'를 집요하게 추진했다. 상하이·충칭 임시정부(이하 '임정'으로 줄임)가 건국 과정의 임정 노릇도 하겠다는 것이었다. 그래서 미소공위를 통해 새로 '과도임시정부'를 만들도록 한 모스크바결정에 반대한 것이었다. 이 점으로 보면 '반탁'이란 '모스크바결정 반대'의 핑계일 수도 있다. 1947년 초 임정 추대 노력의 전개를 서중석(徐仲錫)은 이렇게 정리했다.

> 김구가 반탁운동이 시작되면서부터 우익단체를 통합하기 위해 집요하게 노력하고, 이승만 측과 계속 갈등, 대립한 이유는 충칭 임시정부의 '현실화'에 그 목적이 있었다. 1947년의 반탁운동은 한편으로는 좌우합작운동을 봉쇄하는 것이 목적이었고, 다른 한편으로는 우익세력을 통합하여 충칭 임시정부를 '정부'로서 추대하려고 한 것이었다. 전자에 대해서는 이승만과 김구, 한민당의 이해관계가 일치하였으나, 후자에 대해서는 이승만-한민당과 김구가 1945년 말과는 다르게 이해관계가 충돌하였다. 이승만과 한민당은 1947년의 시점에 와서는 충칭 임시정부의 외피가 그다지 크게 필요하지 않다고 판단

> 하고 있었고, 본래 의도하고 있었던 남한 단정수립 운동에 더 중요성을 두고 있었다. 그렇지만 김구 측은 충칭 임정 추대 운동을 완강히 밀고 나갔다.
>
> 2월 17일에 소집된 비상국민회의 대의원대회에서는 충칭 임정 추대의 성격을 더욱 분명히 하기 위해 비상국민회의의 명칭을 '국민의회'로 바꾸었다. 그리하여 국민의회는 대한민국의 유일한 역사적 입법기관이며, 또 독립운동의 피 묻은 최고기관으로, 38선 이남에만 위와 같은 권능을 갖는 것이 아니라, 한국 전 영토를 포괄한 국회이며, 임시적 협의기구가 아니라 상설적 대의조직의 최고 조직임을 표방하였다. 따라서 국민의회는 민족자결의 최고 전형으로서 외부의 간섭을 받지 않고 민족의 기본법인 헌법과 선거법을 자정(自定)할 권리와 의무를 갖는다고 천명하였다. (서중석, 『한국현대민족운동연구』, 역사비평사 1997, 529~530쪽)

1945년 말 반탁운동이 처음 일어날 때는 한국민주당(이하 '한민당'으로 줄임)도 이승만도 김구의 도움이 절실하게 필요했다. 김구는 귀국 직후 친일파 척결과 독립건국의 순서가 어떻든 결과는 마찬가지라는, "A+B=B+A" 산수 법칙을 표방해서 한민당 친일집단의 숨통을 터주었다. 그리고 이승만도 임정과의 관계를 내세워 애국자 '인증'을 확보할 수 있었다.

해방 직전 임정의 마지막 항일 노력이 장준하(張俊河, 1918~1975), 김준엽(金俊燁, 1920~2011) 등을 포함한 특공대를 국내에 투입하려는 것이었고, 이 작전은 미 전략정보국(OSS, Office of Strategic Services)의 지원 아래 진행되었다. 이승만은 OSS 부책임자 굿펠로(Preston M. Goodfellow, 1892~1973)와 밀착관계를 맺고 있어서 이 작전을 비롯해 임정의 활동에 도움을 줄 수 있었다.

김구는 귀국 전부터 이승만이 미국, 특히 군부에 영향력을 가진 것으로 인식하고 있었다. 귀국하던 당일에도 미군정이 김구 등의 귀국 사실을 비밀에 붙였기 때문에 아무 환영행사도 없었는데, 죽첨장(경교장) 숙소에 도착하자마자 제일 먼저 찾아온 것이 이승만이었다. 친일파 척결을 늦추는 방침을 비롯한 활동방향이 이때 이승만의 설득으로 결정된 것이 많을 것으로 짐작한다.

김구 귀국 후 한 달 남짓 지난 시점에서 군정청 조선인 간부들과 경찰서장들을 포함한 한민당 세력의 전폭 지지가 임정 주도 반탁운동을 고무했다. 그래서 '국자(國字)'를 발포하며 정부 행세에 나서기까지 했다. 그러나 미군정의 벽을 넘을 수 없다는 사실이 단 하루 만에 확인되었다. 미군정의 경계 대상이 된 김구는 그 후 1년 동안 조용히 지내야 했다.

1946년 2월 민주의원과 민주주의민족전선(이하 '민전'으로 줄임)을 축으로 좌우대립이 굳어질 때 임정 비주류 인사들이 떨어져 나가면서 임정의 실체가 약화되었다. 그러나 4월 국민당과 신한민족당의 한독당 합당으로 민족주의 진영의 본산으로서 위상이 확충되었다. 한민당과 이승만 세력이 임정에 의지할 필요는 줄었지만 우익이 '민족진영'을 표방하는 이상 김구-한독당의 권위는 유지되었다.

1947년 들어 김구 세력이 한민당-이승만 세력과 다시 손잡고 반탁운동에 나선 것은 이해하기 힘든 일이다. 미소공위 좌초와 중간파 봉쇄가 그들의 공동목표였지만, 총선거를 통해 정권을 노리는 한민당-이승만 세력과 임정 추대를 꾀하는 김구 세력은 갈 길이 달랐다. 무엇보다, 통일민족국가 성립이 자기네에게 불리할 것으로 보고 이를 회피하려 드는 한민당-이승만 세력의 속셈을 이 시점까지도 알아채지 못하고 있었을 수는 없다. 이승만과 하지 사이의 불화를 보며 반탁세력을 모두 휘어잡을 수 있으리라는 환상을 가졌던 것일까? 그 와중에 한독당이 깨어져 상당 범위의 민족주의자들이 김구 세력에서 이탈했다.

8월이 지나는 동안 미소공위 실패가 분명해지자 김구의 임정 추대 노선과 한민당-이승만의 총선거 노선 사이의 갈등이 겉으로 드러나기 시작했다. 8월 12일 이승만은 미국인 측근 올리버(Robert T. Oliver, 1909~2000)에게 보낸 편지에 이렇게 적었다.

> 김구는 마음속으로 나를 지지하고 싶어하나 중국에 같이 있던 동지들과 귀국 전에 함께 협력해나갈 것을 약속했었기 때문에 그들로부터 떠나기가 그로서는 매우 어렵다고 느끼고 있소. 여기에 현재 어려움이 가로놓여 있는 것이요. 대표의회는 합동회의 최근 토의에서 자신이 어디에 어려운 점이 있다는 것을 알아내게 되었으며 국민감정도 즉시 선거를 지지하는 방향으로 나가게 될 것이요. 여론에 의해 김구 자신도 대표의회에 억지로라도 합세하게 될 것을 나는 굳게 확신하고 있소. (로버트 T. 올리버, 『대한민국 건국의 비화』, 박일영 옮김, 계명사 1990, 135쪽)

이승만은 임정에 대한 김구의 집착을 억누를 수 있다는 자신감을 갖고 있었던 것이다. 9월 1일부터 5일간 열린 국민의회 임시대회 진행을 보면 그의 자신감에 상당한 근거가 있었음을 인정하지 않을 수 없다. 임정 세력의 대표기구인 국민의회는 개회 직후 아래와 같은 긴급제의를 채택했다. 분단건국의 위험이 있는 총선거안에 반대한다는 것이다.

> "본 의회는 금차 미국에서 제의한 4대국 회의 개최안을 절대 지지할

뿐 아니라 동시에 38선을 존속시키고 조국을 영구 양분할 위험성이 있는 남조선 단독정부의 노선으로 향하고 있는 입의의 보선법에 의하여 실행하려는 남조선 총선거는 중지함이 당연하다는 것을 주장하기로 결의함."

(「남조선 보선법 중지 당연, 미국 안 지지, 국의에서 긴급 제시」, 『조선일보』 1947년 9월 2일)

그러나 주석에는 이승만을 다시 선출했고, 임정 요인들이 주로 맡아 온 국무위원 자리에 김성수(金性洙, 1891~1955)를 집어넣었다. 대회가 진행 중인 9월 3일 이승만이 메시지를 보내왔다.

국민의회에서는 보선 실시에 대하여 반대 의사를 표명한 바 있어 일반의 주목을 끌고 있는데 3일 이승만 박사는 여좌한 내용의 메시지를 동 의회에 보내어 입의에서 통과한 보선법에 의하여 총선거를 단행할 것을 종용하였다.

"국민의회에서 국권 회복을 촉성키 위하여 개회하신 이때에 내가 진참(進參)치 못함을 유감으로 여깁니다. 여러분 아시는 바와 같이 김 주석과 나는 미소공위에 대처하기 위하여 민의대로 정부수립을 최중 최급의 문제로 알고 민족대표대회를 부른 것입니다. 그런데 다행히 내외 정세가 순응되어 미군정과 협동으로 조일일(早一日) 성공될 수 있는 희망이 보이므로 우리 민족 전체의 통일 단결로써 총선거를 시행하여 국권 회복하기를 주장하는 것입니다.

소위 해방 이후로 3년간을 정부 없는 백성으로 지내느라고 안으로는 민생도탄이 말할 수 없는 터이요, 밖으로는 남북분단을 철폐하기에 우리는 언론권도 없이 지내므로 미소공위에도 정당과 사회단체들로 전 민족을 대표하라는 문제로 쟁론이 발생하기에 이르렀으니 이 어찌 우리 민족의 수모가 아니며 이 어찌 우리 민족이 통분할 바 아니리오.

금에 총선거 준비가 거의 완성된 중이니 귀회 여러분의 열렬한 애국성충으로 모든 동포와 합작하여 우리 정부를 우리 민의로 수립하여 국제상에 우리 대표가 발언권을 가지고 38선 철폐를 연합국과 합동하여 역도해야만 될 것입니다.

상하이 임정으로 말할지라도 전 민족이 다 봉대(奉戴)하는 바요, 김주석과 나로서는 특히 책임이 중대한 만큼 한성 계통으로 유지하여 온 것이니 의문이 없었으나 오직 국제관계로 인하여 이것만을 고집치 말고 아직 잠복하였다고 정부를 수립하여 계통을 전임키로 할 것이며 따라서 임정이 입국하기 전에 결의한 바가 있어 국민에게 공결(公決)대로 준행하기로 한 것이니 이것이 시세에 적합할 뿐 아니라 또한 원칙일 것입니다.

만일 우리가 해외에서 근 30년을 두고 분투노력하여 지켜왔으니 지금에 이 정부 외에 다른 정부를 수립하는 것이 불가라 할진대 이는 법리적 해석이 아닙니다. 원래 내지에서 피를 흘리고 그 임정을 수립한 민중에게 주권이 있는 것이니 민중이 무슨 방법으로든지 조처할 권리가 있는즉 해외에서 계통을 지켜온 우리로는 민중의 공의를 따라 정부를 세워서 계통을 전하는 것이 적법이요 순리입니다.

남북이 통일해서 총선거를 하기 전에는 남선(南鮮)에서만 총선거를 하는 것은 원치 않는다 하는 언론이 있으나 이는 사세를 떠나서 건국대업의 전도를 막는 공담(空談)일 뿐입니다. 우리 현상으로 38선 이남은 고사하고 다만 한 도나 한 군으로만이라도 정부를 세워서 그 정부 명의로 국제상에 참가하여 언론권을 가져야 우리가 우방들의 협

> 력을 얻어 남북통일을 촉성할 기회가 있을 것인데 이것을 아니하고 지금처럼 속수무책으로 앉아서 남들이 우리를 대신하여 통일시켜주기를 바라고 앉았다면 어불성설입니다.
> 미국인과 합작하는 것은 독립의 정신이 아니고 우리끼리 자주적으로 정부를 수립하자는 주장에 대하여 우리가 그 정신만은 절대 찬성하는 바이나 사세에 들어서는 참고할 점이 없지 아니합니다. 당초에 우리 힘으로 왜적을 타도하고 정권을 회복하였으면 타국의 간섭이 없을 것이지만 우리가 그것을 못하므로 미국이 우리 정권을 장악하게 된 경우에서 절대 맹목적으로 단독행동을 고집하면 사세에도 어렵고 우방의 동정도 잃을 것이니 고립무원으로 야심을 가진 타국에 대립하기에 더욱 고위(孤危)할 것입니다. (…)"
>
> (「민중공의로 정부를 수립—이 박사 국민의회에 메시지」, 『동아일보』 1947년 9월 4일)

끝줄에서 말한 "야심을 가진 타국"이 어느 나라를 가리킨 것인지는 설명이 필요 없겠다. 미국은 무조건 좋은 나라이고 소련은 나쁜 나라라고 그는 주장한다. 왜적을 타도해준 것이 미국이니까 미국의 간섭은 감수해야 한다고 한다. 그리고 해외에 있던 임정은 정부 자격이 없으니 민중의 '공의(公議)'를 따라야 한다고 한다.

무엇보다 그의 분단건국론이 확고한 틀을 잡은 것이 이 글에 보인다. 국토의 절반이 아니라 조그만 한 부분을 갖고라도 주권을 일단 세워놓고 통일에 나서야 한다는 것이다. 통일국가 수립이 불가능하다는 것을 전제로 하는 이야기다. 왜 불가능한가? 소련의 야욕 때문이다. 소련을 악마로 만듦으로써 무슨 짓이라도 할 핑계를 삼는 그의 반공주의가 실체를 드러낸 것이다.

총선거 조기 실시에 반대하는 국민의회나 김구와는 더는 길을 함께

하지 않겠다는 뜻을 이승만은 분명히 했다. 국민의회에서는 지난 3월에 이승만을 주석으로 선출했고 이번 임시대회에서 그를 다시 뽑았는데, 그는 취임 거부 성명을 9월 16일에 발표했다.

> "지난 3월에 조직되었다는 정부에 내가 주석 책임을 감당할 수 없는 형편이니 나의 고충을 여러분이 양해해주기 바란다. 나는 남한만으로라도 총선거를 행하여 국회를 세워야 국권 회복의 토대가 생겨서 남북통일을 역도(力圖)할 수 있을 유일한 방식으로 믿는 터이므로 누구나 이 주의와 위반되시는 이가 있다면 나는 합동만을 위하여 이 주의를 포기할 수 없을 것이다. 김 주석은 이에 대하여 이의가 별로 없을 줄을 내가 믿는 터이나 임정을 지켜오던 몇몇 동지와 갈리기를 차마 못하는 관계로 심리상 고통을 받으시는 중이니 일반 동포는 오해가 없기를 바란다.
>
> (「국의 주석을 거부-이승만 박사 선언서 발표」, 『동아일보』 1947년 9월 17일)

1947. 9. 17.

조선 문제, 드디어 유엔으로

8월 이래의 좌익 검거가 저인망식으로 계속되고 있다. 언론계와 교육계에서 시작된 좌익 색출 작업이 모든 공직으로 확대되어갔다. 검거가 시작될 때는 이것을 8·15 기념행사에 대한 '예비검속'으로 사람들이 생각했다. 그러나 한 달 이상 대규모 검거가 계속되면서 이제는 '좌익 박멸'로 여기게 되었다. 9월 17일의 검거 보도를 보면 아무런 범죄사실 없이 '음모 혐의'로 검거가 진행되고 있었음을 알 수 있다.

> 지난 8·15 전후를 기하여 수도경찰청에서는 좌익 정치단체에 관련된 모종의 혐의로 수백 명의 국민·중등학교 교직원을 검거 취조하고 있는데 이번에는 시 본청에까지 검거가 확대되어 시청 직원이 대량 검거되었다. 즉 17일 시내 마포 용산구를 비롯하여 각 구청원이 100여 명 모 좌익정당에 가입하여 미군정을 파괴하려는 음모를 계획하다가 미연에 발각되어 검거를 당하고, 17일 오전에는 소방국 서울소방서 서장을 비롯하여 동 서원 약 20명과 영등포·성동서원 등 약 10여 명이 역시 모 좌익정당에 가입하여 좌익에서 폭동을 일으켜 방화할 때에는 태업을 하여 폭동을 조장하는 음모를 꾀하였다는 혐의로 검거되었다고 하는데, 수도청 측의 말에 의하면 아직 미체포 용의자

가 상당히 있다고 한다. 그러나 진상은 아직 판명 안 되었으므로 이번 검거당한 용의자들의 범죄사실이 어느 정도 있는지는 알 수 없다고 한다.

(「시청에도 비화, 모종 혐의로 대최(大最) 검거」, 『조선일보』 1947년 9월 18일)

40여 명 소방대원의 체포 사태에 대한 서울시 소방국장의 발언을 보면 소방국에서는 진즉부터 좌익 대원을 색출해서 쫓아내려 해오다가 이번 좌익 탄압 사태를 맞아 체포하기에 이른 사실을 알아볼 수 있다. 모든 공공기관에서 대동소이한 사정이었으리라고 짐작된다.

"소방서 내에 이러한 분자가 있다는 것을 이미 내탐하고 그들에게는 벌써부터 권고사직을 요구하여왔던 터이라 소방작업에는 아무런 지장이 없다. 더구나 600여 명의 소방종업원 중 40여 명은 문제가 안 된다. 그러나 기정방침에 따라 이들은 단연 처치하고 건실한 새 사람을 등용할 터이다."

(「전율! 적화사건 소방서에 또 발각」, 『동아일보』 1947년 9월 20일)

경찰도 좌익 색출에서 예외가 아니었다. 평택경찰서의 검거 보도를 보면 '불순한 조직체'의 탐문을 근거로 경관들을 체포, 취조하고 있었다는 사실을 알 수 있다.

경찰관과 남로당원이 결탁하여 치안을 교란하고 폭동을 봉기하려다가 일망타진된 사건이 있다. 즉 제1관구경찰청 관하 평택경찰서 문석제 서장은 취임 이후 서내 직원에 불순한 조직체가 있음을 탐지하고 수사주임 최무증 경사, 김장묵 형사, 최병근 등을 인치(引致) 취조

하지와 스티코프. 소련군은 '정치'를 중요한 사업으로 여긴 군대인 반면 미군은 전투만 하는 군대였다. 그 차이가 두 장군의 풍채에서도 느껴지는 것 같다.

한 결과 의외에도 남로당 평택지부원과 결탁하고 폭동을 봉기하려던 무서운 음모가 발각되어 일당을 체포하였는데 무기로는 엽총 9정과 지령서, 계획서, 화약 등도 압수하고 제1관구경찰청에 넘겨 엄중 취조를 하고 있다.

(「평택경찰서의 적화사건 발각, 수사주임 등 검거 취조」, 『동아일보』 1947년 9월 16일)

미소공위에서 미국 측이 "표현의 자유"를 내세우며 회담장을 공격한 반탁투쟁위원회(이하 '반탁투위'로 줄임)를 감싸주고 있는 동안 이남의 학교, 관청, 경찰에서는 좌익 구성원들이 쫓겨나고 있었다. 아니, 좌익만이 아니었다. 10·1사태 때 대구사범 교수로 있다가 시민 협상 대표로 나섰던 이종하는 학교를 사직한 후 부산으로 가서 경남여중 교사로 취직했지만 이 무렵 다시 그만둬야 했다. 좌익 활동의 증거가 아무것도 없더라도 미군정-경찰에 밉게 보인 사람들은 견뎌낼 수 없는 분위기였던 모양이다(이용태, 「아버지의 삶」, 『민중의 벗 여민 이종하 선생』, 장정렬 엮음, 한국에스페란토협회 2008, 32~33쪽).

8월 20일 미소공위 회담에서 스티코프(Terenti F. Stykov) 소련 수석대표는 좌익의 대대적 검거를 사례까지 나열하며 항의하고 이틀 후에는 항의 내용을 언론에 공표했다. 9월 17일 모처럼 열린(9월 5일 이후 처음) 회담에서 스티코프 소련 대표는 미국 측의 공위 파괴 의도를 비난하는 장문의 성명서를 발표했다. 앞부분만 옮겨놓는다.

> "이미 장기간 공위 사업은 정돈상태에 처하고 있다. 최근에 이르러 통일민주주의 조선임시정부 수립에 관한 문제를 공위에서 해결하기를 원치 아니하는 명백히 나타난 미국 대표의 의도를 소 측 대표는 유감스럽게 지적하는 바이다. 공위는 발생된 난관을 극복하려고 노력하며 또는 협정적 결정 채택에 경주한 반면에 미 측 대표는 공위의 부하된 문제 해결 불가능성을 증명할 목적으로 공위의 업무를 고의적으로 착란케 하고 지연케 하며 대표 간에 발생된 의견 불일치를 강조 및 첨예화하는 등의 방책을 취하였다. 이것은 공위 공동보고 작성 시에 특히 현저히 나타났다. 양 대표가 제출한 공동초안 토의를 시작하기도 전에 미 측 대표는 공동보고 작성을 거부키로 제의하고 공동보고 작성에 있어서 양 대표의 협의 달성이 불능하다는 해설서를 첨부하여 소·미 양 대표가 제출한 보고 초안을 양 정부에 제출키로 제의하였다."
>
> (「미국, 전 정당단체 가입을 소련은 자가 제안 계속 토의주장, 공위 토의 경과 '스' 대장 성명」, 『조선일보』 1947년 9월 19일)

이날 회담에서 소련 측은 진행 촉진을 위한 두 가지 제안을 내놓았다. (1) 민주주의 제 정당 및 사회단체가 공위에 제출한 제 의견 강구에 즉시 착수할 것과 민주주의 조선임시정부 및 지방정권 기관구성(임시헌장) 또는 정강에 대한 초안을 공위에 제출할 것, 그리고 (2) 임정 요인 또는 정부의 정권을 전임(轉任)할 절차에 관한 의견을 공위에 제출할 것이었다. 그러나 미국 측은 "모든 정당 사회단체에 대한 제외 문제가 완전히 해결되지 않는 이상 소련 제안에 동의할 수 없다."고 답변하였다.

소련 측은 이견이 있더라도 가능한 한 진행을 하자는 것인데, 미국 측은 협의대상 문제 해결 이전에는 진행을 거부한다는 것이었다. 미국 측이 회담 진행을 위해 내놓은 최근 제안은 8월 12일의 것이었다(1947년 8월 24일자 일기에 내용이 소개되었음). 그중에는 구두협의를 생략하자는 내용도 있었다. 협의대상 결정이 어려운 데 대한 대응책이었다. 그런데 지금은 자기네 제안을 뒤집으며 소련 측 제안을 거부하고 있다. 목표가 분명해진 것이다.

미국의 마음은 유엔에 가 있었다. 미국 측이 9월 8일로 제안했던 4대국 대사회담이 소련의 거부로 무산되자 『뉴욕헤럴드트리뷴』, 『런던타임스』, 『뉴욕타임스』 등 서방 언론이 즉각 조선 문제의 유엔 상정을 내다보는 논설과 기사를 싣기 시작했다(『서울신문』, 『조선일보』, 『경향신문』, 『동아일보』, 1947년 9월 12일).

그리고 9월 17일 마셜 미국 국무장관이 유엔총회에서 조선 문제를 상정하는 연설을 행했다. 군정청 공보국에서는 이 연설 전문을 9월 19일 언론에 공표했다.

"나는 여기에 조선독립에 관한 문제를 상정하는 바이다. 미국·영국 및 중국은 1943년 12월 카이로에서 적당한 시기에 조선은 자유로운 독립국가가 될 것이라고 선언하였다. 이 공약은 1945년 7월에 포츠담선언에서 재확인되었고 그 후 소련이 대일전쟁에 참가하게 됨에 따라 이에 서명하게 되었다.

1945년 12월 소련·영국 및 미국의 3외상은 모스크바에서 조선의 독립을 달성하기 위한 협정을 체결하였고 그 후 중국 정부가 이에 참가하였다. 동 협정에는 조선에서 회담할 미소공동위원회를 설치하고 조선의 민주주의 제 정당 및 사회단체와의 협의로서 조선임시정부 수립의 방법을 결정할 것이 규정되었다. 그 연후의 공동위원회의 임무는 조선에 대하여 원조와 조력을 제공하는 방법에 관하여 임시정부와 협의하는 것이었다.

그리고 어떠한 합의에 도달하였을 때에는 모스크바협정에 참가한 4대국에 이를 제출하여 그 승인을 얻기로 되었던 것이다. 과거 2개년간 미국 정부는 모스크바협정을 실천함으로써 조선의 독립을 달성하는 방법에 관하여 공동위원회를 통하여 소련과의 합의를 획득하고자 노력하여왔다. 미국 측 대표는 조선 문제의 해결에 있어서는 결코 의사표시의 자유라는 민주주의의 기본 권리를 침해하여서는 아니 된다고 주장하여왔다.

우리 미국 정부의 태도는 지금도 이에 변함이 없다. 금일에 있어 조선의 독립은 2년 전에 비하여 하등의 진전을 보지 못하고 있다. 조선은 아직도 38선을 경계로 하여 공업지대인 북조선에는 소련군이, 농업지대인 남조선에는 미군이 각각 주둔하고 있다. 양 지역에 있어서는 물자교류 혹은 교통왕래는 거의 없는 상태이다. 조선 경제는 이렇게 마비당하고 있다. 조선 사람은 적이 아니다. 40년간의 일제 압제로부터 해방된 국민이면서도 아직 자유스럽지 못하다. 이러한 상태는 무기한으로 계속시켜서는 안 된다.

조선 문제를 진전시키기 위하여 미국은 최근에 모스크바협정의 목적을 달성하기 위하여 제안하였으며 또 이러한 제안을 4대국회의에 회부할 것을 제안하였다. 중국과 영국은 이에 동의하였으나 소련은 이것을 거부하였다. 또 미소공동위원회 양측 대표는 그 회의의 경과에 관한 공동보고에 있어서도 합의를 보지 못하였다. 조선 문제를 이 이상 쌍방의 교섭으로서 해결하려고 하는 것은 통일 독립조선을 수립하는 데 지연시킬 것이 명백한 일이다. 그러므로 조선의 독립에 관한 문제를 금반 UN총회에 제출코자 하는 것이 미국의 의도이다.

미국은 이렇게 조선독립을 조기달성할 수 있는 방안을 제의할 준비를 하고 있다. 그러나 미국은 이에 관한 UN총회 참가 각국의 공평한 판단이 필요하다고 믿는다. 미국은 미·소 양국이 합의를 보지 못함으로써 조선인의 독립에 대한 긴급하고 정당한 요구를 이 이상 지연시키기를 원치 않는다."

(「38선 비극 해결을 UN총회에서 실천하자—마 장관 연설 내용」, 『서울신문』 1947년 9월 20일)

1947. 9. 19.

1947년의 유엔은 어떤 기구였나?

10월 24일 '유엔데이'를 국경일로 지내던 시절이 있었다. 1945년 51개국의 헌장 채택으로 유엔이 성립된 날짜를 국경일로 모신 나라는 대한민국밖에 없다고 들었다. 확인해보지는 않았다.

유엔군이 우리를 공산침략으로부터 지켜줬다고 해서 유엔을 하늘처럼 받드는 것으로 그때는 알았다. 그런데 이제 해방공간을 들여다보니 대한민국의 건국에도 유엔이 결정적 역할을 맡았다. 당시 유엔이 어떤 성격의 기구였고, 대한민국 건국에 어떤 역할을 맡았는지 한 차례 살펴본다.

근대세계에서 국제관계는 개별적 조약으로 운영되었다. 그런데 산업화에 따라 국가 간 접촉이 많아지면서 조약기구의 대형화, 상설화가 필요하게 되었다. 나폴레옹전쟁 후의 이른바 '비엔나체제'도 그런 필요에 부응한 움직임의 하나로 볼 수 있다. 현상유지에 중점을 두었기 때문에 '반동체제'란 비판도 받지만, 전쟁의 위험을 줄이고 국제협력을 증진한다는 목적은 분명히 시대의 흐름에 맞는 것이었다.

19세기가 지나가는 동안 전쟁의 양상은 갈수록 참혹해졌다. 1864년의 제1차 제네바협약 이후 전쟁을 억제하려는 국제적 노력이 다각적으로 이어졌지만 제국주의 경쟁의 격화 앞에서 충분한 성과를 거둘 수 없었다. 그 결과가 산업화 국가들 사이의 전면전인 제1차 세계대전이었고, 그 참상은 종래의 상상을 뛰어넘었다. 전사자 850만 명, 부상자 2,100만 명에 민간인 사망자가 1,000만 명을 넘었다고 한다.

그 충격으로 전 세계적 상설 국제기구인 국제연맹(League of Nations)이 설립되었다. 미국 대통령 윌슨(Thomas Woodrow Wilson, 1856~1924)이 국제연맹 창설을 주도한 것은 잘 알려진 사실이다. 윌슨은 전쟁이 아직 끝나지 않은 1918년 1월부터 국제연맹 설립을 공식적으로 제창했고, 이듬해 6월 44개국의 승인으로 국제연맹이 탄생하기까지 그의 공헌은 누구보다 컸다. 그러나 미국 상원의 인준 거부로 미국이 국제연맹에 가입하지 못한 사실은 아는 사람이 적다.

미국의 가입 거부가 국제연맹의 역할에 큰 제약을 가한 사실은 1932~1933년 일본의 중국 침략에 대한 국제연맹의 제재를 불가능하게 만든 데서 단적으로 드러났다. 1931년 9월의 만주사변과 1932년 1월의 상하이사변 등 일본의 침략행위를 밝힌 리튼보고서를 근거로 국제연맹이 일본을 제재하려 할 때 가장 효과적인 수단은 경제제재였다. 그러나 미국이 국제연맹의 통제 밖에 있었기 때문에 이 수단이 실효를 가질 수 없었다. 리튼보고서가 국제연맹 총회에서 42 대 1로 채택되자(반대표는 일본 자신) 일본은 연맹에서 탈퇴했다.

국제연맹의 무력함은 1935년 이탈리아의 에티오피아(아비시니아) 침공 때 더욱 극명하게 드러났다. 대부분 회원들이 적절한 조치를 회피한 것은 이탈리아군의 공격을 두려워했기 때문이다. 이후 1936년의 스페인내전, 1937년 일본의 전면적 중국 침략 때도 국제연맹은 아무런 효과적 조치도 취하지 못하다가 제2차 세계대전이 일어나자 사라지고 말았다.

1935~1936년의 이탈리아 제재 노력에서 국제연맹 회원도 아닌 미

루스벨트와 처칠. 떠오르는 태양 미국을 대표하는 루스벨트가 유엔을 중심으로 하는 새로운 세계질서 구상에 열심이었던 반면 지고 있는 태양 영국을 대표하는 처칠은 유럽에서의 주도권이라도 지키기 위해 안간힘을 쓰고 있었다.

국이 뜻밖에 주도적 역할을 맡은 것이 눈에 띈다. 루스벨트 대통령(1933~1945년 재임)이 윌슨의 뒤를 잇는 국제주의자였기 때문이다. 루스벨트(Franklin Delano Roosevelt, 1882~1945)는 유엔 창설을 주도하는 데도 윌슨의 뒤를 이었고, 이번에는 의회의 반대도 없었다. 유엔 창설을 의논하기 위한 회담이 1945년 4~6월 샌프란시스코에서 열렸고, 본부가 뉴욕시에서 가까운 롱아일랜드의 레이크석세스에 마련되었다. 비용 분담에서도 미국의 몫이 압도적이었다.

실제로 만들어진 유엔은 루스벨트가 생각한 것과 꽤 다른 모습이 되었다. 원래 루스벨트가 생각한 "United Nations"는 "연합국"의 의미였다. 제2차 세계대전의 패전국들은 앞으로 다시 군사력을 가지지 못할 것이고 세계질서를 논하는 자리에 끼일 자격도 없을 것으로 생각했다. 전쟁 때 연합국들이 전쟁 후에도 협력해 세계질서를 운영해가리라는 전망 위에 그 협력기구로 유엔을 만들고자 한 것이었다.

냉전이 그 전망을 바꿔놓았다. 유엔 창립 당시 제외되었던 추축국 중 이탈리아는 1955년에, 일본은 1956년에 가입했다. 동서 분할 때문에 가입이 늦어진 동독-서독도 1973년에 가입했다. 지금 독일과 일본은 안보리 상임이사국까지 넘보고 있다. 2011년도 유엔 예산 분담금에서 22%의 미국에 이어 12.5%의 일본과 8%의 독일이 2, 3위 자리를 맡았다.

과거 추축국의 역할 성장은 훗날의 일이고, 창립 단계부터 유엔은 미국의 반공-반소 정책에 영향을 받았다. 유럽의 기존 강대국들이 모두 전화로 피폐한 상황에서 재력과 무력이 막강한 미국의 입김이 유엔의 진로를 결정했다.

임기 5년의 사무총장을 한 차례 중임, 10년씩 근무하는 것이 제2대 함마르셸드(Dag Hammarskjöld, 1953~1961 재임) 총장 이래 유엔의 관행이었는데, 제6대 부트로스 갈리(Boutros Boutros Ghali, 1992~1996 재임) 총장만이 단임으로 끝났다. 미국에 고분고분하지 않았기 때문이다. 그를 이은 코피 아난(Kofi Atta Annan, 1997~2006 재임) 총장도 비슷한 문제로 어려움을 많이 겪었다. 미국의 위상이 압도적이던 시대가 지나갔기 때문에 그만한 갈등도 일어날 수 있게 된 것이다.

조선 문제가 유엔에서 다뤄지는 과정을 이제부터 살펴보며 미국의 의지가 당시 유엔에서 어떻게 관철되고 있었는지 알아보게 될 것이다. 미국 정치가들은 아무리 말도 안 되는 제안이라도 자기네 제안이 유엔에서 채택되게 할 자신이 있었다. 그래서 소련이 조선 문제의 유엔 상정을 극력 반대했던 것이다.

당시 유엔 회원국의 분포가 어떠했는지 궁금한 생각이 들어 출범 당시 51개국의 명단을 훑어보았다. 한 가지 놀란 것이 아메리카-오스트레일리아 신대륙 국가가 24개로 거의 절반을 차지한다는 점이었다. 모두 미국 편이 확실하다. 아시아-아프리카의 12개국은 미국의 원조가 절실한 가난한 나라들이다. 유럽의 10여 개국 중에도 소련에 확실히 동조할 나라는 폴란드, 체코슬로바키아, 우크라이나, 벨로루시, 유고슬라비아 5개밖에 보이지 않는다.

1947. 9. 21.

유엔 안보리의 거부권, '비민주적' 인 것인가?

1947년 9월 23일 총회에서 조선 문제 유엔 상정이 41 대 6으로 가결되었다. 소련과 동구 5개국이 반대했고, 7개국이 기권했다. 당시 회원은 55개국이었다. 미국 대표로 참석한 마셜 국무장관의 9월 17일 조선 문제 상정 제안에 대한 각국 대표의 반응이 국내 언론에 소개된 것을 보더라도 이 제안의 적절성에 대한 의문이 많았다. 그런데도 압도적 표결이 나온 것을 보면 당시 유엔에 대한 미국의 입김이 얼마나 거셌는지 알아볼 수 있다.

> 〔플러싱 18일 중앙사발 공립〕 UN총회에 있어서의 마셜 미국 국무장관의 연설에 대한 반향은 아래와 같다.
> 중국 대표 왕스제(王世杰): 마셜 장관의 연설은 자못 심각한 인상을 주었다. 동 씨가 기초한 문제는 우리의 심심한 주의를 요한다.
> 소련 대표 비신스키: 나는 18일의 연설을 통하여 소련의 태도를 표명할 예정이다.
> 영국 대표단의 측근자: 마셜 장관의 조선에 관한 제안은 의외이며 영국 대표단을 놀라게 하였다.
> 프랑스 대표단: 언급을 회피하였다.

오스트레일리아 수석대표: 마셜 장관의 거부권에 관한 견해에 대하여 특별한 중요성을 인정하였다. "나는 특히 안보이사회에 있어서의 국제분쟁의 평화적 조정과 신 멤버의 가입신청과 같은 사무적 문제에 관한 거부권의 폐지에 대한 마셜 장관의 견해를 주목하고 있다."

유대인 대표: 팔레스타인 문제에 관한 마셜 장관의 성명은 미국이 금번 회기 중 본 문제의 해결방안을 발견하기 위하여 전력을 다할 것을 증명하는 것이다.

조선업서버 임영신: 조선을 위한 마셜 장관의 노력은 청사에 남을 것이다. 조선인은 자유선거를 통하여 자신의 정부를 선택할 수 있게 되지 않으면 안 된다. 우리는 조선통일, 완전자유 총선거, 조선독립정부 수립, 열국의 조선독립정부의 승인, UN의 조선 참가에 관한 제안을 UN총회에 급속히 상정하도록 미국 기타 제국 대표와 의견을 교환하였다.

(「마 씨 연설과 각국 대표 반향」, 『조선일보』 1947년 9월 19일)

당시 조선인들이 접할 수 있던 외국 반응을 재현하기 위해 요점에서 벗어난 유대인 대표의 발언이나 무조건 미국을 지지한 중국 대표의 반응을 포함해서 기사 내용을 전부 옮겨놓았다. "의외"라고 한 영국 측의 반응과 프랑스 측이 언급을 회피한 점이 눈길을 끈다.

미국 제안의 적절성에 대한 의문은 '평화와 안보'에 관한 사안은 총회가 아니라 안보리 소관이었기 때문에 나왔다. 안보리 운영의 특징은 5대 상임이사국의 '거부권'에 있었다. 거부권은 주권국가 간의 평등이라는 유엔의 기본 원리에 저촉되는 것으로 보인다. 그러나 평화를 현실적으로 보장하기 위해서는 모든 강대국의 동의가 필요하다는 점이 거부권 제도의 근거였다. 당시 그리스 문제가 안보리에서 소련의 거부권에 걸려 있었기 때문에 미국은 안보리를 피해 총회에 조선 문제를 상정하고자 했다. 이것은 안보리의 기능을, 나아가 유엔의 평화 보장 기능을 위협하는 조치였다.

주권국가 간의 평등 원칙에는 대표성 문제가 있다. 현재 유엔 회원 193개국 중 인구가 가장 적은 97개국이 뜻을 합친다면 세계인구 3.4퍼센트의 대표들이 총회에서 원하는 결정을 얻어낼 수 있는 것이다. 10억 인구의 대표와 100만 인구의 대표가 같은 한 표를 가진다는 것은 민의의 효과적 수렴방법이 될 수 없다. 근대 국가주의의 유제라 할 수 있다.

국제연맹은 이 대표성 문제를 극복하기 위해 만장일치제를 채택했었다. 모든 나라가 거부권을 가지는 셈이었다(의안에 해당된 나라를 제외하고). 숫자의 힘보다 설득을 통해 평화를 유지한다는 것이 국제연맹의 이상이었다. 이것이 대표성의 불균형 문제를 피할 수 있는 길이기는 했지만, 실제 운영을 어렵게 만드는 문제가 있었다.

유엔은 총회 운영을 쉽게 하려고 다수결제를 채택했지만 대표성 문제 때문에 실효성의 한계가 있는 점을 감안해서 평화 보장에 직접 관계되는 사안에 한해서는 거부권을 운용하는 안보리에서 다루게 한 것이다. 그러니 안보리의 거부권은 유엔의 평화 보장 기능이 실효성을 갖기 위해 불가결한 제도였다.

그런데 미국이 다수결로 밀어붙이는 데 방해가 된다 해서 거부권 제도를 '비민주적'인 것이라고 선전하면서 안보리의 권한을 침해한 것이 조선 문제의 총회 상정이었다. 마셜의 9월 17일 총회 연설 중 군정청 공보국에서 공표한 조선에 관한 내용을 9월 17일자 일기에 소개했는데, 9월 18일자 『동아일보』 기사에는 거기에 담기지 않은 연설 내용 9개항을 뽑아놓았다. 그중에는 안보리 및 거부권에 관계된 항목이 몇 있다.

(2) 미국은 안전보장이사회에 있어서 5대국의 거부권을 근본적으로 제한하는 것을 수락할 용의가 있다.

(3) 55개국 UN총회 상임위원회를 설치하고 계속적으로 회의를 개최하라(이는 전 UN 가입국으로 감시위원회를 설치코 연중무휴로 속개하여 세계를 감시코 안보이사회가 실패하는 때에는 하시라도 건의를 행하여 문제 해결에 관여하려는 것이다).

(5) 소련은 그리스에 대한 적대적·침략적 행위를 중지시키려는 UN의 행동을 방지하고 있다.

(「조선 문제 유엔 상정-마 장관 총회에 정식 요구」 중 발췌)

미국은 유고슬라비아, 알바니아, 불가리아 3국과 그리스 사이의 분쟁을 3국의 침략으로 안보리가 규정하기를 바라고 있었고, 소련이 이에 반대하고 있었다. 그래서 총회에 '제2의 안보리'(거부권 없는)를 만들자는 주장을 하고 있었다.

그리스 사태의 윤곽을 1947년 3월 12일자 일기에 그려놓았거니와, 3국을 침략자로 명쾌하게 규정하기 힘든 복잡한 상황이었다. 충분한 조사와 토론도 없이 그리스의 반공정권을 유엔이 지지하고 나서는 데는 문제가 있었다. 바로 이런 상황에서 안보리의 거부권이 패권주의적 결정을 억지하는 효능을 가진 것이다. 미국이 무력과 재력으로 군소 회원국들을 조종해 다수결로 밀어붙이는 것을 막아야 유엔의 권능이 지켜질 수 있다. 그런데 미국은 거부권에 막히니까 다른 길을 만들기 위해 온갖 획책을 다하고 있었다. 그리고 다른 길이 만들어지기도 전에 안보리를 회피하고 조선 문제를 총회로 가져갔다.

마셜의 제안은 신탁통치 없는 조선 독립방안을 주장한 것이었기 때문에 조선에서 극우파만이 아니라 중간파의 지지도 받았다. 합작위 선

전부에서 이런 담화를 발표했다.

> "미국 국무장관 마셜 장군이 조선 문제를 UN에 제출하여 모스크바 3상회의에서의 '신탁' 문구를 말소시키고 조선의 완전 자주독립을 촉성시키려는 호의에 대하여 만강(滿腔)의 사의를 표하며 환영하는 바이다. 조선 문제가 사실상으로 UN에 상정되는 경우에는 현 당국이 인정하는 정식 대표가 비공식 혹은 옵서버 자격으로라도 참여하여 발언권을 얻어야 한다."
>
> (「신탁말소 감사―합위」, 『서울신문』 1947년 9월 20일)

조선 문제가 총회에서 논의된다면 조선 대표가 옵서버 자격으로라도 참석하는 것이 당연한 일이다. 이 당연한 일로 '민족반역자'라는 욕설을 뒤집어쓴 사람이 있다. 반탁투위와 대한독립촉성국민회(이하 '독촉국민회'로 줄임)가 9월 20일 재미 조선사정소개협회 회장 김용중(金龍中, 1898~1975)을 민족반역자로 매도하는 성명을 발표했다. 이 성명에서 두 기구는 임병직(林炳稷, 1893~1976)·임영신(任永信, 1899~1977) 두 사람을 유엔 참가대표로 결정했다고 밝혔다(『조선일보』 1947년 9월 20일).

이승만의 추종자인 두 임 씨는 유엔총회장 부근을 기웃거리고 있었다. 두 사람은 조선 대표로 행세하고 싶었는데 김용중이 이의를 제기했던 것이다.

> [워싱턴 18일발 UP조선] 미국 당국에서는 UN서 어떠한 개인이 조선을 대표할 것인지 하는 문제는 UN 자체가 결정할 문제이며, UN에 가입치 않은 국가의 이익이 관계되는 때에는 UN 자체가 그 나라를

임영신과 임병직, 그리고 김용중. 두 임 씨는 이승만이 마련해준 자금으로 미국에서 로비활동을 벌이고(마치 미국 교민사회를 대표하는 것처럼) 초대 상공부장관과 주미대사 자리를 얻었다. 반면 21세 때(1919)부터 독립운동 자금을 출연해온 김용중은 자비로 조선사정소개협회를 운영하며 공정한 홍보활동에 애쓰다가 두 임 씨와 많은 충돌을 일으켰다.

대표하여 누가 진정(陳情)할 것인지를 결정할 것이라고 말하였다. 당지 조선인단체 대표는 이 문제에 관하여 의견이 구구하다. 한인위원회 위원장 임병직 씨는 다음과 같이 말하였다.

"나는 총회에 파견된 조선국민의회 및 남조선민주의원으로부터 나와 임영신 여사를 조선의 UN총회 대표로 임명한다는 전보를 받았다. 나와 임 여사는 조선의 목적을 진전시키기 위하여 타국과 협력하여 전력을 다할 것이다."

한편 소식통에서는 국민의회라는 것은 조선의 입법의원이 아니고 이승만 박사가 창설한 별개의 정치단체라고 지적하였다. 이에 관련하여 조선사정협회 회장 김용중은 다음과 같이 말하였다.

"나는 조선과도입법의원의 약간 의원에 전보를 보내고 UN에 대한 비공인 대표의 활동을 부인할 것을 요구하였다. 나는 하지 중장에게도 통신하였다. 입법의원의 회답은 이상과 같이 조치를 취하겠다고 약속하였다."

(「공식대표 파견, 김 씨 입의에 요청」, 『조선일보』 1947년 9월 20일)

9월 19일 입법의원 회의에서는 김용중이 제기한 문제의 의안 상정 시도가 기각되었다.

입법의원에서는 19일의 제143차 본회의에서 미국 국무장관 마셜 장관과 UN총회에 감사와 격려의 메시지를 전송하기로 가결하였다. 동 전문 내용은 기초위원회 간부에게 일임하기로 되었다. 그리고 동 회의에서 재 워싱턴 김용중으로부터 김원용(입의의원)·김규식·하지 중장에게 보내온 'UN에 조선 문제가 상정될 가능성이 농후하니 국제연합의 자칭 조선인 대표의 활동을 부인하는 결의를 입의에 제의하기를 긴급히 건의한다'는 서한이 문제되었으나 이것은 어디까지 개인의 서한이며 또 입의로서 대표를 선정 파견한 사실이 없으므로 상정을 기각하였다.

(「격려의 메시지 마 장관과 UN에 전송」, 『서울신문』 1947년 9월 20일)

그리고 9월 23일에는 우익 정당·단체 대표들이 이승만을 유엔에 파견할 조선 대표로 '선출'했다.

한민, 한독, 조민당 등 우익정당 사회단체 대표는 17일부터 누차 마포장 이승만 숙소에서 회합하여 UN에서의 조선 문제 상정에 대비와 아울러 대표 파견 문제를 토의 중이었는데 23일 오후 2시부터 한민·한독·조민·여자국민당·임협·독촉·대동청년단·조선상공회의

소 등의 대표자가 회합하여 UN에 조선 대표로 이승만 파견을 결정하는 동시에 24일에는 입의의장, 과도정부 정무위원장에게 이 박사 파견에 대한 청원서를, 하지 중장에게는 파견을 요청하는 서한을 각각 제출하였다 하며 한편 UN 리 사무총장과 총회 의장에게도 대표 파견에 관하여 특별히 고려해달라는 전문을 발송하였다고 한다.

(「UN대표에 이 박사 파견? 우익대표 회합 추천」, 『서울신문』 1947년 9월 25일)

앞에서 얘기한 9월 19일 입법의회에서 "신문 기타 정기간행물법" 통과시킨 일을 덧붙여 말해둔다. 통감부 시절인 1907년 제정되어 일제강점기 내내 언론탄압의 무기로 활용된 '신문지법'이 멀쩡하게 살아 있다는 조병옥(趙炳玉, 1894~1960) 경무부장의 주장을 1947년 8월 15일자 일기에 소개했는데, 신문지법을 대치할 언론 관계법이 만들어진 것이다. 그런데 새로 통과된 법 중에는 신문지법보다 결코 덜하지 않은 억압적 조항이 있어서 법조계 인사들까지도 개탄을 금치 못하고 있었다.

● 민주통일당 홍명희 담

"신문 기타 정기간행물에 관해서는 현재 실시되고 있는 포고령 2호 위반으로 처단할 수 있는 이상 동 법령 제6조 4항 같은 것은 진정한 언론을 구속할 우려가 있다. 따라서 나는 제6조 4항을 삭제하는 것을 주장하는 바이다. 그리고 동법의 입법의도가 나변(那邊)에 있는지 모르겠으나 일제의 치안유지법을 방불케 하는 이러한 법은 더욱 악용될 우려가 많으니 차라리 없는 것만 못하다."

● 새한민보사장 설의식 담

"현재 출판계는 확실히 무질서한 상태에 있는 것도 사실이다. 이런 점에 대한 제약은 수긍할 수 있는 일이다. 악법이라 하더라도 운영 여하에 따라서는 좋은 결과를 얻을 수도 있고 아무리 법문이 관대하더라도 운영 여하에 따라서는 나쁜 결과를 가져올 것이다. 요컨대 매사가 운영 여하에 달린 것이다. 그런데 이 법령 중에 제일 위험하고 우려되는 점은 제6조 4항이다. 이 조항은 동 법령의 중심인데 그 지적한 범죄라는 것은 파괴·선동·민심현혹인데 이것은 매우 막연한 것이다. 구체적 지시가 없는 바에는 그 해석은 완전히 집권자의 해석에 달렸다. 이렇게 막연한 조문 아래에서 집권자의 방촌을 일일이 촌탁치 않고는 붓대를 들 수가 없다. 그럼에도 불구하고 벌칙에 있어서는 내가 20여 년간 언론계에 종사하면서 경험하지 못한 가혹한 것으로 제6조 4항과 제8조는 시정을 요망한다."

● 인권옹호연맹위원장 이홍종 담

"민주건국을 지향하는 과도기에 있어 언론의 자유를 가장 존중해야 되며 여론정치를 해야 하는 남조선에 있어 이번 입의를 통과한 신문지법은 언론자유를 구속할 염려가 없지 않은 법령이며 벌칙은 너무나 가혹하다고 생각한다."

● 서울지방검찰청 엄항섭 담

"이 법령에 기사의 면책규정이 없는 것이 유감이고 무엇보다 간행물 허가 취소권을 정당인이 취임할 수 있는 공보부장이 쥐게 된 것은 그 권한이 편파될 우려가 많다. 제6조 4항의 허위사실 유포에 대한 규정은 형법 제105조와 중복되어 있는데 이것은 입법기술의 졸렬함을 엿볼 수 있는 것이다."

(「비민주적 신문법안 입의 통과에 각계 여론 비등」, 『조선일보』 1947년 9월 21일)

1947. 9. 24.

"미소공위 끝났어요? 그럼 집에 갑시다"

조선 문제가 의제로 상정되었으면 유엔총회에서 마땅히 조선인의 발언을 청해야 할 것이다. 회원으로 가입되어 있지 않으니 옵서버 자격이 될 텐데, 과연 조선인 중 누구를 초청할 것인가? 그것을 누가 결정할 것인가?

미국 상임대표 오스틴이 할브단 리(Trygve Halvdan Lie, 1946~1952 재임) 사무총장에게 보낸 편지가 9월 28일 공개되었다. 이 편지에 조선인 대표에 관한 언급이 있다.

> [레이크석세스 28일 중앙사발 공립] "미국 정부는 미국 내의 각계의 조선인 개인들이 시시로 조선 문제에 관한 성명서를 발표하고 이를 UN에 전달한 사실에 착목(着目)하게 되었다. 이러한 성명은 어느 경우에는 이들이 미국 정부의 승인을 받은 조선의 공식기관에서 모 정식 지위를 가지고 있거나 이를 대표하고 있는 것 같은 인상을 준다. 그러므로 남조선 미군정하에서 조선인을 정식으로 대표하여 발언할 권한을 가진 조선인 대표자는 첫째는 민정장관이며 둘째는 남조선과도입법의원밖에 없다는 것을 UN총회 각국 대표들에게 통고하여주기를 요청하는 바이다. 미국에 관한 한 UN에 제기된 여하한 문제에

관하여서는 조선인 개인적 의사표시에는 이의가 없으나 이들은 여하한 의미에서라도 미국 정책의 승인을 받은 공식기관의 대표가 아님을 오해하지 않도록 명백히 하여둘 필요를 느끼는 바이다."

(「UN총회, 조선 대표 후보 미국, 자격범위를 명시」, 『조선일보』 1947년 9월 29일)

조선인의 해외여행은 몹시 어려운 상황이었다. 미국에 거주하는 조선인 외에는 미국에서 활동할 수 있는 사람이 없었다. 재미 조선인 중에는 이승만 추종자도 있고 반대자도 있었다. 그런데 이승만은 추종자들에게 돈을 보낼 수 있었다. 그리고 추종자들은 이승만을 위해 뛰면 보상을 얻을 수 있다는 기대감이 있었다. 실제로 임병직은 분단건국 후 주미대사가 되었고 임영신은 상공부장관이 되었다. 반면 반대자들은 마음으로는 반대해도 반대운동을 하러 뛰어다닐 힘과 돈이 없었다. 조선사정소개협회 간판을 내건 김용중 정도가 이승만 비판 활동을 계속하고 있었다.

이승만과 그의 미국인 지지자들은 미국 극우언론을 통한 선전활동에 공을 들였다. 그 덕분에 이승만이 1947년 4월 귀국한 후에도 임병직과 임영신은 극우언론의 우대를 받으면서 선전활동을 계속할 수 있었다. 김용중 외에는 다른 조선인의 발언 기회가 없는 곳에서 그들은 마치 자기네가 조선인의 대표라도 되는 양 떠들어대고 있었다. 실제로는 민주의원을 포함한 몇 개 극우단체로부터만 대표 자격을 받고 있으면서.

이들에게 대표 자격이 없다는 사실을 오스틴 미국 대표가 사무총장에게 굳이 편지로 알린 것은 이들이 내는 잡음이 지나쳤기 때문일 것이다. 9월 24일 임영신의 성명 같은 것이 지나친 잡음으로 포착되었을 것 같다.

〔뉴욕 24일발 AP합동〕 당지에 체재 중인 임영신은 과반 UN총회에서 소련 외상대리 비신스키가 행한 연설에 관하여 여좌히 평하였다.
"(1) 국제사상 유명한 히틀러의 연설을 제외하고는 진지한 외교연설에 있어서 비신스키의 연설보다도 모순된 연설은 볼 수 없었다.
(2) 비신스키 씨는 비적국으로부터 외국군이 철퇴하기를 강력히 주장하였는데 아마 이것은 중국 및 기타 지구의 주둔미군을 지적한 것 같으나 그 반면 북조선주둔 소련군에 대하여는 언급한 것 같지 않다.
(3) 비신스키 씨는 또 말하기를 비적국주둔군의 철퇴야말로 각국 간의 상호 신임을 앙양하고 또 세계평화 수립을 촉진하리라고 하였는데 그러면 무엇 때문에 북조선의 소련군을 시켜서 모범을 표시치 않는가?
(4) 일본의 압제로부터 소위 해방된 지 2년이 경과한 조선의 현 사태는 조선 역사상 일찍이 보지 못한 정도로 악화되고 있는데 이러한 사태는 마셜 미국 국무장관의 조선 문제 UN 제소 노력을 정당화한 것이다.
(5) 여하간 세계 공론의 힘과 아울러 당지 UN총회 각 대표의 이성적 결정만이 아시아 평정화에 기여할 수 있는 자유 민주조선을 건설할 수 있게 할 것이다."

(「'비' 씨 연설과 임영신 여사 평」, 『조선일보』 1947년 9월 25일)

스탈린(Iosif Stalin, 1879~1953)의 억압통치가 히틀러(Adolf Hitler, 1889~1945)의 전체주의에 버금가는 것으로 오늘날에는 일반적 평가를 받고 있다. 그러나 1947년 당시에는 스탈린체제의 문제점이 이만큼 밝혀져 있지 않았다. 문제가 있더라도 전시 상황 때문에 부득이한 것으로 대개 이해되고 있었다. 그런데 함께 히틀러를 물리친 연합국

원수를 히틀러에 비교한 것은 당시로서 엄청난 모욕이고 도발적 태도였다. 이 한 줄 때문에라도 임영신의 발언에 아무런 공식적 의미가 없다는 사실을 미국 대표가 서둘러 밝힐 필요를 느꼈을 것이다.

더 실제적인 문제가 임영신 발언의 (2), (3)항에 있었다. 당시 소련은 패전국 외의 지역에서는 종전 당시 진주했던 연합군이 조속한 시일 내에 철수할 것을 제창하고 있었다. 소련은 전쟁 중의 병력을 산업과 재건 분야로 돌릴 필요가 절박했고, 국외 주둔 비용을 조달하기도 힘들었다. 그에 비해 미국은 감군 계획도 급박하지 않았고, 재력도 넉넉했다. 미군이 주둔군을 통해 영향력을 늘리는 것을 막기 위해 소련은 자기네 군대를 포함한 연합군의 조기 철군을 제창하고 있었던 것이다.

그러나 조선에서의 철군에 관해서는 소련이 그때까지 아무런 얘기가 없었기 때문에 임영신은 이 점을 들어 소련을 조롱한 것이다. 그런데 미국 측에서는 소련이 조선에서의 철군 문제도 불원간 제기할 것을 예측하고 있었다.

> 당지에 체류 중인 모 남조선 미군정 고위 측근자는 조선 문제에 관하여 여좌히 말하였다.
> "(1) 소련은 불원하여 북조선주둔 소련군의 철퇴를 명령하고 동시에 남조선 미군이 동일한 조치를 취하기를 요구할 가능성이 있다.
> (2) 여사(如斯)한 조치가 있은 후에는 조선에 잔류하여 좌익계 조선인과 더불어 협력하는 소련 민간인에 의한 맹렬한 공산주의 운동이 전개될 것이다.
> (3) 그들의 목적은 작년에 만주의 펑텐(奉天) 및 창춘(長春)으로부터 돌연 제2우크라이나군을 철퇴한 바와 같은 양식에 의하여 전 조선을 소련 세력하에 몰아넣으려는 것이다."

(「소련 불원(不遠) 북조선 철병하고 미군 철퇴 요구호(要求乎)」, 『조선일보』 1947년 9월 26일)

(3)항에서 말한 만주의 소련군 철수 방식이란, 공식적으로는 국민당 정부군에게 인계하면서도 실질적으로는 공산군에게 일본군 장비를 넘겨주고 진퇴에 타이밍을 맞춰주는 등 도움을 주며 철수한 것을 말하는 것이다. 이 덕분에 공산군은 만주 지역에 강력한 거점을 마련할 수 있었다.

(1), (2)항을 보면 미국 측이 조속한 동시 철군을 자기네에게 불리한 조치로 여기고 있음을 알 수 있다. "조선에 잔류하여 좌익계 조선인과 더불어 협력하는 소련 민간인"의 책동을 걱정한다고 했다. 그런데 문제의 본질은 그것이 아니다.

조선뿐 아니라 식민지에서 독립하는 거의 모든 나라 민중이 자본주의보다 사회주의를 선호하고 있었다. 경제조건이 열악해서 자유경쟁을 허용할 여유가 없는 상황이었기 때문이다. 그리고 식민지시대의 저항운동에서 공산주의자들이 상당한 지도력과 성망을 갖고 있었다. 조선도 그런 나라의 하나였다.

남조선의 미군이 일본의 억압통치를 물려받은 반면 북조선의 소련군이 조선인의 자율성을 적극 허용·지원한 차이도 이런 조건에서 나온 것이었다. 조선인이 스스로 원하는 방향으로 나아가게 놓아둘 경우 미국식 자본주의보다는 소련이 원하는 방향으로 접근할 것이라는 자신감을 소련군은 갖고 있었던 것이다.

점령 후 2년이 지난 시점에서 소련군은 자기네가 철수하더라도 지금까지 북조선을 이끌어온 방향이 조선인의 손으로 지켜질 것을 믿을 수 있었다. 반면 미국 측은 미군이 조선을 떠나고 직접 통제를 멈출 경우 조선이 자기네가 원하는 방향으로 움직여갈 것을 기대할 수 없었다. 미국 입장을 앞장서서 거들어준 집단이 통째로 민중에게 반민족 처단을 받게 되기가 십상이었으니까.

소련의 조기 철군 제안은 9월 26일 미소공위에서 스티코프 수석대표의 성명으로 나왔다. 앞부분에서 "반탁이란 구실로써 진출하는 적은 집단의 반동분자들의 활동에 호의적 태도를 취하는 미국 대표는 미·소 정부 자체로 채택된 조선에 관한 모스크바 3상회의 결정 실천을 지원치 않은 이유는 소련 대표에게 명백하지 않다."고 반탁운동에 대한 미국 측의 모순된 태도를 비난한 이 성명서는 조기 철군 제안으로 맺어져 있다.

> "(…) 모스크바 3상회의 결정의 정확한 실제에 근거하여 통일적 조선민주주의 정부수립을 촉진하기 위하여 소련 대표는 모든 성의를 발휘하였다. 그러나 미국 대표가 입각한 입장이 지금까지 이 정부수립을 방해하고 있다. 소련 대표는 조선 지역에 미군 및 소련군이 주재하고 있는 한 조선인민에게는 후견이 없어도 무방하다는 것은 조선인민을 기만하는 것이라고 인정한다. 조선은 인민이 지지하는 민주주의 정부를 가지게 되는 그때에 또는 조선 지역에서 미군 및 소련군대가 철퇴하는 그때에만 자주적 독립국가로 될 것이다.
>
> 소련은 약소민족에게 한하여 존경의 태도를 취하여왔거나 취하고 있고 그들의 독립과 자립을 위하여 투쟁하였으며 또한 투쟁할 것이다. 그러므로 조선에서 미군 및 소련군이 철퇴하는 조건하에 다만 연합국의 원조와 참가가 없이 조선인민 자체가 정부를 수립하도록 그들에게 가능을 부여할 수 있다고 소련 대표는 인정한다.
>
> 만일 미 측 대표가 전 외군 철퇴에 동의한다면 소련군은 미군과 동시

에 조선에서 철퇴할 수 있다는 것을 소 측 대표는 성명한다. 소련 대표에게는 다른 제의가 없다. 그는 조선의 민주주의독립국가로서 부흥 및 제 방책에 대한 자기 견해를 공위업무 행정에서 충분히 진술하였다. 소련 대표는 회답과 미 측 대표의 제의를 기대한다."

(「동시 철병 제안-소 측 스 장군 성명 발표」, 『동아일보』 1947년 9월 28일)

소련은 모스크바협정에 따른 미국과의 협력관계를 유지하려고 끝까지 노력했다는 것이다. 그런데도 미국이 미소공위를 외면하고 조선 문제를 유엔총회로 가져간다면, 어차피 협력관계를 포기할 바에야 미국 쪽에 더 많은 이득을 주는 '점령' 상태를 유지할 필요가 없다는 것이다. 그래서 미국에게 제안한다. "우리가 일본군 무장해제를 하려고 조선에 들어온 길에 임시정부를 함께 세워주겠다고 지금까지 머물러 있었던 거 아뇨? 그런데 미소공위가 필요 없게 되었다고 당신들이 주장하니, 그렇다면 우리 모두 집에 갑시다." 군대 주둔 없이는 조선인들에게 큰 영향을 끼칠 길이 없던 미국의 약점을 찌른 것이다.

1947. 9. 26.

민족주의자 이시영의 세 차례 퇴진 성명

임정 원로 이시영(李始榮, 1869~1953)이 국민의회의 국무위원과 의정원 의원 등 직책을 사퇴하며 성명서를 발표했다. 이시영은 조선의 명문가 출신으로 대한제국에서 고관을 지내다가 합방 후 여섯 형제와 함께 압록강 상류 건너편인 서간도로 망명, 경학사(자치단체)와 신흥무관학교를 설립하는 등 3·1운동 전의 독립운동에서 비중이 대단히 큰 인물이다. 3·1운동 후에도 상하이 임정에서 재정부장 등 중요한 직책을 맡았고, 귀국할 때는 여든 살 가까운 노령이었지만 임정 인사 중 김구와 맞먹는 권위를 가진 유일한 인물이었다.

> "(···) 해방 후 정부책임자들은 국제의 무리 압박으로 부득이 사인 자격이라는 수치스러운 걸음으로 귀국하여 떳떳치 못한 형편도 불무(不無)하였으나 지켜온 법통 정신만은 그다지 손상이 없었다고 생각한다. 그러나 금회에 소위 43차 회의가 진정한 혁명자의 집단으로 개편치도 않았고 특히 국무위원회의 결재와 지시도 없이 상임위원회에서 권리를 남용하여 몇 개인이 자의자상(自意自想)대로 제반 사항을 결정하였다. 이는 30년 전래의 신성한 법통을 유린하였을 뿐 아니라 대한임정의 위신을 잃게 한 일대 유감사라 아니할 수 없다. 그 하자와 부

당성은 차치하고라도 그들의 망행(妄行)은 용서할 수 없는 위헌행동이다.
30여 년간 법통과 고절(苦節)을 지켜온 본인의 입장으로서는 도저히 은인 묵과할 수 없는 바이다. 이에 임시정부 국무위원과 의정원의원을 다 탈리(脫離)하는 바이다. 다만 직무의 불충실한 과오를 일반 동포 앞에 사과할 뿐이다. 본래 국가독립은 멸사적 · 헌신적이 아닌 소혜무롱(小慧舞弄)으로는 달성키 어려운 바이다. 동포 제사가 정성 단결하여 좌사우고(左思右考)함이 없이 대의정로로 매진하기를 빌 뿐이다."

(「국무위원을 사퇴-이시영 씨 성명을 발표」, 『동아일보』 1947년 9월 26일)

이시영의 은퇴 성명은 이것이 처음이 아니었다. 해방 1주년 때 독촉국민회 위원장 등의 직책을 사임한 일이 있었다. 독촉국민회는 총재 이승만의 사조직 성격을 가진 기구였는데, 그 간판인 위원장 노릇을 맡고 있던 이시영이 독촉국민회를 둘러싼 물의가 꼬리를 물자 사퇴한 것이었다. 당시의 성명서에도 눈여겨 살필 대목들이 있다.

"40년간 이역 표랑을 계속하면서 몽상에 그리던 고국강산을 금일에 다시 밟게 됨은 이 어찌 전일에 뜻하여 예기하였던 바이랴? (…) 이 민족적 중대위기에 임하여 민주주의 국가 건설이란 동일한 정치이념에도 불구하고 각 지도자들의 파지(把持)하고 있는 그 구구한 정견과 방략의 사곡(邪曲) 고집을 볼 때에 끝없는 환멸을 느끼지 않을 수 없으며 아울러 합류 불능을 통감하는 바이다.
특히 대한독립촉성국민회 중앙간부로 말하면 다 당시 준초인물(俊楚人物)이라 한다. (…) 그러나 가끔 그들의 동작이 법규나 조리에 맞지 못하는 표현이 있을 때에는 물의가 훤등(喧騰)하여 나로 하여금 극도

이승만 대통령 프란체스카 내외와 이시영 부통령 모습. 이 부통령은 한국전쟁 발발 때 이승만이 도망가면서 연락도 해주지 않고 차도 보내주지 않아 피난에 많은 어려움을 겪었다. 김규식, 안재홍 등 많은 민족주의 지도자가 서울에 버려져 납북 대상이 되었다.

불안을 느끼게 할 뿐이요 광정(匡正)할 도리가 없으므로 결연히 일절 공직을 탈리 사퇴하고 동시에 3,000만 형제자매에게 사과하여 마지않는다.

현하 정세는 외로 열강의 세력대립에 국토가 양단되고 내로 경제적 파탄과 아울러 재환(災患)이 중중하여 거족 도탄에 촉목처비(觸目悽悲)한 이 광경을 보면서도 오히려 반목투쟁하여 자당 세력 확장에 광분할 뿐 아니라 사대적 외세의존의 누습(陋習)은 외모를 자취하여 민족적 대의조차 저버림은 개탄 통곡을 금할 수 없는 바이다. (…)"

(「동지의 반성 촉구, 이시영 씨 공직 은퇴」, 『서울신문』 1946년 8월 18일)

이시영은 정치가가 아닌 순수한 민족주의자였던 것으로 보인다. 그는 특정한 정치노선을 주장하지 않고 독립건국만을 희구하였으며, 중요한 직책을 맡으려 애쓰지도 않고 그저 주어지는 직책만을 맡고 있다가 일이 잘못되어간다고 생각할 때는 물러나는 사람이었다.

시국의 흐름에 대한 그의 자세를 알아볼 만한 대담기사 하나가 눈에 띄었다. 1948년 7월 초, 은퇴해 있던 그가 제헌의회에서 부통령으로 선출되기 보름 전의 대담이었다.

(문) 이 박사 개인에 대한 옹의 기대와 요망은?

(답) 이 박사는 좀 양보성이 있어주길 바란다. 정부가 서더라도 태산과 같은 중임을 지고 나가는 데는 좀 벅찰 것이다.

(문) 이 박사와 김구 씨는 합작할 가능성이 있겠는가?

(답) 합작? 좀 어려운 일이다. 그러나 이 박사는 조각(組閣) 일보 전에 듣고 아니 듣고 간에 김구 씨에게 최후로 협조를 요청하게 될 것인데 글쎄…… 김구 씨가 들을라고?

(문) 선거 국회는 물론 정부수립까지 보이콧하는 김구 씨의 태도를 어찌 보는가?

(답) 나는 여러 번 김구 씨더러 그러지 말고 마음을 돌려 반쪽 정부나마 세우는 데 협력하는 것이 어떠냐고 권해보았으나 결국 도로(徒勞)였다.

(문) 그러면 김규식 박사는?

(답) 물론 김구 씨와 함께 훌륭한 분이나 좀 더 견고한 의지의 소유자가 되었으면 좋겠다.

(문) 서(재필) 박사의 신당설에 대한 소감은?

(답) 서 씨는 늦게 귀국하여 현재 군정청 최고의정관 자리에 앉아 있는 만큼 해방 이래 3년 가까이 남들이 애써 만들어놓은 뒤에 참섭(參涉)하여 무엇이니 무엇이니 한다는 것은 자미없는 일이라고 본다. 그리고 또 새로운 파당을 짓는다는 것은 불찬성이다.

(문) 38선은 언제나 터질 것이며 남북통일은 가능한가?

(답) 38선이 터지는 것이라든가 또는 남북통일 등의 문제는 국제간에 해결할 성질의 것이요, 우리 독력으로는 좀 어렵지 않을까 한다. 그러나 우리는 그렇게 하려고 애는 써야 할 것이다.

(「침묵을 깨친 노 혁명가 이시영 옹 담」, 『경향신문』 1948년 7월 4일)

이승만, 김구, 김규식(金奎植, 1881~1950), 서재필(徐載弼, 1864~1951) 등에 대한 그의 시각이 비쳐 보이는 대담인데, 허심탄회한 발언 자세로 보아 대상 인물의 이해에 중요한 참고가 되는 시각이다. 그리고 1947년 9월의 은퇴 성명은 80세의 그에게 마지막 은퇴 성명이 아니었다. 그는 1951년 5월 9일 또 한 차례 사직 성명을 내놓는다. 부통령직 사직이었다.

나는 국민 앞에 이 글을 내놓지 아니치 못하게 된 것을 한편으로 부끄러워하며 또 한편으로는 슬퍼하여 마지않는다. 내가 망명생활 30유여 년 동안 이역에서 무위도일하다가 8·15해방과 함께 노구들을 이끌고 흔연 귀국하였을 때 나는 이미 노후된 몸이건만 여생을 조국의 남북통일과 자주독립을 위해서 바치겠다는 것을 다시금 결심하였다. 그리하여 좌우 상극으로 인한 그 혼란·분란의 파랑에 휩쓸리기 싫어 나는 귀국하자마자 모든 정치단체와의 관계를 분연(憤然) 끊고 초야로 돌아가 한 야인으로서 어느 당론에도 기울이지 않고 또 어떤 파쟁에도 끌림 없이 오직 국가를 건지고 민족을 살리려는 일념에 단성(丹誠)을 기울였던 것이다.

그렇듯 내 심경은 명경지수와도 같이 담담하던 중 단기 4281년 7월 20일 뜻밖에도 국회에서 나를 초대 부통령으로 선거했을 때에 나는 그 적임이 아님을 모른 바 아니었으나 이것이 국민의 총의인 이상 내가 사퇴한다는 것은 도리어 국민의 기대를 저버리는 것이라는 생각으로 심사원려 끝에 마지아니치 못했다는 것을 여기에 고백한다. 그 뒤 임염(荏苒) 3년 동안 오늘에 이르기까지 나는 대체로 무엇을 하였던가? 내가 부통령의 중임을 맡음으로써 국정이 얼마나 쇄신되었으며 국민은 어떠한 혜택을 입었던가? 그뿐만 아니라 대통령을 보좌하는 것이 부통령의 임무라면 내가 취임한 지 3년 동안 얼마나한 익찬(翊贊)의 성과를 빛내었던가? 하나로부터 열에 이르기까지 나는 그야말로 시위소찬(尸位素餐)에 지나지 못했던 것이니 이것은 그 과책이 오로지 나 한 사람의 무위무능에 있었다는 것을 국민 앞에 또한 솔직히 표명 않을 수 없는 것이다.

그러나 매양 사람은 사람으로 하여금 사람답게 일을 하도록 해줌으로써 그 사람의 직능을 발휘할 수 있는 것이니 만약에 그렇지 못할진대 부질없이 공위(空位)에 앉아 허영에 도취될 것이 아니라 차라리 그 자리를 깨끗이 물러나가는 것이 떳떳하고 마땅한 일일 것이다. 그것은 정부에 봉직하는 모든 공무원 된 사람으로서 상하계급을 막론하고 다 그러하려니와 특히 부통령이라는 나의 처지로는 더욱 그러한 것이다. 내 본래 무능한 중에도 모든 환경은 나로 하여금 더구나 무위하게 만들어 이 이상 시위(尸位)에 앉아 국록만 축낸다는 것은 첫째로 국가에 불충한 것이 되고, 둘째로는 국민에게 참괴스러운 일이 아닐 수 없다.

더욱이 국가가 흥망간두에 걸렸고 국민이 존몰단애에 달려 위기간발에 있건만 이것을 광정할 홍구할 성충(誠忠)을 두드러지게 나타내는 동량지재가 별로 없음은 어떤 까닭인가? 그러나 간혹 인재다운 인재가 있다 하되 양두구육의 가면 쓴 애국 위선자들의 도량으로 말미암아 초토에 묻혀 비육(肥肉)의 탄식을 자아내고 있는 현상이니 유지자로서 얼마나 통탄할 일인가? 그뿐만 아니라 나는 정부수립 이래 오늘에 이르기까지 고관의 지위에 앉은 인재로서 그 적재가 그 적소에 등용된 것을 별로 보지 못하였다.

그러한데다가 탐관오리는 도비(都鄙)에 발호하여 국민의 신망을 상실케 하며 정부의 위신을 훼손하고 나아가서는 국가의 존경을 모독하여서 신생 민국의 장래에 영향을 던지고 있으니 이 얼마나 눈물겨운 일이며 이 어찌 마음 아픈 일이 아닌가? 그러나 사람마다 이것을 그르다 하되 고칠 줄 모르며 나쁘다 하되 바로잡으려 하지 않을 뿐 아니라 그것의 시비를 논하던 그 사람조차 관위에 앉게 되면 또한 마찬가지로 탁수오류에 휩쓸려 들어가고 마니 누가 참으로 애국자인지 나로서는 흑백과 옥석을 가릴 도리가 없다. 더구나 그렇듯 관기가 흐리고 민막(民瘼)이 어지러운 것을 목도하면서 워낙 무위무능 아니치 못하게 된 나인지라 속수무책에 수수방관할 따름이니 내 어찌 그 책임을 통감 않을 것인가?

그러한 나인지라 나는 이번 결연코 대한민국 부통령의 직을 이에 사퇴함으로써 이 대통령에게 보좌의 직책을 다하지 못한 부끄러움을 씻으려 하며 아울러 국민들 앞엔 과거 3년 동안 아무 업적과 공헌이 없었음을 사(謝)하는 동시에 앞으로 나는 일개 포의(布衣)로 돌아가 국민과 함께 고락과 사생을 같이하려 한다. 그러나 내 아무리 노혼(老昏)한 몸이라 하지만 아직도 진충보국의 단심과 성열은 결코 사그라지지 않았는지라 잔생(殘生)을 조국의 완전통일과 영구독립에 끝내 이바지할 것을 여기에 굳게 맹서한다. 그리고 국민 여러분은 앞으로 더욱 위국진충의 성의를 북돋아 조국의 위기를 극복하여주었으면 흔행(欣幸)일까 한다.

(「국민에게 고함-부통령 이시영」, 『동아일보』 1951년 5월 11일)

시국에 대한 비판적 관점이 명쾌하게 드러난 글이라서 전체를 옮겨 놓았다. 그런데 이 글이 언론인 우승규(禹昇圭, 1903~1985)의 대필이었다는 사실을 1975년 7월 18일자 『동아일보』에 그가 쓴 「나절로 만필」 제84회 기사에서 알아냈다. 기사 앞부분에서 우승규는 상황을 이렇게 설명했다.

> 긴급 상의할 일이 있으니 다녀갈 수 없겠느냐는 급전을 받고 부산에 내려가 서로 마주 앉은 이시영 부통령과 나. 옹은 비통한 얼굴빛으로 잠잠히 긴 담뱃대만 빨다가 천천히 입을 열었다.
>
> "여보게 우 군, 난 부통령직을 그만 내던질 테야. 그러니 날 좀 도와주게." 하는 것이 놀라운 첫마디였다. 나는 옹의 이 말이 하도 뜻밖이라 한때 어리둥절했다. 갑작스러운 사임설에도 쇼크를 받았으려니와 도대체 내가 협조할 일이 뭣인가를 몰랐기에 다음 말만 기다린 채 침묵과 긴장이 흘렀다.
>
> 이보다 앞서 옹은 당시 여론을 와글와글케 하던 김윤근 일파가 저지른 소행-이른바 '국민방위군'의 비참한 실태를 시찰하러 대구, 경주, 울산 등지를 두루 다녀 돌아온 뒤였다. 그들의 갈기갈기 찢어져 헐벗은 옷차림들, 며칠씩 굶주려 뼈만 앙상하게 남은 야윈 모습들. 살아 있는 송장이나 다름없는 우리 2세들의 참상을 본 노옹은 울음을 터뜨렸다.
>
> 이어서 옹은 이승만 정권에 대한 분노가 폭발했다. 자신의 위치도 다시금 자성해봤다. 이 박사와는 상하이 임정 때부터 '옹추' 간인데다가 부통령이 된 뒤엔 사사건건 무시를 당한 채 아무 발언권도 주질 않자 더욱 둘 사이는 빙탄(氷炭)처럼 돼 있었다.
>
> 그러던 차에 소위 '제2국민병'들의 피눈물 나는 참경을 보고선 되게

1951년 5월 9일 이시영 부통령 사임 성명. 82세의 나이에 독립투사의 기개라도 보여주며 물러나지 않을 수 없었던 것은 너무나 참혹하고도 민망한 '국민방위군' 사태를 견딜 수 없어서였다.

홍분, 자신이 벌제위명(伐齊爲名)의 부원수직을 팽개침으로써 국민에게 다소나마 사과하겠다는 결의를 굳혔다. 이것은 이승만 정권에 대한 항의요 도전이며 이 박사에겐 치명적인 타격이었다.

옹의 마음속에서 우러나온 우국충정, 나도 동감이었기에 "장하십니다. 그러면 제가 도와드릴 일이란?" 하고 묻자 나더러 당신의 사퇴서를 수고스럽지만 써달라는 부탁 아닌가. (…)

1947년 9월로 돌아가, 이시영은 왜 국민의회에서 사퇴한 것인가? 그는 9월 1~5일에 열린 국민의회 제43차 회의에 대한 불만을 토로했다. 이 회의에서는 아래와 같은 안건들이 처리되었다고 한다(『동아일보』 1947년 9월 7일).

(1) 4대국회의의 절대 지지와 남조선 단독정부 노선으로 향하는 남조선 총선거를 반대하는 긴급제의안.

(2) 미·소·영·중·프와 기타 각 약소국가에 대하여 4대국회의를 실현 성공케 하여달라는 감사 격려 간구의 메시지를 보낼 긴급제의안.

(3) 조직대강.

(4) 민대(민족대표자대회)와의 통합교섭에 대한 전말보고.

(5) 국민의회 임시선거법.

(6) 정무위원 법무위원회 조직조례.

(7) 정·부주석 및 국무위원 보선.

어느 안건이 그를 분노케 한 것인지는 명확하지 않다. 아마 특정한 안건보다 회의 운영의 전반적 방식에 그가 더 큰 불만을 가졌던 것이 아닐까 생각된다. 김구를 중심으로 한 임정 주류가 지나치게 정략적인 태도로 진로를 모색하는 데 그의 근본적 불만이 있었을 것 같다.

안재홍
선생에게
묻는다

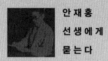

미국은 왜 미소공위를 버리는가?

김기협 | 미소공위는 이제 길이 막혀버린 것 같습니다. 작년 5월 무기 정회 때는 진행이 늦어지는 것이 안타까울 뿐이지, 언제고 다시 열릴 것을 기약할 수 있었습니다. 그런데 이번에는 회담이 중단될 경우 다시 열리지 못할 것 같습니다. 미국이 조선 문제를 유엔에 상정하겠다고 벼르고 있으니까요.

선생님과 합작위 여러분은 미소공위를 민족 독립을 위한 최선의 통로로 여겨왔습니다. 최선의 통로 정도가 아니라 거의 유일의 통로처럼 중시해왔습니다. 이제 미소공위가 막혀버리면 조선 독립은 어떤 길을 걷게 될까요?

안재홍 | 비관적인 판단을 미리 하지 맙시다. 미소공위는 두 나라 사이의 회담인데, 최근 한 달 동안 미국 쪽에서 회담을 끝내버리려는 태도를 보인 것은 사실입니다. 하지만 소련 쪽은 회담을 지키려는 태도지요. 미국이 일방적으로 미소공위를 파기하는 것은 모스크바 3상결정이라는 국제조약의 파기이기 때문에 쉽게 결행할 수 있는 일이 아닙니다.

전쟁도 불사한다는 극단적 결정이 아니고는 미소공위를 파기할 수 없습니다. 자기네에게 유리한 쪽으로 소련의 양보를 얻어낸다면 회담장으로 돌아오리라고 나는 믿습니다.

김기협 | 미국이 원하는 소련의 양보가 어떤 것일까요?

안재홍 | 제일 중요한 문제가 협의대상 범위죠. 협의 참가가 곧 건국 방안에 대한 발언권으로 연결되는데, 미국은 좌익이 너무 우세하게 될 것을 걱정하는 겁니다. 한민당 등 반탁투위 소속 정당·단체들을 미국인들은 가장 확고한 우익으로 여기는데, 이들이 빠질 경우 이북의 확고한 좌익 정당·단체들과 균형이 안 맞으리라는 거죠.

김기협 | 소련 측이 그 단체들을 무조건 제외하겠다는 것도 아니고 반탁투위 탈퇴를 조건으로 받아주겠다는 것 아닙니까? 반탁투위의 미소공위에 대한 적대행위가 분명한 이상 미국 측에서도 그 단체들에게 반탁투위 탈퇴를 종용하는 것이 옳지 않습니까?

안재홍 | 맞아요. 그 일만 본다면 미국 입장에 무리한 점이 있습니다. 그런데 협의대상 범위에 전반적인 불만과 걱정이 있기 때문에 일종의 기세싸움처럼 매달리는 겁니다.

이북의 협의대상 단체들은 모두 소련 측 주장을 지지할 것으로 미국인들은 생각합니다. 내가 보기에도 그럴 것 같고요. 그런데 이남의 단체들은 의견이 각양각색이에요. 미국이 어떤 주장을 내놓더라도 일부 단체들은 반대할 것이 분명하죠. 이북 단체의 전부와 이남 단체의 일부가 소련 측을 지지하면 미국이 불리하다는 점을 미국인들은 걱정합니다.

김기협 | 그런 걱정이라면 자승자박(自繩自縛)이라고 해야겠네요. 소련군은 이북에서 민족 자치활동을 지원해주었기 때문에 사회주의자와 민족주의자들이 연합전선으로 체제를 정비하면서 소련군과 협조적 관계를 굳혀왔습니다. 반면 이남에서 미군정은 자치를 억압하고 친일 경찰을 비롯해 민족정체성이 약한 집단을 등용해서 일본의 뒤를 이은 '이민족 통치'에 나섰기 때문에 민족주의자들이 갈수록 등을 돌리게 된 것 아닙니까.

뭐 눈에는 뭐만 보인다고, 이남에서 좌익을 경찰력으로 탄압하는 미국인들은 이북에서 소련군도 우익을 탄압하기 때문에 우익 세력이 미미한 줄 생각하죠. 하지만 소련군 우익 탄압의 대표적 사례로 입에 오르내리던 조만식(曺晩植, 1883~1950) 씨가 자유로운 상태에서 미소공위를 지지하고 있다는 사실을 6월 말 평양에 간 미국 대표단이 확인하고 오지 않았습니까?

남북을 통틀어 조선인의 민심이 소련보다 미국에 더 반감을 갖게 된 것은 바로 2년간의 미군정이 가져온 결과입니다. 협의대상이든 뭐든 정당한 방법으로 조선 민의를 수렴한다면 미국에 대한 불신이 크게 나타날 수밖에 없죠. 그렇다면 미국 측은 조선인의 민의 표출 자체를 꺼리는 것 아닌가요?

안재홍 | 민주주의 국가를 표방하는 미국으로서 민의 표출을 가로막는다는 것은 있을 수 없는 일이죠. 미국 제안이 총선거의 조기 실시로 중점을 옮기는 것도 그 때문이겠습니다.

김기협 | 총선거 조기 실시는 몇 달 전부터 이승만 씨 등 반탁세력 일각에서 미소공위를 대신하는 방안으로 제기되어왔습니다. 그

래서 민족주의자들은 그 주장이 미국과 결탁해 이남의 분단건국을 획책하는 게 아닌가 의심해왔죠. 작년 10월의 입법의원 선거를 떠올리면 '선거'라는 말 자체가 혐오감을 불러일으키기도 하지만, 선거를 제대로 할 수 있다면 그야말로 독립을 앞당기는 길이 될 수도 있는 것 아닌가요?

안재홍 | 선거를 제대로 할 수만 있다면야 물론 좋은 일이죠. 그러나 소련의 동의와 협력이 필요합니다. 소련의 협력 없이 미국 혼자 주선하는 선거라면 작년 입법의원 선거와 근본적으로 차이가 있을 수 없죠. 이북 지역까지 시행할 길도 없고요.

그런데 소련은 모스크바결정의 철저한 이행을 일관되게 주장해왔습니다. 소련이 한반도에 미국과 대등한 영향력을 당분간 유지할 수 있게 보장해주는 결정입니다. 그런데 인구 비례 총선거를 분단점령 상태에서 서둘러 실시할 경우 이남에서 친미세력이 선거를 휩쓰는 것을 막기 힘듭니다. 대등한 영향력을 가진 상태에서 과도임시정부를 먼저 세워놓은 다음에 총선거를 실시하는 기존 방안을 소련이 포기하리라 기대하기 힘듭니다.

김기협 | 미소공위 재개 직후인 6월 6일 선생님의 방송 연설 중 이런 대목이 있었습니다.

> 현재 미·소 양국은 전 세계적으로 대립되어 있으면서 어디서이고 양보와 협조의 길을 찾으려고 애쓰며 있는데 조선에서부터 협조의 길을 열지 않고는 두 나라의 관계가 매우 미묘하고 또 험악하게 되겠는 고로 이번의 공동위원회는 비록 다소의 파란곡절이 이 뒤에도 없지

않으리라고 치더라도 반드시 성취시킬 의도에서 열린 것이라고 판단할 바입니다. 그러면 조선의 완전독립은 어떻게 성취할 것인가. 40년래 해내 해외에서 반항투쟁을 하여온 민족정신에 인하여 4,000년 조국은 기어이 재건설될 것이지마는 이 대업을 완성하려면 반드시 미·소 양국과 중·영·프 등의 세력균형에 의한 국제협조에 힘입지 않고서는 아니 될 일입니다. (안재홍선집간행위원회, 『민세 안재홍 선집 2』, 지식산업사 1983, 188~189쪽)

그 무렵에 양측 대표단이 참 열심히들 일하고 있었죠. 그 모습을 보면서는 미소공위가 반드시 성과를 거둘 것이라는 믿음을 가질 수 있었습니다. 하지만 미·소 간의 전 세계적 대립 때문에 마음 한구석에 불안감을 갖지 않을 수 없었습니다. 선생님은 두 나라가 "양보와 협조의 길을 찾으려고" 애쓰고 있다고 하셨는데, 너무 희망적인 관측이었을까요?

안재홍 | 결과적으로 희망적 관측이 되어버린 게 아닌가 걱정이 들기 시작합니다. 그렇다면 이것은 조선인만의 불행이 아니라 전 인류의 불행입니다. 미·소 양 대국의 불화는 6년에 걸친 세계대전에서 겨우 벗어난 인류를 또 한 차례 세계대전의 위협에 도로 던져넣는 길입니다. 이제 더 이상의 전쟁은 있을 수 없다는 인류의 의지가 두 나라의 불화를 가로막아줄 것이라고 나는 믿습니다만, 근래 사태의 진전은 갈수록 걱정스럽군요.

지난 봄 트루먼독트린이 나왔을 때 이승만 박사는 미국의 분단건국 후원을 보장받은 것처럼 기뻐 날뛰었지만 나는 큰 걱정을 하지 않았습니다. 그리스와 터키에서 불리한 상황을 만회하기 위해 소련을 위협한 것일 뿐이고 전면적 대결로 나아가리라고 생각지 않았어요. 그 위협이 두 나라 국민을 불안하게 만들었기 때문에 조선에서는 양쪽 다 타협적인 태도로 나올 것을 기대했습니다.

6월 중순까지 미소공위는 정말 더 바랄 수 없이 잘 돌아갔습니다. 6월 23일 반탁시위 같은 돌발사태가 큰 문제를 일으키리라고 생각하지 않았습니다. 그런데 협의대상 문제가 다시 걸림돌이 되고 말다니.

김기협 | 협의대상 문제는 핑계일 뿐이고 워싱턴에서 미소공위 좌초 결정을 이미 내린 게 아닌가 하는 관측이 유력합니다. 7월 11일 브라운(Albert E. Brown) 대표가 합의 안 된 문제점을 일방적으로 발표하기 시작할 때는 이미 방침을 정한 게 아닌가 하는 거죠. 그 후 마셜이 8월 12일 몰로토프(Vyacheslav Mikhailovich Molotov)에게 보낸 편지에서 8월 21일까지 미소공위 보고서를 받자고 제의한 것, 러베트(Robert Lovett) 차관보가 8월 28일 몰로토프에게 보낸 편지에서 연합국 대사회담을 제안한 것, 모두 올 가을 유엔총회에 조선 문제를 상정하기 위한 수순으로 해석됩니다.

그렇다면 선생님의 희망적 관측과는 달리 미국이 소련과 전면적 적대관계를 향해 움직여가고 있는 것 아닙니까? 미국 태도가 이렇게까지 경직되어가는 이유가 무엇일까요?

안재홍 | 지난주에 웨드마이어 특사와 두어 차례 만나면서 미국 고위층이 조선에 관해 어떤 생각을 하고 있는지 좀 알아볼 수 있었습니다. 군인 아닌 일반 정치인들 사이에도 반공 풍조가 생각보다 강한 것 같더군요. 공산주의의 확장에 대한 우려가 정책 결정에 많이 작용하는 모양입니다.

웨드마이어 장군의 사명이 중국과 조선 사정을 살피는 것인데, 이것은 미국 정계에서 두 나라 사정을 묶어서 보는 시각을 반영한 것이겠죠. 그런데 중국 장개석 정권에 대한 미국의 시각이 갈수록 어두워지고 있습니다. 국민당이 무능과 부패에서 헤어날 전망이 보이지 않으니 공산당 세력이 확장되는 것은 피할 수 없는 일이죠. 중국 문제가 미국인들을 불안하게 만들어 소련과의 대결노선으로 나아가게 하고, 조선 문제도 거기에 휩쓸리는 게 아닌가 하는 걱정이 듭니다.

해방의 시공간

일지로 보는 1947년 9월

9월

- 1일 장택상과 서울시 학무국, 좌익계열 교원 검거 언명
- 2일 웨드마이어, 입의에서 조선 방문 소감 피력
- 4일 이승만, 남조선 총선거에 대비하여 우익정당 대표자들과 회합
- 5일 미소공동위원회 제59차 본회의 개최
- 7일 서울주재 AP특파원 램버트, 조선의 현안문제에 대한 전망 피력
- 9일 김용중, 소련의 4개국회의 거부 비난성명
- 10일 한독당, 유엔감시하의 남북총선거 실시 주장
- 11일 러치 서거에 이승만과 김구 담화 발표
- 19일 연백수리조합 수세문제 해결 회담 결렬
- 21일 유엔총회, 조선 문제 상정 가결
- 24일 임영신, 유엔 소련대표 비신스키 연설 비난
- 26일 이시영, 국민의회의 국무위원과 의정원 의원직 사퇴 성명서 발표
- 29일 헬믹, 기자들의 신문지법 수정요구에 회답

2

미군정이 키워낸 '부패공화국'

1947년 10월 3 ~ 31일

1947년 한국. 서울 근교의 거리에서 세 소년이 어깨동무를 한 모습으로 웃고 있다. 지금까지 살아 있다면 70대 후반이 되었을 그들이 어떤 일들을 겪어왔던가.

1947. 10. 3.

미국인이 본 일본인 그리고 조선인

동아시아를 좀 아는 서양인에게 한국이 어떤 나라냐고 물으면 "중국과 일본의 중간쯤(It's somewhere between China and Japan)" 정도 대답이 보통이다. 묘한 말이다. 지리적으로 중국과 일본 중간에 있다는 뜻에 겹쳐서 한국인의 성격 또는 한국이라는 나라의 성격이 중국과 일본의 중간이라는 뜻을 담은 말이다. 개항기 이래 서양인의 한국 인식은 중국, 일본과 비교해서 어떤 점이 어느 쪽과 비슷하고 또 어떤 점이 어느 쪽과 다른지 살피는 방식으로 이뤄져온 것이 보통이었다.

1910년 망국 때까지 조선에는 중국과 일본에 비교가 안 될 만큼 서양인의 방문도 적었고 조선에 대한 관심도 적었다. 식민지가 된 후에는 관심이 더 줄어들었다. 제2차 세계대전이 끝날 때 조선은 세계에서 제일 적게 알려져 있는 나라의 하나였다. 1948년에 나온 마크 게인(Mark Gayn, 1902~1981)의 『일본일기(Japan Diary)』에 담긴 일부 내용이 조선 사정을 소개하는 당시 서양 출판물로 가장 중요한 것일 정도였다.

1947년 가을 조선 문제가 유엔총회에 상정되었을 때 투표권을 가진 회원국들은 조선에 대해 어떤 인식을 갖고 있었을까? 남아 있는 자료로 볼 때, 유엔에 제출된 보고서 외에는 거의 아무런 정보 획득 방법이 없었던 것 같다. 당시 외국인의 조선 인식은 조선을 지배하던 일본에 대한 인식을 출발점으로 삼았으리라고 추측된다.

그러면 일본에 대한 외부의 인식은 어떤 것이었던가? 존 다우어(John W. Dower, 1938~)의 『패배를 껴안고(Embracing Defeat)』에서 미국인의 일본과 일본인에 대한 인식을 검토하면서 그 인식의 연장선에서 조선과 조선인에 대한 인식을 그려본다.

진주만 폭격 이전에 일본에 대한 미국인의 인식은 조선에 대해서보다는 물론 훨씬 더 깊었지만 깊은 인식을 가진 사람들의 범위는 넓지 않았다. 적대관계 속에서 정형화된 일본인 비하가 미국에서 크게 유행했다. 일본을 점령한 미군은 민정 요원들이 이런 부정적 인식에서 벗어나게 할 필요를 느꼈다. 이런 내용을 담은 지침서가 있었다고 한다.

> 전시에 감정이 최고조로 격해졌을 무렵에는, 일본인이란 밥 먹듯 배신하고 야만적이며 이상하리만치 잔인한 행동을 즐기고 광신적인 '원숭이 인간'이라고 여겼다.
>
> 난징 학살, 바탄 반도에서의 죽음의 행진, 그리고 진주만 공격 등에서 보이듯 일본인은 개인으로서 또 집단으로서 매번 그러한 특성을 발휘한 것은 사실이다. 끔찍한 잔학행위를 자행한 일본인을 옹호할 필요는 없지만, 모든 일본인을 원숭이 인간으로 생각하는 것은 잘못이라는 점을 강조하지 않을 수 없다. 모든 미국인이 집단린치나 갱, 인종폭동에 관여한다고 생각하는 것이 잘못된 만큼, 일본인을 그러한 눈으로 보는 것 또한 잘못된 것이다. (…)
>
> 일본인에게는 다른 특성도 있다. 성실성, 창의성, 근면, 검소, 용기, 진취적 기상, 정직함 등이다. 성격, 성별, 연령, 사회적 지위, 소득 그리고 직업에 따라 예외가 있다 할지라도 평균의 일본인들은 다른 나

라 사람들과 마찬가지로 모든 면에서 이러한 특성을 드러낼 수 있는 것이다. (존 다우어, 『패배를 껴안고』, 최은석 옮김, 민음사 2009, 220~221쪽에서 재인용)

전쟁 중 만들어진 일본과 일본인의 부정적 이미지를 깨뜨리는 과제는 점령 초기부터 뚜렷이 세워졌다. 그런데 종래의 부정적 이미지가 너무나 강렬해서 불식하기가 쉽지 않았다. 주둔군은 전쟁 책임을 소수 군국주의 지도자들에게 몰아붙임으로써 병사들을 비롯한 일반 일본인에게 면책권을 주고자 했다. 1946년 초 미국 육군부가 제작한 점령군 교육영화 「일본에서의 우리 과업」에 대해 다우어는 이렇게 설명했다.

이 영화는 '지도자를 무조건 추종하도록 훈련된' 사람이라는 관찰에서부터 시작된다. 여기서 승자가 직면한 문제는 한마디로 표현이 가능하다. 일본인의 뇌가 문제인 것이다. (…) 영화는 일본인 남성의 측면 머리가 스크린에 크게 비치면서 시작된다. 이어서 두개골을 가득 채운 스펀지 같은 뇌가 보이고 점차 확대되면서 스크린에는 거대한 뇌만 비치게 된다. (…)
"우리의 문제는 일본인의 머릿속에 든 뇌다."라고 내레이터가 담담하게 말을 시작한다. "일본에는 7,000만 개의 뇌가 존재한다. 일본인의 뇌는 세상의 다른 뇌와 다를 바가 없다. 사실 우리의 뇌와 똑같은 소재로 되어 있으며, 우리의 뇌와 마찬가지로 착한 일도 할 수 있으며 나쁜 일도 할 수 있다. 모든 것은 뇌 속에 어떤 생각이 들어가 있는지에 따라 정해진다." 그 뒤로도 거대한 뇌는 몇 차례 더 영화에 등장하는데, 이 과정에서 미군 병사들에게는 일본의 장군과 군벌이야말로 이 뇌에 끔찍한 생각들을 집어넣은 존재라는 정보가 전달된다.

(같은 책, 271~272쪽)

일본인을 '원숭이 인간'으로 보던 미국인들이 조선인을 그보다 나은 존재로 보았을까? 그럴 만한 이유가 생각나지 않는다. 이제 전쟁이 끝나고 일반 일본인을 세뇌당한 존재인 피해자로 보려고 애쓰는 미군에게는 조선인도 같은 세뇌를 당한 존재로 보였을 것이다.

그런데 세뇌를 풀어주려는 노력은 조선보다 일본에서 더 체계적·집중적으로 경주되었다. 일본인은 미국인의 교육을 받고 나서 "나 세뇌 풀렸어요." 선언하고 민주시민으로 거듭날 기회를 가졌고, 조선인은 그러지 못했다.

'원숭이 인간'과 함께 경멸 담긴 일본인관을 보여주는 말이 '말 잘 듣는 가축 떼'였다. 이것은 '구세대 지일파(old Japan hands)'의 관점이었다. 선교사나 외교관으로 일본에 체류한 서양인들이 보수적 엘리트 일본인들과 교류하면서 그들에게서 배운 것이었다. 예컨대 1930년대에 일본 대사를 지낸 조지프 그루(Joseph Grew, 1880~1965) 국무차관이 종전 몇 달 전 트루먼 대통령에게 이런 말을 했다고 한다.

> "천황제가 봉건제의 잔재인 것은 사실이지만 장기적으로 볼 때 일본에 대해서 우리가 기대할 수 있는 최대치는 입헌군주제가 자리 잡는 것일 뿐 진정한 민주주의는 일본에서 결코 자리 잡을 수 없음은 과거의 경험에 비추어 봐도 명확하다." (같은 책, 275쪽에서 재인용)

인류학자 루스 베네딕트(Ruth Benedict, 1887~1948)의 『국화와 칼(The Chrysanthemum And the Sword)』(1946)은 '말 잘 듣는 가축 떼'의 순응적인 특성을 좀 더 세련된 방법으로 설명한 책이다. 악마구니 같

맥아더. 전쟁을 그만큼 잘한 장군은 수없이 많았겠지만, 전쟁을 그만큼 좋아한 장군은 그리 많지 않다. 한국전쟁 발발에 대한 공헌을 개인별로 따져본다면 김일성과 함께 맥아더를 꼽을 사람이 많을 것이다.

던 일본군이 부득이한 상황에서 포로가 된 후 대부분이 선량한 포로 노릇을 하게 되는 사례가 이런 관점을 뒷받침해줬다. 이 관점은 일본의 민주화 재건 정책의 바탕이 되었다.

일본인의 순응적 특성이 미군의 점령 초기에 극적으로 나타난 일이 있다. '맥아더 숭배' 현상이었다. 대다수 일본인이 점령군 사령관을 '외국인 천황'으로 받아들인 것이다. 많은 일본인이 맥아더에게 편지와 선물을 보냈다.

> 편지는 점령 첫해에 가장 많은 양이 배달되었는데, 당시의 우편물 접수 대장은 SCAP(연합군최고사령부)의 기록에 남아 있지 않다. 하지만 1946년 9월부터 1951년 5월까지 연합국 번역통역반(ATIS)에서 44만 1,161통의 편지와 엽서를 읽고 처리했다는 공식 기록이 남아 있다. 발신인의 신분은 다양했으며 영어로 씌어 있는 것도 있었지만 대부분은 일본어였다. 대부분의 발신자들은 이름을 밝히고 자신의 심경

> 을 열심히 토로했다.
> 이 중에서 눈길을 끄는 편지들을 편집하고 분석한 소데이 린지로 교수는 일본 성인 인구의 약 0.75퍼센트가 자발적으로 편지와 엽서를 보낸 셈이며, 정복자와 피정복자 사이의 이와 같은 교류는 인류 역사상 전례가 없는 일이라고 했다.
> 최고사령관의 심경을 고려한 부하들의 검열을 거친 편지들은 맥아더의 허영심을 채워주기에 충분했을 것이다. 거기에는 맥아더에 대한 존경심과 그의 관대함에 대한 감사의 말들로 가득했다. 편지의 발신인은 맥아더 장군의 '신령님 같은 자비'를 찬양하고, 그를 '살아 있는 구세주'라 불렀다. 아오모리 현의 한 노인은 "예전에는 아침저녁으로 천왕 폐하의 초상을 신처럼 모셨습니다만 지금은 맥아더 장군님의 사진을 향해 그렇게 하고 있습니다."라고 쓰고 있다. (…) 그들에게 맥아더는 한 시대의 위대한 사랑의 화신이었다. 맥아더 최고사령관은 그에게서 뿜어나오는 위광에서는 천황과 같은 존재였지만 천황보다 친근하고 직접적인 인간관계를 맺을 수 있는 존재로 여겨졌다. (같은 책, 290쪽)

57개월에 걸쳐 44만여 통이면 한 달에 평균 약 8,000통. 점령 초기에 제일 많았다고 하니 한 달에 1만 통 넘게 쏟아져 들어온 모양이다. 이 편지의 번역 작업에 동원되었던 오키나와 출신의 일본계 미국인이 이 편지들을 읽으며 일본인에게 환멸을 느끼게 되었다고 한 증언도 소개되어 있지만(『패배를 껴안고』, 294~295쪽), 이런 편지를 많은 일본인이 자발적으로 썼다는 사실은 일본의 장래를 위해 무척 다행한 일이었다고 생각된다. 자기네가 어떤 사람들인지 점령군에게 잘 알려줄 수 있었으니까.

남조선에서는 이와 비교할 만한 대대적 주민 의사 전달이 없었다. 군정청은 주민 의견 파악을 위해 여론조사를 수시로 실시했지만 유치한 수준이었다. 여론조사는 1946년 봄에서 여름 사이에 제일 자주 시행되었는데, 대부분 길거리에서 행인 수백 명 내지 수천 명을 대상으로 하는 몰 인터뷰(mall interview) 방식이었다. 전상인은 "피면접자들의 대표성도 의심스럽거니와 면접의 절차와 분위기가 과연 정확한 민심의 소재를 밝혀낼 정도로 적절했는가 하는 점에 대해서도 조심스러울 필요"가 있다고 했다. (『고개 숙인 수정주의』, 전통과현대 2001, 14쪽)

맥아더는 점령을 앞두고 일본과 조선에 극히 위압적인 '포고령'을 내렸다. 그런데 일본에서는 점령을 시작한 후 포고령의 경직성이 실제 적용에서 차츰 완화되었는데, 조선에서는 그대로 유지되었다. 1945년 9월 8일 미군의 인천상륙 때 환영 인파는 자발적인 모임이었다. 이 인파를 향해 일본 경찰이 발포해서 사상자가 났는데, 미군정은 경찰을 옹호했다. 그리고 '맥아더 포고령'은 1947년 여름의 좌익 탄압 때까지도 극히 억압적인 방법으로 활용되고 있었다. 우익의 반탁운동과 민중 및 좌익의 저항운동으로 조선인의 집단행동은 국한되게 되었고, 다양한 의견의 자발적 개진 기회를 남조선 주민들은 누리지 못했다.

1947. 10. 5.

마셜플랜이 미소공동위원회에 끼친 영향

박근혜는 〔2012년〕 9월 24일 '사과' 기자회견에서 처칠(Winston Churchill, 1874~1965)의 말 한 대목을 인용했다. "과거와 현재가 싸우면 미래를 잃는다."("If we open a quarrel between the past and the present, we shall find that we have lost the future")라는 말이다. 나는 9월 25일자 『프레시안』 기고문에서 이 말이 맥락에서 벗어나 이용되어서는 곤란하다는 점을 지적했다.

1940년 5월 처칠이 수상에 취임할 때는 독일군의 프랑스 석권이 임박한 때였다. 미국과 소련의 참전 기미는 보이지 않았고, 전황은 암담했다. 독일과 화의를 맺어야 한다는 여론도 만만치 않을 만큼 영국인의 사기가 떨어져 있었다. 이런 상황에서 영국인을 결연한 임전태세로 이끈 것이 무엇보다 큰 처칠의 공로였다.

국론 통일을 위해 처칠이 한 말의 하나가 위의 인용문이다. 과거에 대한 성찰이 문명사회의 요건이라는 것은 상식이다(적어도 당시 유럽 지식층의 상식이었다). 이 상식을 무시하자는 처칠의 주장은 위기상황의 엄중함을 강조한 것이다. 이 위기를 헤쳐나가기 위해서는 문명사회의 요건조차 접어놓아야 한다는 충격적 주장이었다. 이런 맥락을 무시하고 위대한 사람의 말씀이니까 보편적 진리처럼 받아들이는 것은 달 대신 손가락만 쳐다보는 격이다.

전쟁 상황에서는 평상시 같으면 선택받기 힘든 종류의 지도자가 선택되기도 한다. 처칠과 루스벨트가 그런 예다. 루스벨트의 이념은 대공황과 전쟁 같은 비상사태가 아니라면 그렇게 많은 미국인의 지지를 받지 못했을 것이다.

국제관계에서 루스벨트는 강대국 간의 협력관계를 바탕으로 하는 일원적 세계질서를 추구했다. 미국의 대외정책에서 이 '국제주의(internationalism)'가 '국가주의(nationalism)'보다 우위를 누린 것은 연합국 간의 협력이 필요한 전쟁 상황 때문이었고, 또 루스벨트의 강력한 영도력 덕분이었다. 그가 죽고 전쟁이 끝나자 미국은 차츰 국가주의로 돌아섰다.

국가주의자들은 세계평화보다 미국 국익을 앞세웠다. 강대국 간의 협력관계보다 경쟁관계를 원했다. 소련을 중심으로 하는 적대세력을 설정해서 양극체제를 만드는 것이 일원적 세계질서보다 미국에 유리한 구도라고 그들은 생각했다.

제2차 세계대전 종전 후 냉전의 형성 과정에는 수많은 상호작용이 포개져 있어서 대립의 책임이 어느 쪽에 있는지는 닭과 달걀의 선후관계처럼 따지기 힘든 일이다. 그러나 전체적 추세는 미국의 도전에 소련이 대응하는 틀로 파악할 수 있다. 1947년 봄 미국에서 트루먼독트린과 마셜플랜이 나온 데 대한 반응으로 9월에 코민포름이 결성되는 과정에서도 소련의 수동적 태도가 확인된다.

종전 당시 미국은 심각한 파괴를 모면한 유일한 산업국이었다. 군사력에서 미국의 우위는 원자폭탄 하나에 달려 있었던 반면 경제력·생산력의 우위는 압도적인 것이었다. 몇 해 동안 미국의 공업생산량은 다른 모든 나라를 합친 것보다 많았다. 이 경제력을 무기로 국제관계

마셜플랜에 서명하는 트루먼. 제2차 세계대전으로부터의 '부흥' 사업이 종전 후 2년이 지나서야 시작된 데는 이유가 있었다. 냉전체제 구축의 노선이 그때 확정된 것이다.

의 주도권을 확보한다는 의미가 마셜플랜에 들어 있었다. (1941~1945년에 부통령을 지내고 1948년 대통령선거에 진보당 후보로 나설 헨리 월리스(Henry Wallace, 1888~1965)는 마셜플랜이 세계질서의 양극화를 초래하고 전쟁의 위험을 늘릴 것이라는 이유로 반대했다.)

1945년 8월 4일자 일기에서 독일 산업경제의 파괴를 목표로 한 '모겐소플랜' 얘기를 했다. 전범국가의 강대국 부활을 가로막는다는 것이 종전 당시 연합국들의 합의였다. 그런데 1946년 말까지 유럽의 부흥이 지지부진하고 서유럽 국가에서도 좌익의 세력이 자라나는 데 미국 정치가들이 경계심을 품게 되었다. 유럽 부흥을 획기적으로 촉진하겠다는 마셜플랜에는 산업국 독일의 부활도 들어 있었다. 마셜플랜이 유럽에서 독일의 역할을 회복시킨 것과 같은 논리에서 동아시아에서는 일본의 역할이 미국의 지지를 받게 된다.

유럽 국가들이 부흥 방안을 의논해서 결정하면 미국이 자금을 제공하겠다는 제안을 담은 마셜플랜은 명분상 소련 등 동유럽 국가들도 제외할 수 없었다. 스탈린도 애초에는 마셜플랜을 받아들일 유혹을 느꼈다고 전해진다. 그러나 자금 지원의 부대조건이 미국의 영향력 확보를 전제로 하는 것이란 사실이 분명해지자 스탈린은 동유럽 국가들이 마셜플랜에 참여하지 못하게 가로막았다. 체코슬로바키아와 폴란드가 7월에 파리에서 열린 마셜플랜 회의에 참석을 약속했다가 소련의 압력으로 취소했다.

피폐한 전후 상황에서 동유럽 국가들도 마셜플랜의 유혹을 느끼지 않을 수 없었다. 그래서 소련은 이들에 대한 통제력을 유지하기 위해 '진영'을 만드는 작업에 착수하게 되었다. 1947년 9월 소련은 9개국 공산당 회담을 폴란드에서 열었고, 이 회담을 통해 코민포름이 결성되었다(참가국: 소련, 유고슬라비아, 불가리아, 체코슬로바키아, 헝가리, 폴란드, 루마니아, 이탈리아, 프랑스).

1919년에 결성된 코민테른이 1943년 해체된 것은 연합국 간의 신뢰관계를 위해서였다. 코민테른은 소련의 국제적 영향력을 보장하는 기구였는데, 미국과 영국 등 자본주의 국가들이 그 존재에 위구심을 품고 있었기 때문에 스탈린이 자진해서 해체한 것이었다. 코민포름을 만듦으로써 소련은 4년 만에 국제적 영향력의 제도적 근거를 갖게 되었다. 미국이 유엔을 통해 국제적 영향력을 누리는 데 비하면 초라한 수준이었지만, 이 기구를 통해 공산권의 진영화가 시작되었다. 공산권 진영은 경제기구인 코메콘(1949)과 군사동맹인 바르샤바조약기구(1955)를 통해 굳어지게 된다.

1947년 9월의 9개국 공산당 연석회의 주제는 소련공산당의 보고서에서 나타났다. 이 보고서는 "국제정치가 미국 제국주의자들의 손아귀에 쥐어져 있음"을 지적하고 미국 제국주의자들이 "약화된 유럽 자본주의 국가들의 노예화"에 착수했다고 비난했다. 그리고 "전 세계, 특히 미국, 영국과 프랑스의 반동적 제국주의자들이 독일과 일본을 소련에 타격을 가할 힘으로 키워내는 데 희망을 걸고 있다."고 주장했다(『Wikipedia』「Marshall Plan」). 소련 측 냉전논리가 모습을 갖춰 나타난 것이다.

1947년 6월 5일 마셜 장관의 하버드대학교 연설로 마셜플랜이 공개되고부터 동서 양 진영의 경계선이 굳어지기 시작했다. 9월까지는 한편에서 마셜플랜의 시행 준비가 진척되고 있었고, 다른 한편에서는 이에 대항하는 공산주의 진영이 만들어지고 있었다. 조선에서 6월 11일까지 잘 돌아가고 있던 미소공동위원회(이하 '미소공위'로 줄임)가 그 후 정체상태를 거쳐 파국에 이르고 조선 문제가 유엔총회에 상정되기에 이르는 과정 역시 유럽에서 일어난 변화의 영향을 받지 않을 수 없었다.

1947. 10. 8.

친일파 옹호는 미군정의 임무!

북조선에 진주한 소련군은 일본인에게 넘겨받은 행정·경찰권을 바로 인민위원회에 넘겨주는 등 조선인의 자치활동을 적극 유도했다. 그 결과 1946년 2월에는 북조선 지역을 총괄하는 북조선임시인민위원회가 만들어졌고, 1년 후에는 선거를 거쳐 북조선인민위원회가 세워졌다.

남조선의 미군은 권한 이양에 훨씬 소극적이었다. 1946년 12월 입법의원이 만들어졌지만 그곳에서 통과된 법안은 군정장관의 승인이 있어야만 효력이 발생하게 해놓았다. 1947년 5월에는 민정장관을 수반으로 하는 행정부에 '남조선과도정부'라는 이름을 붙여줬지만 이것 역시 군정장관과 사령관에게 예속된 기구였다.

10월 2일 입법의원에서 법안 공포 절차에 대한 논의가 있었다.

> 작보한 바와 같이 지난 2일 입의 본회의에서는 (1) 입의의 통과가 없이 발포 시행되고 있는 군정법령의 재심의, (2) 입의에서 통과된 법안을 5일 이내에 행정부에 송달하여 행정부로 하여금 15일 이내로 재의를 요구케 하거나 그렇지 않으면 반드시 공포케 할 것 등의 2건의 안을 토의한 결과, 전자 (1)은 법제사법위원회를 확대한 특별위원회를 조직코 현행 군정법령을 재심케 하기로 가결하였으며, 후자 (2)

> 는 법제사법위원회로 하여금 이 건의안을 기초로 한 법안을 제정케 하여 본회의에 상정케 하기로 가결하였다는바, 이 안이 정식 가결되면 부일협력자 등에 관한 특별법과 약헌, 공창 폐지안 등 입의에서 제정된 법안의 공포도 불원 실시될 것이다.
>
> (『입의속기록』 제153호; 『조선일보』 1947년 10월 2일, 3일)

입법의원에서 통과된 법안을 군정장관이 언제까지 승인 여부를 결정해야 하는지 규정이 없었던 것이다. 그래서 7월 20일 통과시킨 '부일협력자 등에 관한 특별법'이 승인도 받지 못하고 재의(再議) 요청도 없는 채로 10월에 들어와 있었다. 군정장관의 승인이 필요한 입법권이라면 '불완전한' 입법권이라 할 것인데, 그나마 승인 여부를 결정하는 시한도 없는 입법권이라면 이것은 '존재하지 않는' 입법권이다.

문제는 부일협력자특별법에 있었다. 승인하기는 싫은데, 거부할 명분이 없는 문제였다. 이 법안에 대한 태도 표명을 늦추다 보니 그 후에 넘어온 조선임시약헌(8월 6일)과 공창 폐지안도 처리하지 못하고 있었다.

왜 미군정 수뇌부는 부일협력자특별법을 승인하기 싫어했을까? 자기네가 예뻐하는 부미(附美)협력자 중에 부일협력자 출신이 많다는 사실을 그들도 알고 있었던 것이다. 커밍스는 1947년 여름에서 1949년 초 사이에 작성된 CIA문서에서 이런 내용을 발췌해 보여준다.

> 우익의 지도력은 (…) 이 나라의 부와 학력을 실질적으로 독점하고 있는 소수로 구성된 계급이 장악하고 있다. 이 계급은 일본인 재산의 공정한 분배가 이뤄질 경우 과도하게 집중된 조선인 소유 재산의 몰수를 위한 선례가 될 수 있다는 점을 걱정하기 때문에 좌익에게 근본

적으로 반대하는 입장을 취하게 되었다. 일본인 지배하에서 이 계급이 우월한 위치를 구축하고 지켜오기 위해서는 최소한의 '협력'이 없을 수 없는 것이었기 때문에 대중이 납득할 만한 후보를 공직에 내보내는 데 어려움을 겪어왔다. 그래서 그들은 이승만, 김구 같은 해외에서 들어온 정치가들을 앞세울 수밖에 없는데, 이 두 사람도 친일의 오명이 없을 뿐, 본질적으로 독재정치를 꿈꾸는 선동가들이다. (『The Origins of the Korean War』, 186쪽에서 재인용)

경찰의 성격 문제를 미군정 측에서 파악하고 있었다는 사실 역시 같은 범위의 CIA문서에서 발췌한 글로 확인된다. 미군 점령지역에서 극우파가 공식 정치기구를 장악하고 있는 것은 "소요 진압에 극도로 잔인한" 국가경찰 덕분이라고 했다.

경찰과 우익의 결탁이 강화되고 있다는 사실은 좌익 활동의 철저한 탄압을 위한 경찰과 우익 청년단체 사이의 협력관계에서 나타난다. 이 결탁으로 인해 좌익은 지하조직으로 활동할 수밖에 없게 되었다. 설령 좌익이 민주주의적 방식으로 경쟁하고 싶어도 그럴 길이 없기 때문이다. (같은 책, 186~187쪽에서 재인용)

여기에 커밍스는 이런 설명을 붙였다. 설명 중 인용문 역시 같은 범위의 CIA문서에서 발췌한 것이다.

남로당을 비롯한 좌익 대중단체의 가입이 미군정하에서 공식적으로는 합법이었지만, "경찰은 대개 공산주의자를 폭도나 반역자로 여기고, 조그만 핑계만 있어도 체포하고, 구금하고, 때로는 쏘아 죽일 대상으로 보았다." 남조선의 관료체제는 "본질적으로 옛 일본의 체제 그대로였다." 전쟁 전 일본의 가장 어두운 반동세력의 소굴로 E. H. 노먼이 지목했던 내무부는 남조선에서 "인민의 생활 거의 모든 면에 걸쳐 고도의 통제력을 발휘하고 있었다." 국가경찰의 수장 조병옥은 이승만 다음으로 큰 권력을 가진 것으로 많은 사람들이 여긴 사람인데, 한민당은 그의 도움 덕분으로 "경찰과 지방정부 안에 자기네 세력을 키울 수 있었다. (같은 책, 187쪽)

미소공위 수석대표 브라운 소장도 이런 사정을 알고 있었음을 1947년 2월 하지 사령관에게 보낸 편지에서 알아볼 수 있다.

오늘날 〔남〕조선의 가장 강력한 집단은 우익 집단입니다. 그들의 힘은 조선의 재력 대부분을 그들이 장악하고 있다는 사실에서 나오는 것입니다. 그들은 행정부의 중앙과 지방, 그리고 경찰에서도 요직을 차지하고 있습니다. 조선 운영을 위한 정책을 좌우할 수 있는 힘을 그들이 많이 가지고 있는 것입니다. (같은 책, 186쪽에서 재인용)

1947년 8월 26일에서 9월 3일까지 트루먼 대통령 특사로 조선을 방문한 웨드마이어 장군의 보고서에도 이와 비슷한 인식이 보인다는 사실을 1947년 9월 3일자 일기에서 설명했다. 조선 문제에 관심이 있는 미국인들은 이런 사실들을 대개 파악하고 있었던 것이다.

1. 한민당은 친일파 출신을 주축으로 하는 이권집단이다.
2. 한민당은 민중의 지지를 받지 않으면서 미군정에 큰 영향력을 누리고 있다.

3. 한민당 등 극우파는 경찰의 힘에 의지하면서 테러단체를 운용하고 있다.
4. 좌익 활동은 경찰과 극우 테러단체의 폭력에 과도한 억압을 받고 있다.

이런 인식이 하지 사령관과 러치(Archer L. Lerch) 군정장관의 발언에서 보이지 않는 것은 무슨 까닭일까? 두 사람의 머리가 특별히 단단하다는 인상을 받는 일도 종종 있기는 하지만, 그보다는 그들의 직책 때문이 아닐까 생각된다. 군정 시행에 직접 책임을 지는 처지에서 자기들의 근본적 실패를 명시적으로 인정하기 힘들었을 것이다. 부일협력자특별법에 대한 태도에서 알아볼 수 있는 일이다.

당시 입법의원에서 극우파가 우세했기 때문에 이 특별법은 원래 중간파 발의자들의 의도를 멀리 떠나 허술한 모습이 되어 있었다. 그런데도 미군정 책임자들은 승인을 하염없이 미뤘다. 두 달이 넘도록 가타부타 아무 말 없이 미루고 있으니 입법의원도 참지 못하고 법안 처리 절차에 시한을 둬야겠다는 의논을 하기에 이른 것이다.

7월 20일 입법의원을 통과한 부일협력자특별법은 러치의 귀국 중 군정장관 대리를 맡고 있었던 헬믹(C. G. Helmick) 준장에서 시작해 8월 7일 귀임했다가 9월 11일 죽은 러치, 다시 대리를 맡은 헬믹, 그리고 러치의 후임으로 10월 말에 부임한 딘(William Dean, 1899~1981) 소장에 이르기까지 군정장관 방석 밑에 깔려 있었다. 11월 27일에 이르러서야 딘 소장이 공포 거부를 공식적으로 발표했다. 현 입법의원의 절반이 관선이기 때문에 완전한 민의 대표기관이 못 된다는 이유였다(『한국현대민족운동연구』, 582쪽).

거부 이유도 희한하다. 입법의원이 "완전한 민의 대표기관이 못 된다"고? 그러면 다른 법안을 다룰 수 있었던 것은 무슨 자격인가? 이 특별법이 시행되지 않기를 내심 바라던 극우파라도 용납할 수 없는 이유였다. 김규식 의장 이하 입법의원이 해산을 불사하는 강력한 항의에 나서자 재고하겠다고 한 발 물러섰다. 그러나 이 특별법은 결국 미군정이 끝나는 날까지 빛을 보지 못하고 만다.

갓 부임한 딘 소장에게 특별법을 그런 식으로 봉쇄해야 할 확고한 의지가 있었을 까닭이 없다. 그것은 하지 사령관의 의지로 보아야 할 것이다. 하지는 1945년 말부터 김구를, 그리고 1946년 여름부터 이승만을 적대시하고 중간파를 지원하면서도 한민당 측 사람들에 대한 호의는 거두지 않았다. 최소한 경찰 수뇌부라도 교체하라는 김규식과 안재홍의 끈질긴 요구마저 못 들은 척했다.

부일협력자특별법의 단호한 거부 태도로 볼 때, 하지도 한민당이 친일파 세력이라는 사실을 알고 있었던 것이다. 그 사실을 몰랐다면 거부 태도가 그렇게 단호할 수 없었다.

일본의 옛 식민지가 새로운 체제로 독립하는 데 친일파 옹호가 근본적 장애라는 점을 미국인들도 다 알고 있었다. 그런데 왜 그렇게까지 옹호하고 나섰을까? 미군정의 장악력을 확보하기 위해 친일파가 운영하는 경찰 등 식민통치 기구가 필요했다고 하는 실용적 동기가 지금까지 인식되어왔다.

그보다 더 개인적인 동기는 없었을까? 맥아더가 1942년 1월 일본군 침공 앞에 필리핀을 떠나며 케손(Manuel Quezon, 1878~1944) 대통령에게 50만 달러를 받아먹은 일이 생각난다. 이 일은 맥아더가 죽고 15년이 지난 1979년 한 연구자의 손으로 밝혀져 맥아더의 위신에 먹칠을 했다.

해방공간의 조선에는 하지에게 돈을 먹이고 싶어하는 사람들이 널려 있었고, 돈 자격 없는 돈을 미군정이 돈으로 인정해준 '붉은 돈'이 넘쳐흐르고 있었다. 하지가 맥아더보다 장사를 더 잘한 일이 언제 밝혀지더라도 나는 놀라지 않을 것이다.

1947. 10. 12.

군정청 상무부는 이권의 복마전?

10월 10일 무역국장 최만희(崔萬熙)가 독직 혐의로 체포되었다.

상무부 무역국장 최만희는 화려무역공사에다가 국내의 통제품으로 되어 있는 텅스텐광을 국외에 수출하는 허가를 내어준다는 구실로 수차에 걸쳐서 약 1,000만 원의 금액을 받은 사실이 요즈음 발각되어 작 10일 상오 9시 수회죄로 수도청에 피검되었다.

(「최만희 피검 수도청에, 무역업자들의 부정 수출을 묵인한 탐관오리의 악질적 소행」, 『동아일보』 1947년 10월 11일)

10일 무역국장 최만희의 체포를 계기로 흑막에 싸인 무역계 숙청의 용단을 내린 수도경찰청에서는 동일 하오 곧 이어서 최만희의 애첩 중의 한 사람인 명동 2가 48의 요리점 취락 마담 황명희(34)를 검거하여 본격적인 활동을 개시하였다. 또 이날 무역국 자동차운전수 홍사긍도 검거되어 문초를 받고 당일로 석방되었다 하는데 관계 각 방면에 걸친 수사에 따라 최만희를 중심한 조선 무역계의 암흑상은 불일내로 백일하에 폭로될 것으로 그 귀추가 주목되고 있다. 한편 최씨는 전기 황명희 이외에도 첩을 4명이나 두고 있다 하며 그의 발길

닿는 곳마다 죄상은 여지없이 드러나고 있다 한다.

(「무역계에 대철퇴, 최만희 국장 애첩도 검거」, 『경향신문』 1947년 10월 12일)

10여 일 후 경찰에서 검찰로 송청하는 단계에서는 사건의 실체가 더욱 크게 드러나는 것으로 보도되었다.

무역국장 최만희는 그동안 수도청의 준렬한 취조를 받아오던 중 드디어 25일 송청될 것이라 한다. 수도청에서는 막대한 금품을 압수하였다 하며 취락 마담 황명희도 현금 70만 원을 얻어먹은 것이 확실하여 불일간 송청될 것이라 한다. 한편 이번 사건에 관련된 무역업자 상무부원에 대하여는 취조를 더 계속할 것이라고 한다.

(「막대한 금품 압수, 최 무역국장 금일 송청」, 『경향신문』 1947년 10월 25일)

그런데 두 달 후의 신문기사 하나가 자료 정리 중 눈에 띄는 것이 있었다. 12월 29일 선고공판에서 수회죄는 무죄 처분을 받고 다른 죄목으로 가벼운 벌금형을 받은 것이다.

한동안 세인의 이목을 끌던 최만희 무역국장 사건 선고공판은 29일 오전 11시부터 대법정에서 개정되어 지난번 이주신 검찰관이 징역 8개월을 구형한 데 대하여 이천상 심판관으로부터 금품 합하여 십여 만 원을 수회하였다는 기소사실에 대하여 증거불충분으로 무죄로 처분하고 다만 적산불법소지, 무기불법소지죄에 한하여 법령 제33호 동 제5호 위반으로 벌금 5,000원을 선고하였다. 이로서 태산명동 서일필(泰山鳴動鼠一匹)격인 동 사건은 벌금 정도로 간단히 종막을 고하였다.

(「벌금 5천 원, 최 무역국장에 선고」, 『서울신문』 1947년 12월 30일)

검거와 송청 당시 신문에 보도된 혐의는 수도경찰청 발표를 받아쓴 것일 텐데, 수회액을 1,000만 원으로 보도한 『동아일보』 위 기사를 비롯해 200만 원 내지 400만 원으로 대개 보도되었다. 그런데 검찰 기소에서는 10여 만 원 수회가 되었고, 법원에서는 그나마 증거불충분으로 무죄판결을 내렸다. 어떻게 된 일일까?

두 가지 가능성이 있다. 크게 잘못된 일이 없는데 경찰이 무리한 수사를 한 것이 그 하나고, 실제로 큰 부정행위가 있었는데 검찰과 법원에서 덮어줬다는 것이 다른 하나다. 당시의 신문기사를 통해 사건의 진상에 더 접근할 여지는 없을까? 그동안 국사편찬위원회의 『한국사 데이터베이스』를 주로 활용해왔는데, 한번 『네이버 뉴스 라이브러리』를 철저하게 이용해볼 생각이 들었다.

"최만희"를 검색하니 171개 기사가 나오는데 최만희 축구감독(광주 FC) 관계가 대부분이다. 그중 틈틈이 무역국장 최만희 관계기사가 들어 있는데, 생각 외로 재미있다. 전문학교 졸업할 때 『동아일보』 1935년 2월 21일자의 인터뷰 기사부터 있다. 그가 어떤 사람인지 파악하기 위해 이 기사부터 살펴보는 것도 괜찮겠다.

> 「상과 최만희 군 금융계로 나갈 근실한 활동가」
> 근실한 활동가로 보이는 상과 최만희 군은 원산이 출생지라 명사십리의 일광욕을 마음껏 즐긴 까닭인지 피부색은 흑갈색으로 건강미를 보이고 있다. 연령은 27세, 중학은 일본에서 마치었다 한다.
> "중학을 어째 도쿄에서……"
> 기자의 말이 미처 끝나기도 전에 "네, 그때 도쿄로 갈 때는 제 딴으론 큰 포부가 있었지요. 그러나 모두가 공상이었든지 여의치 못하여 이런 쓰잘 데 없는 인물이 되었습니다." 하며 지나친 겸손을 한다.

"어찌 보기에 세상 경험이 꽤 있을 것 같습니다."

"네, 별것 있습니까마는 전문학교에 들어오기 전에는 시골 금융조합에서 몇 년 있었지요. 이때에 느낀 것입니다만 정말 조선의 농민은 전 인구의 8할이나 점령하고 있는데 그들의 생활방식이란 사회의 큰 문제일 것입니다. 1년 열두 달 피땀 흘려서 모은 것을 결국은 부채로 홀라당 해버리고 마침내는 초근목피의 생활을 하는 것도 목도했었습니다. 조선의 사회문제 중에 이들의 구제책이야말로 긴급할 것입니다."

"그러면 그에 대한 구제책도 강구하신 일도 있겠습니다그려."

"뭘요! 다만 조합에 있을 때 잠깐 생각한 것이 그들에게 자금조달의 유리한 기회를 주어서 다각적 산업에 종사할 수 있게 하는 것이 필요하겠다는 것인데, 지금도 이것이 틀린 생각이라고는 믿어지지 않습니다."

군은 교문을 나서면서 금융조합의 이사로 취임할 것 같다니 이상과 같이 이 방면에 통감한 바가 있는 만큼 그의 가진 바 포부와 수완이 기자로서는 지금부터 기대된다.

"졸업하시니 어떻습니까."

"그저 섭섭한 마음은 언제든지 있을 것 같습니다. 다만 앞으로 취직한다 해도 제게 가정적 책임은 별로 없으니 공부나 부지런히 할까 합니다."

그의 취미는 운동도 상당히 즐겨 한다 하며 그 외에 영문소설도 사랑하여 시와 소설을 역(譯)해서 발표한 일도 있다 한다. 그리고 그는 남과 담화하는 것을 유일한 오락으로 여긴다 하니 기자와 대면해가지고 그야말로 청산유수의 격으로 말을 계속하는 것만 보아도 군의 취미로 내세울만하다.

일제강점기 중 최만희의 이름이 신문기사에 다시 나타나는 것은 『동아일보』 1939년 6월 21일자 "무역대회 금일 개막" 기사에서다. 6월 20일 열린 전선(全鮮)무역대회에서 28개 의안이 다뤄졌고, 대부분은 조선무역협회 등 기관의 제안이고 몇 개가 개인 제안이었는데 그중 두 개가 최만희의 제안이었다. 이런 의안들이었다.

20. 수출 견본품에 대한 보조금 하부의 건

21. 제3국에 무역지도원 파견의 건

금융 · 무역 분야에서 두각을 나타내고 있었던 것으로 보이는데, 그 후에 "최만희"란 이름이 신문기사에 나타나지 않은 것은 창씨개명 때문일지도 모르겠다. 『친일인명사전』에 등재되어 있지 않으므로 그의 다른 이름을 쉽게 확인할 수 없어서 더 조사하지 못했다.

그런데 최만희의 판결 기사 중 흥미로운 점 하나를 보이는 것이 있다. 그가 5,000원 벌금형을 받은 혐의가 "고리짝" 관계라는 것이다. 1947년 5월 9일자와 11일자 일기에 '고리짝 사건' 이야기를 했는데, 김규식이 이에 연루되었다는 일각의 주장으로 곤욕을 치렀던 일이다. 김규식과 관련이 있는 인물이라 장택상(張澤相, 1893~1969)의 '표적수사'에 걸린 것은 아닐지.

> 전 무역국장 최만희 씨에 대한 종결심판은 작 29일 지방심리원에서 이주신 검찰관 입회하에 이천상 심판관 주심으로 개정되었는데 이 심판관은 피고가 범한 사실 내용을 보면 수뢰에 대한 점은 하등의 증거가 없고 다만 일인의 고리짝 즉 적산을 불법처분한 점만을 인정하여 벌금 5,000원의 선고를 받고 석방되었다.

(「수회 사실 증거 없어 최만희 씨 석방, 적산 불법처분만이 벌금형」, 『동아일보』 1947년 12월 30일)

1947년 1월 13일, 16일자 일기에서 '정명채 사건' 이야기를 했다. 정명채는 상무국 상무과 의류계장이었다. 일개 계장이 배급품목 중 쇠가죽 하나를 갖고 613만 원, 146년치 봉급에 해당되는 뇌물을 넉 달 동안에 챙겼다는 혐의였다. 과도한 권한 때문에 군정청 고위직에는 독직 혐의가 끊임없이 어른거렸고 실제 독직도 적지 않았던 것으로 보인다.

하지만 10월 13일 군정청 직원들의 '생계 보장 요구 집단 탄원'을 유발해낸 상무부 직원들에 대한 '특별보너스'는 군정청의 이권문제를 다른 차원에서 부각한 일이었다. 상무부 전 직원 300여 명에게 약 2년치 봉급에 해당되는 가치의 물품을 나눠줬다는데 어떻게 된 일이었을까?

> 상무부 직원들은 전례 없는 많은 배급품을 받았다는데 하는 것이 요즈음 서울에 있는 관공청 직원들의 인사말이요 심지어 항간의 화젯거리가 되고 있는데 "우리도 생활에 쪼들려 살 수 없으니 방법을 고려해주시오." 하고 중앙청 직원들이 총궐기 태세를 취하고 있다. 그러면 사람들이 궁금하게 생각하고 있는 상무부 직원들이 받은 배급은 얼마나 되는가? 사지 11마 반, 포플린 6마, 사텐 12마, 면라사 12마, 융 10마, 지지미 10마, 인조견 12마, 벨벳 30마, 시가로 6만 원 내지 10만 원 정도의 배급을 간부로부터 급사에 이르기까지 약 300명 되는 직원이 골고루 배급받았다는 것이다. 이런 불공평한 배급이 어디 있느냐? 하고 5일 상무부를 제외한 과도정부 각 부처 후생책임

자들은 긴급히 회의를 열고 중앙청 직원들도 생활에 대한 보장을 군·민 양 장관에 요청하기로 결의하고, 7일 정무회의에 상무부의 배급 실례를 들어 구두로 요청한 바 있었는데, 정무위원회에서는 그 대책위원으로 3부장을 선출하여 군정장관과 절충하기로 되었다 한다. 한편 각 부처 직원들은 전부 서명날인으로 금명간 양 장관에게 생활보장에 대한 탄원서를 제출하리라는바 귀추가 자못 주목되고 있다.

(「상무부만 살기요? 중앙청 각 부처 총궐기, 직원 1인당 배급품 시가로 10만 원」, 『조선일보』 1947년 10월 12일)

군정청은 남조선 최고의 직장이었다. 하지만 치솟는 물가 앞에서는 '완벽'한 직장일 수가 없었다. 해방 직전 약 50억 원, 미군 진주 당시 85억 원이었던 통화량이 1947년 10월 무렵에는 190억 원으로 늘어나 있었다. 그런데 군정청 직원 봉급은 1946년 말에 인상된 후 묶여 있었으니 생계비에 크게 미달하는 수준이었으리라고 추측된다. 불만을 달래기 위해 형편 되는 대로 현물 배급을 시행했을 것이다.

상무부는 경제 관련 권한을 가진 부서였기 때문에 물자를 확보할 힘이 있었고, 그것을 간부들이 독식하지 않고 직원들에게 고루 나눠줬다는 것은 착한 일로 볼 수도 있다. 하지만 다른 부서 직원들 꼭지가 돌 정도로 거액을 나눠줬다는 데는 이 배급에 '떡고물'의 성격이 있었던 게 아닐까 하는 의심을 피할 수 없다.

상무부는 직접적 이권이 수없이 많이 걸려 있는 부서였다. 독직 여부가 애매한 업무처리가 일상적으로 진행되는 곳이었다. 다른 부서의 고문이 자기 부서보다 상무부 직원들을 위해 배급물자를 제공했다는 것은 상무부의 호의적 업무처리를 바라는 일이 있어서가 아니었을까? (헬믹 군정장관 대리가 10월 16일 기자단 정례회견에서 상무부 부정배급이 "상무부장 고문이 한 것이 아니고 모국의 국장 고문이 동료를 돕기 위하여 우선적으로 배급한 것"이라고 했다.) 이 배급을 누가 어떤 동기로 벌인 것인가에 앞서, 당시 군정청이 어떤 분위기로 돌아가고 있었는지 보여주는 하나의 사례로 마음속에 적어둔다.

1947. 10. 15.

장택상식 '거지 단속'과 '폭동음모 분쇄'

오랜만에 오기영(吳基永, 1909~?)의 수필 하나를 소개한다.

「거지 추방」
서울 장안에서 거지가 일소된다. 적어도 서울을 중심으로 300리 내에서는 거지가 일소된다. 참으로 반갑고 명랑한 시책이다. 현명한 시 당국의 이러한 현명한 시책에 서울 시민은 누구나 당연히 찬의를 표하였다. 사실 일국의 수도는 수도다워야 할 것이다.
외국 사람의 내왕이 많은 이 서울은 조선의 얼굴이다. 이 얼굴에 깨끗하고 명랑한 표정이 있고 없는 것이 이 나라가 명랑하고 깨끗하냐 못하냐를 외국인의 인상에 영향시키는 것인 만큼 조선은 가난하고 게으르고 피폐하다는 것을 남의 눈에 띄지 않게 해야 하겠다.
그뿐 아니라 이 나라의 사회정책이 어떻게 되었기에 이렇게 거지가 많으냐는 경멸을 받지 않아야 할 것이요, 이 나라의 경제정책, 산업정책이 어떻게 되었기에 이렇게 건장한 거지가 가로에 범람하느냐 하는 의심도 없이 하여야 할 것이다. 그런지라 일국의 수도 서울에서 거지를 일소하는 것은 지극히 현명한 시책이다. 여기 시민들이 찬의를 표하는 것도 지극히 당연한 일이다.

물론 서울시로서는 세금 한 푼 안 내는 이들 귀찮고 지저분한 손님을 그냥 지경(地境) 밖으로 추방만 하면 되는 것이지 그 이상의 시책을 강구할 필요까지는 없었다. 그러니까 이들을 트럭에 실어서 지정된 구역, 300리 밖에 내려놓으면 그뿐이었다. 그걸로 책임완수요 시민의 찬성을 받을 만하였다.

그러나 앉아서 떡을 받는다는 말은 있지마는 앉아서 거지 떼를 받는다는, 이 전고에 들어본 일도 없는 돌연한 사태에 지방 관민의 경악과 낭패는 과연 언어에 절(絶)한 바라 할 것이다.

거지의 본업이 구걸인 바에 배고프면 아무 집에서나 한 때 얻어먹고 볼 일이다. 게다가 300리 길을 트럭에 실려 갔으니 목도 마르고 배도 고플 것이다. 우선 내려놓아준 그 지방 그 동리에서부터 다시 구걸을 개시하는 것도 그들을 위해서는 당연한 일이었다.

한 동이라야 몇십 호, 한 읍이라야 몇백 호에서 1,000호 내외일 것인데 여기다가 석 대, 넉 대 트럭에 실려 온 수백 명 거지 떼가 호별방문을 일제히 개시하였을 때 그 광경과 그 지방 가가호호의 경악과 낭패를 상상해보라. 웃지 말고 엄숙히 상상해보란 말이다.

자, 이 노릇을 어찌하잔 말인가. 갑자기 거지 합숙소를 준비할 수도 없고 그들을 위하여 집집이 밥을 더 짓는달 수도 없고.

그러니 이 동리에서도 유일의 현명한 방책은 역시 이 거지 떼를 지경 밖으로 추방하는 수밖에 없다. 우거, 마차 모두 있는 대로 징발하여 거지들을 또 실어라, 우리도 우리 지경 밖으로 몰아내자.

그럴 것 없이 거지들도 도로 서울로 가면 그만이었다. 올 때처럼 트럭은 못 타더라도 걸어서라도 도로 가자. 서울시 어느 곳에도 '걸인물입(勿入)'이라는 간판은 없더라.

그보다도 또 조금 꾀 있는 지방에서는 이 거지 떼를 일당(一堂)에 모아놓고 정말 거지냐 아니냐를 감정하였다. 그 결과가, 거지 아닌 사람이 얼마든지 나섰다. 비록 겉은 거지 같으나 주머니에서 10만 원 돈뭉치가 나오는, 비록 행상이로되 훌륭한 상업가도 있었다. 물론 정말 거지라도 거지 아니라고 나서는 패가 많다. 그러나 그건 또 그 지방에서 그다지 깊이 캐볼 필요까지는 없는 일이다. 500명 중에서 거지 아니라는 사람 400명을 골라서 기차를 태워 서울로 돌려보내면 그뿐이었다.

이제야 생각해보니 거지를 일소한다는 것은 그들에게 생업을 주고 임금을 살포할 것이요 그래서도 안 되는 성격 파산자는 어떤 일정한 장소에 강제 수용하고 강제 노역이라도 시켜서 제 밥을 제가 벌어먹는 인간을 만들어야만 할 것이었다.

예부터 궁민 구제 공사라는 것이 있다. 이것은 도로 개수, 미간지 개간 같은 사업에 의하여 임금을 살포하는 것이다.

기왕 거지를 추방하려거든 어떤 미간지 개간이라도 시켰더라면 그들도 먹고살고 식량 증산도 되는 일석이조일 것을. 이건 또 거창한 사업이라면 서울 시내의 청소작업과 오물 처치 인부로라도 썼더라면 수도 서울은 거지가 없어져, 오물이 없어져, 전염병이 없어져, 일석에 이조, 삼조, 사조, 오조의 효과가 있었을 것을. 아까워라. (『신천지』 제2권 제9호(1947년 10월); 오기영, 『진짜 무궁화』, 성균관대학교출판부 2002, 44~47쪽)

사회 상황을 밝히는 데 더 애써주기를 바라는 독자들이 많았고, 나 자신 그러고 싶은 마음이 컸다. 그러나 사태의 흐름을 좇기에 바빠 사회 현실을 많이 다루지 못했다. 그러던 차에 해학적인 수필 하나가 눈에 띄므로 이를 통해 당시의 거지 문제를 소개한다.

서울의 거지를 없애기 위해 300리 밖으로 실어낸다. 참 기막힌 조치다. 이런 조치를 실제로 수도경찰청이 1947년 8월 말부터 시행하고 있었다.

> 수도청에서는 서울 거리에서 걸인이 헤매는 일이 없도록 이들을 트럭에 실어 수백 리 밖 시골로 이송하여 22일부터 25일까지 약 1,200명을 실어갔다고 한다.
> 그러나 이 거지들은 보내면 또다시 그리운(?) 서울 거리로 기어들어오고 있다고 하며 그들 통용어로 트럭에 실리면 "오늘 시골 출장 간다."고 말하는 매우 유쾌한 강자(强者)도 있다고……. 수도청의 대책을 물으니 "다시 들어오면 또 보내고 또 보내고 해서 장기전으로 나간다."고 말한다. 이번 거지 일소책은 얼마나 성과가 있을 것인지 일반 시민의 주목을 끌고 있다.
>
> (「서울 거리의 걸인을 시골로 이송한다」, 『경향신문』 1947년 8월 26일)

『경향신문』에는 그 이튿날(8월 27일) "여적(餘滴)"에도 거지 이야기가 나왔다.

> 수도청에서는 서울 가두에 범람하는 걸인군을 지방으로 이송하였다고 하거니와 생활이 이 모양이고, 전재민들이 많으니까 용혹무괴(容或無怪)이지만 사실로 서울에는 거지가 너무 많다. 음식점에 앉아 있으면 양담배 장사들의 끊임없는 공격과 함께 거지들의 공격도 상당한데 개중에는 동냥을 안 준다고 손에게 대성질호(大聲叱呼)로 호령호령하는 호걸 걸객도 있다.
> 거지 이야기가 났으니 말이지 런던에도 거지가 어느 나라에 지지 않

게 많은데 우리들 보기에는 거지지만 자기들은 거지가 아니라 훌륭한 직업인이라는 것이다. 왜 그런가 하니 그들은 백화점 앞에서 자동차가 정차하면 얼른 문을 열어주고 그 행하(行下)로 돈을 받는 것이며 포도 위에 만화를 그리고 그 구경 값으로 돈을 받는 것이지 결코 그냥 무조건하고 구걸하는 것이 아니라는 것인데 딴은 문화수준이 높은 나라는 거지도 이렇게 당당하단 말!

1946년 6월 21일 일기에서 유민(流民) 문제를 설명했다. 1946년 말 군정청과 전재동포원호회는 '전재민'의 수를 280만 명으로 집계했다. 이들 대다수가 룸펜 계층을 이뤘고 '거지'라는 이름이 붙은 것은 그중 적은 일부였다. 극우단체의 동원력은 이 룸펜 계층에 근거를 둔 것이었다.

아무 대책도 없이 걸인들을 모아 수백 리 밖에 실어다 놓는 조치. 도로 기어들어오면 또 실어내고 또 실어내고 해서 '장기전'으로 가겠다는 발상. 문제의 진정한 해결에는 관심이 없고 자기 관할구역만 자기 힘으로 지키겠다는 배짱이 장택상답다. 그런 장택상의 수도경찰청이 10월 13일에는 좌익의 '폭동음모 사건' 진상을 발표했다.

지난 8월 15일을 기하여 남조선 각지에 폭동을 계획 준비하였던 남조선노동당과 민전의 일대 음모사건과 그 배후에서 조종 지령한 북조선 소련군사령부 정치부와의 관계에 대한 전모를 13일 수도경찰청 장택상 총감은 다음과 같이 특별발표를 하였다.

"수도청 특별발표"(10월 13일)

남로당의 기본노선은 "조선 문제를 자주적으로 민족적 입장에서 운운"하는 것이 아니라 반민족적·매국적 지령에 의하여 모 1국의 주구가 되어 남조선의 정치적·경제적·사회적 혼란을 목적하고 의식적으로 야기함으로써 국제적으로 미국의 입장을 불리케 하여 모 1국에 편향하여 남북통일 계급전제 정권을 기도함에 있는 것이다. 이상과 같은 남로당의 기본노선은 공의가 재개되고 또 협의대상으로 인하여 난관에 봉착함에 이르러 필연적으로 그 특징을 노골화하였다.

(…) 8월 15일 당일에 혼란을 방지하기 위하여 행정명령 제5호가 발령되어 비로소 남조선노동당 계열은 합법적 면을 단념 포기하고 그의 기본노선 관철을 위하여 비합법적이라도 인민대회 이상의 군중을 동원시켜 경찰관의 간섭과 우익세력을 압도시키고 8·15 당일은 좌익의 영도 아래 일대 폭동시위를 전개하여 공위와 국제적 관계에 있어 미국 측을 굴복시키고 소련 측의 우위를 기도하고 소기의 정권욕을 충만시키려던 것이다.

(…) 비합법적 폭동음모를 은폐하고 군중에게 합법적 대회를 가장하여 기만 동원을 용이케 할 목적으로 합법면에 민전을 중심으로 8·15 기념행사 준비위원회를 조직하고 당국과 표면 교섭 형식을 취하고 이면에는 남로당 조직체계에 비밀투쟁위원회를 구성하여 폭동을 준비하고 8월 15일 상오 2시를 기하여 일제 봉기할 계획을 수립 집행하려던 것이다.

폭동계획 최초책임자는 평양에 있는 소련군사령부 정치부(샤브신) 주재로 해주에 도착하여 있는 남로당 중앙정치위원회 대표 박헌영 대리 이주하, 허헌, 이기석, 김삼룡, 이승엽, 김용암, 구재수 7인으로 구성된 이상 3자이다. 이 3자의 관계를 구체적으로 말하면 소련군사령부 정치부와 남로당 정치위원회와 밀접한 연락이 되어 있고 남로당의 모든 노선 지령은 상호 협의 결정하게 되었다.

그 증거로서는 해방 직후 1946년 4월 초순 서울 소련영사 샤브신과 조선공산당 간부와 밀회한 사실, 남조선의 박헌영을 중심으로 한 재건파와 이영을 중심으로 한 장안파가 대립되었을 때 북조선공산당이 소련군사령부의 지시에 의하여 박헌영으로 하여금 재건파를 지지케 한 사실, 1946년 10월 3당 통합 당시 박헌영의 합당 노선을 반대한 강진, 이정윤, 백남운을 평양 소련군사령부 정치부에 불러 샤브신이 자기비판을 강요한 사실, 1946년 12월 남로당 중앙위원회에서 추천한 30여 명을 소련군사령부 정치부를 통하여 파견한 사실, 1947년 6월 공위에 제출한 남로당 답신서를 중앙위원 조두윤이 기초하여 소련군사령부 정치부의 결재를 받은 사실, 1946년 12월 남로당 중앙청년부장 고찬보가 북조선에 갔을 때 샤브신이 초청하여 10월폭동 사건을 영웅적 투쟁으로 찬양하고 계속적으로 투쟁하라고 지시하였던 사실, 해주에서 박헌영을 중심으로 권오직, 박치우, 정재달, 이원조, 이태준 등이 『인민의 벗』『민주조선』『인민조선』을 비밀 출판하여 계속적으로 남조선에 이송 당원에게 배부한 사실(실물을 다수 압수), 1947년 5월에 전 전농 부위원장 이구훈이 출감하자 그의 인사 문제 결정에 있어 남로당 중앙에서는 이구훈을 남로당 경남 위원장으로 임명하는가 또는 전농 부위원장으로 하는가 양론이 있어 결정되지 못하여 동인을 북조선에 보내어 박헌영과 샤브신을 만나 결정 임명케 하였다는 사실.

해주에 있는 박헌영은 1946년 10월에 남조선에서 도피하여 남로당 중앙정치위원회의 대표로서 소련군사령부 정치부와 연락하여 남로당을 실질적으로 지도하고 있다. 중앙정치위원회는 남로당의 최고결정기관이고 모든 지령 지시는 이 기관에서 발령되고 이번 폭동 지령도 이 기관에서 되었다.

지난 7월 28일부터 30일까지 남로당 중앙정치위원회 중앙상무위원회 해주 박헌영 평양 정치부에서 폭동계획 수립, 7월 31일 중앙민전 8·15기념행사 준비위원회 결성, 8월 1일부터 5일까지 남로당 중앙 정치위원회에서 서울시 각도에 폭동준비 지령 8항목의 발령과 각 도 비밀투쟁위원회 조직.

1. 미소공동위원회 성공을 위하여 하급 군중에게 일층 강력적으로 투쟁을 전개할 것.
2. 조직을 확대 강화하여 인구의 2할 이상을 돌파할 것.
3. 여하한 탄압이 있더라도 능히 투쟁할 수 있도록 하부조직과의 연락망을 둘 것.
4. 보선법이 실시될지 모르니 선거대책을 구체적으로 투쟁할 것.
5. 우익단체와 관공서에 당원을 적극 주입시킬 것.
6. 8·15행사를 사력을 다하여 추진시킬 것.
7. 자위대를 확립하여 면 단위로 100명 이상의 자위대원을 확보하여 면에 사령부를 설치하고 군 위원장이 사령부를 지도할 것.
8. 합법면에 민전을 내세우고 집회허가 투쟁을 전개하는 동시에 비합법면은 극비밀리에 도·군·면 세포에 이르기까지 투쟁위원회를 조직하여 중앙지령이 있을 때 어느 때든지 투쟁할 수 있는 태세를 취할 것.

8월 4일에는 경기도 민전 8·15기념행사 준비위원회 결성, 8월 5일 남로당 경기도 비밀투쟁위원회 결성, 8월 5일부터 10일까지 각 시군에 폭동준비 지령 도달과 폭동준비, 8월 15일 폭동지령 발동.

(「전율! 국제적 대폭동 계획」, 『동아일보』 1947년 10월 14일)

문장에 더러 앞뒤가 맞지 않는 곳이 있는데, 기자가 짜증이 나서 고쳐줄 생각을 하지 않은 것 같다. 어차피 '말 되는 소리' 만들 길이 없으니까. 밑줄 친 부분, '증거' 사실 나열만은 독자들이 유심히 읽어보기 바란다. 그 사실들이 정말 사실이라 하더라도 그게 무엇의 증거가 된단 얘기인가? '대폭동'이나 '대음모'의 증거로는 전혀 보이지 않는다.

지난 8월 6일 이래 여러 차례에 걸쳐 대대적 '좌익 사냥' 얘기를 했다. 1947년 여름의 남조선은 극한적 정치 탄압 아래 놓여 있었다. 탄압 대상은 좌익만이 아니었다. 모든 비극우(非極右)가 탄압 대상이었다. 미소공위에서 소련 대표가 이 문제를 지적하자 미국 대표는 치안을 위한 조치가 군정사령관의 고유 권한이며 미소공위에서 간섭할 일이 아니라고 잡아뗐다. 경찰은 대량 검거가 폭동음모 분쇄를 위한 것이라고 우겼다.

두 달이 지난 뒤 그 '폭동음모'에 관한 발표가 이렇게 나온 것이다. 그 내용을 놓고 시비를 따지기도 부질없다. 특별히 궁금한 것은 왜 이 발표가 경무부장 조병옥이 아닌 수도청장 장택상 이름으로 나왔나 하는 것이다. 조병옥은 그래도 부끄러움을 좀 아는 사람이었을까? 아니면 장택상이 이것을 제 공로라고 제 손으로 고집해서 발표한 것일까?

1947. 10. 17.

조선 문제 드디어 유엔에 상정!

〔레이크석세스 18일발 AP합동〕 조선 독립문제에 미국 입장을 천명한 서한이 17일 미 대표 오스틴으로부터 UN사무총장 리 씨에게 제출되었는데 그 내용은 다음과 같다.

1. 조기적으로 조선국민회 의원을 선출하는 선거를 감시할 UN특별감시위원회를 설치함으로써 조선독립을 촉진시킬 것.
2. 조선국민회 의원 선거는 늦어도 내년 3월 31일 이전에 시행될 것.
3. 조선국민회의에 의하여 수립된 조선 정부는 미·소 양군의 조기적 완전철퇴에 관한 조치를 미·소 양국과 더불어 강구할 것.
4. UN총회는 전기 각 제안을 심의하여 조선의 현 남북분할 사태로부터 조선독립 통일정부가 탄생될 때까지 질서 있는 과도를 실현하고 조기적 미·소 양군철퇴를 실현할 수 있는 조치를 권의(勸議)할 수 있을 것.
5. 미·소 양군의 즉시 철퇴는 조선에 정치적 진공상태를 재래할 것이며 이는 소련 측에 의하여 훈련을 받는 20만의 북조선군에 의하여 충만될 가능성이 있다는 것.
6. 조선 정부는 자기 자신의 안전보장을 위한 군대를 설치한 후 미·

소 양군 점령 종결에 대한 조치를 강구할 것.
7. 제안된 UN특별감시위원회는 선거종료 후에도 독립정부 수립의 조치에 관한 협의를 하기 위하여 잔류할 것.

미국 대표 워런 오스틴 씨는 조선 문제에 관한 미 측 제안을 서한의 형식으로 17일 드디어 UN사무총장 리에게 제출하였는데 여기서 미 측으로서는 조선국민정부 수립 직후 동 정부가 조선안전보장 병력을 조직하여 미·소 양군으로 하여금 완전철퇴할 수 있게 할 것을 제의하였는바 그 내용은 다음과 같다.

"미 측은 다음 조항의 임무를 수행할 UN특별감시위원회를 총회가 임명하기를 요청하는 바이다.
1. 미·소 양 점령지구에서 1948년 3월 31일까지 자유선거 시행을 감시할 것.
2. 동 UN감시위원은 선거 시행 후 국민회의 조직, 국민정부 수립, 양군 철퇴 문제 등 협의에 참획(參劃)할 수 있을 것.
3. 비례대표제 원칙상에서 조선국민회의에 선출될 대표의 수는 UN위원이 결정할 것.
한편 미국은 조선국민정부 수립과 동시에 군정을 민정으로 이양할 의도이다. 이상 미 측의 제안은 조선독립을 조장하기 위한 것이며 미 측으로서는 조선독립촉성 실행에 가능한 조치를 취하기를 열망하는 바이다. 하여간 총회는 소련의 공동철병안에 심심한 주의를 하여 주기 바란다. 미 측의 유일한 염원은 조선인민 및 UN에 대한 미 측의 책임을 적정히 수행하기를 기하려는 것이다."

(「미 측의 조선독립 촉진 결의안 UN총회에 정식 제출되다」,

『경향신문』 1947년 10월 19일)

같은 날 『동아일보』에 "AP합동" 바이라인으로 실린 기사가 있다.

「선거감시위원단 10명 내지 12명?」,
[레이크석세스 18일발 AP합동] 조선 문제에 대한 미 측 제안이 UN 총회에서 소 측 반대에 봉착할 것은 확정적인데 이 미 측 제안은 전쟁도발자를 불법화하려는 소 측 제안이 심의된 후에 고려될 것이다. 그리고 조선 총선거를 감시할 UN특별감시위원회의 위원 수는 규정되지 않았으나 10명 내지 12명이 고려되고 있다.
현재 미·소 양측 모두 자기점령군을 철퇴시킬 것을 희망하고 있으나 조선의 법률질서 유지와 혼란 상태를 방지하기 위하여 조선 정부를 양군 철퇴 전에 설치하여야 할 것인가의 여부가 문제되고 있는 것이다. 현재 조선주둔 미군병력은 약 4만 5,000이고 소군병력은 이에 약 배나 달하고 있는데 소련군은 약 12만 5,000의 조선인 군대의 조력을 받고 있다.

소련은 조선의 건국과 관계없이 미군과 함께 즉각 철수할 것을 주장하고 있었는데, 미국은 조선 건국이 완성된 뒤의 철수를 주장하고 있었다. 미국 주장이 '민족자결'의 원리에 저촉되는 문제가 있다는 것이었는데, 그 주장을 정당화하기 위해 미국은 12만 5,000명 또는 20만 명 규모의 조선인 군대가 이북에 만들어져 있다는 주장을 했다.

1947년 10월 당시 조선의 남북에는 어떤 군사력이 양성되고 있었을까? 양쪽 다 '군대'라는 이름을 정식으로 내걸 수는 없는 형편이었다.

미군이 이남 군사력의 주축으로 키워낸 것은 경찰이었다. 원래 봉사기구로서 경찰은 지방자치단체에 소속되는 것이 민주주의국가의 원칙이다. 전국 경찰의 협조와 조정을 위해 규모가 아주 작은 국립경찰만을 둔다. 전국 경찰을 일원적 지휘하에 두는 '국가경찰'은 파시스트 국가의 상징이다. 그런데 미군정은 조병옥을 총수로 하는 일원적 경찰조직을 만들었다. 조병옥은 경찰이 국민에게 봉사하는 기구가 아니라 임명권자에게 충성을 바치는 조직이라고 공언했다.

미국인 경찰 고문 가운데서 "국가경찰은 정의상 곧 경찰국가"라는 항의도 나왔고 좌익뿐만 아니라 중간파에서도 경찰의 폭압성에 대한 맹렬한 비판이 계속 나왔지만 미군정은 국가경찰을 고수했다. 인민의 지지를 받지 못하는 미군정 정책을 옹호하기 위해 폭력적 억압수단이 필요했기 때문이다. 일제 말기에 비해서도 경찰 병력이 갑절이나 필요했던 것은 폭압성이 그만큼 더 늘어났기 때문이었다. 미군정하의 경찰은 봉사기구보다 억압수단의 성격을 더 많이 가진 조직이었다.

군대를 명백히 지향하는 '경비대(경찰예비대)'가 경찰 보조기구의 명목으로 출범한 것은 '군대'를 공식적으로 표방할 수 없기 때문이기도 하지만, 경찰의 현실적 우위를 보여주는 일이기도 하다. 여순사건을 연구한 김득중의 『빨갱이의 탄생』(선인 2009)에 양자의 관계가 설명되어 있는데, 1947년 6월에 있었던 사건 하나를 소개한다(같은 책, 111~112쪽).

> 순천경찰서 사건이 수습되기도 전에 영암사건이 터졌다. 사건은 1947년 6월 1일 고향에 가 있던 한 명의 4연대 하사가 귀대하려고 경찰차에 편승하면서 일어났다. 경찰이 군인의 모표를 소재로 삼아 경비대를 조롱했고, 이에 대응하는 하사를 폭행 현행범으로 연행해 버렸다. 제1대대 부관이 사정을 알아보러 영암경찰서로 갔지만, 경

찰은 “경비대는 경찰의 보조기관이고 위법행위를 취체하는 것이 경찰의 임무다.”라고 주장했다.

(…) 6월 2일 새벽, 영암 경찰은 망루에 기관총을 장치해놓고 사병들에게 사격을 퍼부었다. 경비대는 기껏해야 일제 99식이나 38식 소총을 가지고 있을 뿐이어서 화력에서는 상대가 되질 못했다. 이때 부대를 수습하려고 급히 출동한 연대장 이한림 소령이 2~3명의 호위병을 데리고 협상을 위해 경찰에 다가갔으나 경찰이 수류탄을 투척하여 사상자가 발생했다. 가까스로 경찰서에 뛰어 들어간 연대장은 사격중지를 경찰에 요구했지만 그 또한 체포되었다. 무력충돌은 미군 경찰고문과 경비대 고문이 와서야 진정될 수 있었다.

경찰과 경비대의 성격 차이에 대한 김득중의 설명은 이렇다(같은 책, 113~115쪽).

당시 경찰은 친일파 세력이 강력하게 포진한 반공 조직이었다. 경찰의 이러한 성격은 미군정이 일제 총독기구의 온존과 함께 일제하에서 관리와 경찰로 일했던 인물들을 유임시켰기 때문이었다. 미군정은 경찰에 카빈, M1 등 미국제 신식무기와 교통 통신수단을 지급하여 좌파 세력의 움직임에 신속하게 대응하려고 했다.

경찰 수뇌부인 경무국장 조병옥과 수도경찰청장 장택상은 철저한 반공주의자였고, 경찰의 하부조직은 일제시기에 지방 경찰에서 일하던 친일파로 채워졌다. ‘친일파의 온상’이던 경찰 조직에 월남한 반공주의 성향의 인물도 대거 들어오면서 경찰은 반공주의를 내건 ‘민족의 선봉’이자 ‘순교자’가 되었다. (…)

경찰은 수뇌부나 말단이나 거의 대부분이 친일 경력자로 구성되었기

> 때문에 일제시기 경험을 공유하고 있었고, 친일잔재 청산에 저항해야만 하는 공동의 이해관계를 갖고 있었다. 이 같은 공동의 기반하에 경찰은 미군정의 정책을 충실히 수행하면서 조직의 내적인 동질성과 응집력을 더욱 높여갈 수 있었던 것이다.
>
> 이에 비해 조선경비대는 좌익 인물들이 쉽게 입대할 수 있었다. 입대한 뒤에도 일사불란한 조직을 만들기 위한 사상적 교육은 이루어지지 않았다. 조선경비대 장교들 가운데 많은 수는 친일 경력자나 반공주의적 사상을 가지고 있는 사람들이었지만, 남로당의 좌익 세포로 활동하는 인물도 상당히 포진되어 있었다.

이남의 경찰과 경비대에 비해 이북의 군사력 양성에 관한 자료는 많지 않다. 그중에 미군 정보자료의 비중이 커서 이북 군사력을 과대평가하는 경향이 있다. 세밀한 자료로 직접 비교할 수 없는 형편에서 전반적 상황을 통한 개략적 비교에 만족하지 않을 수 없다. 찰스 암스트롱(Charles Armstrong)은 『북조선 탄생』(김연철·이정우 옮김, 서해문집 2006, 366~367쪽)에서 이북 군사력의 성장 배경을 이렇게 설명했다.

> 소련 고문관들은 북한 점령 초기부터 북한의 보안대와 함께 활동했으며 조선인들에게 무기를 제공하고 사용법을 훈련시켰다. 1948년 말 소련군이 북한에서 철수한 후에도 소련 고문관은 대대급 또는 최소한 중대급 수준에서 계속 남아 있었다.
>
> 북한 최초의 군사학교는 평양학원이었다. 1946년 2월에 개원했는데 강사들은 소련에서 교육받은 조선인들이었다. 학생들은 4개월 동안 군사훈련과 정치교육을 받았다. 1945년에서 1948년 사이에 수천 명의 북한인들이 소련으로 보내져 군사교육을 포함한 다양한 교육과

> 훈련을 받았다. 조선인민군의 간부들은 1948년 4월부터 비밀리에 모스크바에서 훈련을 시작했다. 일본군에서 훈련을 받은 사람들이 남한군을 주도한 것과 대조적으로 1948년 6월에 이르면 북한군에서는 일본군에 종사한 경력이 있는 모든 간부의 숙청작업이 끝났다.
> 붉은 군대 병사들이 북한에서 첫 단계로 철수한 때인 1946년 12월에, 이미 소련 무기들이 북한으로 이전되었다. 더 많은 양의 소련 무기와 장비들이 1946년 겨울과 1947년 봄 사이에 북한으로 들어왔다. 1947년 7월에 소련 무기와 장비의 두 번째 이전이 있었고, 8월에도 계속되었다. 탱크, 비행기 및 중장비들이 1948년 중반에 북한으로 들어오기 시작했는데, 이러한 지원은 한국전쟁 발발 이전까지 계속되었다. 이들 지원품목의 대부분은 제2차 세계대전에서 사용되고 남은 한물간 잉여품이거나 상태가 좋지 않은 장비들이었다.

이런 정도 상황이라면 1947년 말까지 그리 큰 군대가 만들어졌을 것 같지 않다. 중국 해방전쟁에 참여하고 있던 조선인들이 나중에 북한군의 주축이 되지만, 그때까지는 치열하게 전개되고 있던 해방전쟁에 묶여 있었다. 이남에 비해 질적으로나 양적으로 월등한 수준의 군사력이 양성되어 있지는 않았던 것 같다.

이승만이 미국에서 돌아오는 길에 중국에 들렀을 때인 1947년 4월 14일 북조선 점령 소군 당국이 "약 50만의 조선인에게 군사훈련을 시키고 있다."는 주장을 한(『동아일보』 1947년 4월 15일) 이래 이북에 대규모 군대가 만들어져 있다는 주장을 미군정 인사들이 거듭해왔다. 아마 중국 공산군에 참여한 조선인 장병이 많다는 이야기를 이승만이 장개석 측에서 듣고 그것을 뻥튀긴 이야기가 아닐까 생각된다.

1947년 10월 30일 유엔총회장에서 소련 대표 그로미코(Andrei

Gromyko, 1909~1989)는 조선 치안상태가 심각하다는 미국 대표 덜레스(John Dulles, 1888~1959)의 의견에 동감한다고 말했다. 그 '동감'은 야유를 위한 것이었다. 치안사태가 심각한 이유를 그로미코는 이렇게 설명했다.

> "남조선에서는 미군 정부가 부일협력자를 책임 있는 지위에 앉히고 있다. 만약 군대가 철퇴한다면 이들 조선인에 무슨 일이 일어날는지 하는 미국인의 우려가 미국이 조선의 군대철퇴 제안을 거절하는 배후에 잠겨 있다."
>
> (「조선에 위원단 파견 제안」, 『동아일보』 1947년 11월 1일)

유엔총회에서 미·소 간 진영대결이 굳어지고 있었고 미국 쪽이 압도적으로 우세한 상황이었다. 최근 투표를 보면 10월 11일 발칸반도 사태에 대한 영·프 제안이 32 대 7로 가결되었다(『동아일보』 1947년 10월 14일). 그리고 같은 사태에 대한 소련의 제안은 10월 13일에 7 대 39로 부결되었다(『동아일보』 1947년 10월 15일).

1947년 3월 12일 일기에서 그리스 사태를 설명했는데, 그리스 정부에 책임을 물은 소련의 주장에 상당한 타당성이 있었다. 다소 양보해서 생각하더라도 그리스 북방 3개국에 모든 책임을 묻는 것은 무리였다. 그런데 유엔총회에서 소련 주장에 동조하는 것은 동유럽의 6개국뿐이었다. 다른 나라는 내심 동조하더라도 표결에서는 기권을 택했다.

미국은 이 기세를 타고 '소총회' 설치 제안을 내놓았다. 마셜 국무장관이 총회 개회연설에서 조선 문제와 함께 상정을 예고한 제안이었다. 안전보장이사회의 업무를 옮겨옴으로써 소련의 거부권 행사를 회피하기 위한 제안이었다.

〔레이크석세스 15일발 UP조선〕 미국은 14일 UN총회에서 소국(小國)의 지지와 주저하는 영·프 양국의 지원을 기대하고 UN의 상임 '소총회' 설치계획에 관하여 소련과 투쟁을 개시할 태세를 갖추고 있다. 57 연합국에게 연중 회의를 계개(繼開)케 하려는 이 전례 없는 위원회 형성을 위한 투쟁의 제1탄은 존 포스터 덜레스 미국 대표가 총회 정치안전보장위원회에서 던질 것이다.

마셜 씨는 안전보장이사회에서의 소련의 거부권 남용에 비추어 이 위원회 설치를 기도한 것이다. 이 투쟁은 소련과 그의 지지국이 장차 형성될 발칸위원회를 보이콧한 것과 같이 이 위원회도 보이콧하겠다고 위협하고 있는 가운데서 개시되고 있는 것이다. 이 중간위원회는 세계평화와 안전보장에 관련되는 문제를 토의하고 문제 해결방법을 총회에 건의하고 또한 특별총회 개최를 건의할 것이다.

(「소총회 설치 문제로 미·소 간 투쟁 개시」, 『동아일보』 1947년 10월 16일)

이 제안도 11월 7일 총회에서 43 대 6으로 가결되었다(『동아일보』 1947년 11월 8일). 이런 상황에서 소련 측은 어떤 의안도 총회에서 통과시킬 재간이 없었다. 유엔에서 아무런 능동적 입장을 취할 수 없는 소련이 수동적 입장이라도 지킬 수 있는 길은 안보위의 거부권뿐이었다. 소련의 거부권 행사가 어떤 문제를 일으켰는지 사례를 찾아본다.

〔레이크석세스 30일발 UP조선〕 소련이 미국 측이 제안한 UN 발칸평화유지기구안을 거절한 데 대하여 미국은 즉시 남동 구주에 있어서의 분란을 진압하기 위하여 다른 조치를 취할 계획이라고 경고를 발하였다. 소련 대표 그로미코 씨는 최후 순간에 있어 소련의 거부권을 행사하게 되어 이로 인하여 UN 안전보장이사회는 16개월 전 이

란 문제를 토의하던 중 소련 대표가 퇴장한 이래 최대의 위기에 돌입하게 되었다.

미국 대표대리 허셀 V. 존슨 씨는 이에 관한 소련 대표 그로미코 씨의 행동은 UN을 "극히 중대한 사태"에 빠지게 하는 것이라 말하고 회의는 모름지기 즉시 휴회하여 자기와 기타의 대표가 본국정부와 협의할 시간의 여유를 줄 것을 동의하고 이 동의에 찬성할 것을 요구하였다.

UN 안전보장이사회는 4주일간 문제의 위원회에 관한 소련의 결정을 기다려왔는데 다수 대표는 누차 소련의 거부권 행사는 전 UN의 평화 유지 기구를 복멸(覆滅)시킬지 모른다고 경고한 바 있었다.

(「소 대표 거부권 행사로 UN안보 위기 봉착, 『동아일보』 1947년 7월 31일)

이 기사에 따르면 소련의 거부권 행사는 1946년 봄의 이란 사태 이후 두 번째이다. 과연 2년 동안 두 차례의 거부권 행사가 안보리 기능에 파탄을 불러오는 것이었을까?

안보리의 목적이 '안전 보장'에 있는 것이라면 거부권의 그 정도 활용은 목적에 부합하는 것이다. 불복세력의 존재를 묵살하고 숫자로 밀어붙이는 것보다는 최소한 강대국 중에는 불만이 없는 한도로 유엔의 활동을 제한하는 편이 세계평화를 위해서나 유엔의 권위를 위해서나 더 나은 기준이다. 그런데 미국은 표를 많이 동원할 수 있는 상황에 도취되어 소련 측 주장을 가로막는 도구로 유엔을 전락시키고 있었다.

1947. 10. 19.

미국 '좌경 저널리스트'가 본 조선의 분단건국 과정

AP특파원 램버트의 기사 하나가 나왔다. 그동안 나온 램버트의 기사를 보면 우편향이 확실한 기자다(『경향신문』 1949년 9월 18일 「소 공위재개 제안은 UN 상정 방지책으로?」, 『동아일보』 1947년 9월 28일 「적색정권 기도 준비? '스' 씨 제안에 재경 미 고관 담」, 『동아일보』 1947년 10월 2일 「AP특파원 램버트 씨 견해-미의 경제원조 여하로 조선 적화는 방지」).

> 〔도쿄 20일발 AP합동〕 최근 서울을 방문하였던 AP특파원 램버트는 조선 상황에 관하여 여좌히 보도하였다.
>
> "최근 조선 피난민 구제사업에 종사하는 남조선 미군정보국 및 남조선인으로부터 입수된 사실로 보면 조선의 피난민 이주상황은 과반 북조선을 시찰한 안나 루이스 스트롱 여사의 보도와는 전연 대조적인 것이며 즉 북조선에 이주하는 조선인은 전시 남방에 강제징용 갔던 북조선인이 아니면 북조선 공산당원인 것이다. 그리고 해방 이후 남하한 조선인 총수는 150만에 달하고 있으나 북조선으로 이동한 조선인은 그 1퍼센트에 불과한 것이다. 최근 남하 조선인 수는 극히 감소하고 있는데 그 이유는 38선에 있는 소련경비대의 취체가 심해진 까닭이라 한다. (…) 나는 북조선이 남조선보다도 큰 언론의 자유가

있다는 것을 의심하고 있으며 북조선인민의 총의로서 미국을 제국주의라고 비난하고 스탈린 원수 및 김일성을 숭배하는 데 일치하고 있다는 보도에는 놀랄 수밖에 없다."

(「북한행 불과 1퍼센트, 조선인 이주 비교」, 『조선일보』 1947년 10월 21일)

최근 이북 지역을 방문한 스트롱(Anna Louise Strong, 1885~1970)의 취재 내용을 반박한 기사다. 스트롱은 미국 저널리스트로는 이례적으로 사회주의자를 자처하면서 큰 역할을 맡은 사람이다. 그는 1947년 8월부터 이북의 소련군 점령지역을 답사했고, 1949년 그 결과를 정리해서 『In North Korea』로 출간했다. 그 내용은 『해방전후사의 인식 5』, 한길사 2006, 498~538쪽에 수록되었다(이종석 옮김).

스트롱의 기록에는 다른 자료에서 찾아보기 힘든 생생한 현장감이 있어서 활용 가치가 크다. 나도 1946년 11월 14일자와 1947년 3월 2일자 일기에서 이북의 인민위원회 선거에 관한 참고자료로 활용한 일이 있다. 그런데 램버트가 적극 반박하고 나서는 것을 보며 스트롱 기록의 신빙성을 다시 검토할 필요를 느낀다. 스트롱의 기록을 처음 활용할 때(1946년 11월 14일) 이런 의견을 붙여 놓았었다.

스트롱의 글은 그의 '반미좌경' 성향을 감안해서 읽어야 한다. 그러나 감안할 것을 감안하더라도 분명한 사실들을 명확하게 정리한 점을 인정하지 않을 수 없다.

언론의 중립성에 관해 나는 '기계적 중립성'에 반대한다. 언론활동의 어느 영역, 예컨대 사실을 알리는 스트레이트 기사에서는 중립성을 지켜야겠지만 해설이나 논설에서는 필자 입장을 명확히 밝히는 편이 좋을 때가 많다. 중립성에 무리하게 집착하면 의미 있는 해설이나 논설을 펼치기 힘들고, 꾸며낸 중립성으로 독자를 속이는 일도 많다.

물론 사실 보도에도 은연중 기자 해석이 가미될 수 있어서 경계선이 애매한 문제가 있다. 이 문제의 극복은 저널리스트의 역량에 달린 일이다. 스트롱의 글 전체를 보고 나는 그가 역량이 매우 뛰어난 저널리스트라는 생각을 하게 되었다. 취재 내용 중 사실과 어긋난 것도 없지 않지만, 취재방법이 명시되어 있기 때문에 정확성의 한계를 쉽게 이해할 수 있다.

남으로부터 북으로의 인구 이동이 적지 않다고 한 스트롱의 주장을 반박한 대목은 램버트 쪽이 옳다. 스트롱의 글에는 이 대목이 이렇게 나와 있다.

> 미국인들이 식량이 북으로 가는 것을 막으니 사람들이 식량을 찾아 남으로 올 수밖에 없었다. 내가 방문하던 1947년에는 상황이 변해 있었다. 북한의 농지가 늘어났고 농사가 풍작이어서 50만 명이 북으로 이동했다. 1일 1,500명 이상인 것으로 집계되었다. 북으로 오는 사람은 일자리를 찾아온 노동자들이거나 농토를 구하러 오는 농부들이었다. 공장과 농장에서 나는 그들과 만나보았다.
>
> 북한 측은 이런 인구이동에서 득을 보는 편이었다. 북한에서 잃는 인구는 전직 경찰, 관리, 소작료나 이자 수입으로 살던 도시민이었고, 얻는 인구는 건설과 개발에 열성적인 노동자들과 농민이었다. 나는 이런 노동자들 두 사람과 이야기를 해보았다. "왜 북으로 오셨죠?" (…) (「북한, 1947년 여름」, 『해방전후사의 인식 5』, 537쪽)

이북의 권력자들만이 아니라 주민들도 토지개혁 등 제반 '민주개

안나 루이스 스트롱. 걸출한 언론인이던 스트롱은 짧은 조선 방문을 통해 큰 그림을 남겼다.

혁'에 강한 자부심을 갖고 있었다. 그런 중요한 개혁을 주체적으로 해냈다는 데 만족해서 혼란에 빠져 있는 이남 주민들을 측은하게 여기고 있었다. 그러니 사정이 좋아진 북쪽을 남쪽의 일꾼들이 대거 찾아오고 있다는 선전을 진심으로 믿는 사람들이 많았을 것이다. 스트롱의 취재 내용이 설령 사실을 담지 못했다 하더라도 이북 주민들의 믿음을 담았다는 데 가치가 있다.

스트롱의 취재활동에는 여건의 제약이 있었고, 그의 월북자 수 과대평가를 램버트가 지적한 것은 잘한 일이다. 그런데 뒤이어 "남조선에서 투옥된 민주주의 지도자에는 지난 8월 중순 음모사건 연루자가 포함"되었다고 주장한 대목에서 램버트가 저급한 저널리스트라는 사실이 드러난다.

램버트는 스트롱이 이남 지역을 시찰하지 않은 것을 취재의 결함으로 지적했는데, 그 자신은 서울에서 취재하면서 무엇을 얻었는가? 그는 "8월 중순 음모사건"에 대한 장택상의 10월 13일 발표를 받아 적었을 뿐, 그 발표에 어떤 문제점이 있는지 아무 생각이 없었다. 미소공위의 소련 대표가 이남의 좌익 탄압을 사례까지 지적하며 항의하고 있는 판에 통신사 특파원이라는 자가 몇 주일씩 서울에 머물면서 정치적 자유가 보장되고 있는지 확인할 생각을 하지 않고 경찰 발표를 100퍼센트 받아들인다면 언론인 자격이 없는 놈이다.

램버트의 기사 때문에 스트롱의 글에 다시 눈이 갔는데, 『해방전후사의 인식 5』에 실린 이 글은 1947년 8~10월의 취재를 발판으로 2년 후 정리되어 나온 것이다. 따라서 취재 이후 조선을 둘러싸고 벌어진 일을 계속 관찰하며 그에 대한 자기 관점을 정리해서 글 앞쪽에 실어놓았다. 조선 문제의 유엔 상정 이후 진행에 대한 설명을 옮겨놓는다. 물론 그의 '반미좌경' 성향을 감안하고 읽어야겠지만, 감안하고 읽기만 하면 시각을 많이 열어줄 수 있는 글이다(「북한, 1947년 여름」, 『해방전후사의 인식 5』, 499~501쪽).

> 마침내 한국에서 있었던 마셜 국무장관과 소련 외무장관 몰로토프 사이의 대화는 실패로 끝났다. 그러자 소련은 소련군과 미군이 한국에서 철수하여 한국인들이 스스로 결정하게 할 것을 제안했다. 미국은 북한의 이념과 방법들이 득세할 것을 두려워하여 이를 거부했다. 미국은 국제연합에서의 수적 우세를 이용하여 한국에서의 선거를 감시할 국제위원단을 결성하도록 하였다. 소련은 이 위원단을 거부하였고 선거는 미군 점령지역에서만 이루어졌다.
>
> 유엔위원단은 이 선거를 치르는 데 대해 두 가지 생각을 하고 있었다. 모든 위원들은 현재의 분단상황을 강화하고 영구화시킬 것을 염려하여 남한에서의 '정부'수립에 반대하였다. 위원단은 공명한 선거

가 이루어지기 전에 우선 남한에서의 근본적인 개혁조치가 필요하다고 주장하였다. 위원회는 남한 지역에서 자행된 인권 침해의 많은 증거를 제시하였다. 보고서는 소위원회로 넘겨졌는데, 그 위원회의 법적인 지위는 불분명하였고 이 문제에 대해 조치할 권한이 있는지도 의심스러운 상태였다. 그러나 그 위원회는 미국의 주장에 따라 움직였고 미군 점령지역에서 단독선거를 실시하도록 하였다.

미국인들은 통일과 독립에 대한 한국인들의 열망을 과소평가했다. 미국인들에게는 아주 놀랍게도 그들이 남한을 통치하기 위해 선택하였던 걸출한 세 명의 보수지도자들 가운데 두 명이 선거가 나라를 분할하기 위한 수단이라고 비난하였다. 미국인들이 선임한 직책인 남한 과도입법의원의 의장인 김규식은 항의의 표시로 사임하였고 소련 점령지역 한국인들의 회담 초청을 수락하였다. 우익 테러리스트 지도자인 김구 또한 선거를 거부하고 북으로 회담하러 갔다. 남한의 57개 정당과 사회단체 대표도 회담을 위해 북으로 갔다.

선거는 경찰의 테러와 살인, 그리고 좌익의 항의와 봉기의 와중에서 1948년 5월 남한 지역에서 실시되었다. 우익 테러리스트들은 신문사를 파괴하였고 심지어 YMCA까지 공격하였다. 미군 책임자들은 무법적인 행동을 자행하는 '청년단'을 진압하는 대신에 끝에 납이 달린 곤봉으로 무장한 2만 5,000명의 청년단원들을 선거 관리에 이용하였다.

한편 민족통일회의는 1948년 4월 22일에 열렸다. 회의에는 북한 대표단뿐 아니라 남한의 57개 단체의 대표 240명도 참가하였다. 이 회의는 남한에서 추진되고 있는 단독선거와 단독정부 수립 움직임에 분명히 반대하였다. 회의에서 양쪽 지도자들은 다음과 같은 기초 위에서 한국은 한국인들 스스로에 의해 통일될 수 있다고 선언하였다.

1. 양 점령군의 철수.
2. 민족정치회의에 의한 임시정부 조직.
3. 헌법의 채택과 전국적 선거를 통해 선출된 대표들에 의한 통일정부 수립.

연석회의에 참석하였던 두 우익 지도자 김구와 김규식은 통일정부에서 사유자본의 허용을 보장받는 데 아무런 어려움이 없었다. 그들은 '사적 독점'에는 반대하지만 사유재산권은 인정한다는 원칙에 동의했다. 그들은 또한 어떠한 독재도 허용하지 않고 '민주적인 정부'를 수립하기로 하였다.
바로 이와 같은 토대 위에서 '최고인민회의'가 1948년 8월 25일 구성되어 북쪽에서 기능하기 시작하였고, 그동안 이승만은 미군 점령지역에서 권력을 잡고 있었다.

1947. 10. 21.

10월 21일, 대한민국 '경찰의 날'이 될 수 없다

새누리당 박근혜 후보가 며칠 전 '경찰 공약'을 내놓았다고 한다. 경찰의 날(10월 21일)을 앞두고 "경찰들의 숙원 사항을 대선 공약에 반영, 표심을 잡겠다는 의도"로 풀이된다고 한다(『프레시안』 2012. 10. 19, 「박근혜, 경찰 인력 증원 등 '경찰 공약' 발표」).

공약 내용이 △폭력범죄 전담 차장직 신설, △경찰 인력 증원, △검경 수사권 분점, △경찰청장 임기 보장, △경찰관 수당 현실화 다섯 가지라고 한다. 경찰에 몸담고 있는 사람들을 기쁘게 해주기 위해 골라 뽑은 내용이다. 10만 경찰 인력이 모두 투표권이 있는 사람들이니 그들의 표심을 노리는 마음은 이해할만하다.

그러나 경찰의 덩치를 키워주고 근무조건을 향상해주는 것 외에 경찰의 마음을 끌 길을 찾지 못한다는 것은 참 딱한 일이다. 식민지시대에 억압의 도구로 만들어진 경찰의 이미지가 아직도 지워지지 않고 있는 문제가 더 급하게 생각되지 않는 것일까?

'경찰의 날'부터 그렇다. 10월 21일은 '대한민국 경찰'이 만들어진 날짜가 아니다. 군정청 경무국이 설치된 1945년 10월 21일을 기념하는 날짜다. 1947년 10월 21일에도 "국립경찰 확립"을 기념하는 행사가 성대히 열린 바 있다.

> 해방 이후 왜경을 물리치고 우리 국립경찰이 창립되어 2주년을 맞이하므로 경무부에서는 21일 상오 9시부터 시내 세종로 서울국립경찰전문학교에서 기념식을 성대히 거행하고 상오 11시부터 조 경무부장 사열하에 분열식을 거행한 다음 이어 시가행진을 하여 창덕궁 비원에서 다과회를 열기로 되었다.
>
> (「신생 조선을 상징, 국립경찰 확립 2주년, 오늘 성대한 기념식 거행」, 『동아일보』 1947년 10월 21일)

1946년 10월 21일에는 이런 행사가 없었다. 그때는 대구에서 시작된 '10월사태'로 정신이 없었을 뿐 아니라 경찰의 폭압성이 소요사태의 중요한 원인으로 지목받고 있어서 잔치 벌일 형편이 되지 못했다.

아무튼 창립 2주년을 맞는다는 '국립경찰'이란 게 어느 나라 경찰이었는지 알 길이 없다. 대한민국 경찰은 아니었다. 대한민국이 없을 때니까. '국립경찰'이란 것이 미군들이 말한 'national police'를 잘못 번역한 게 아닌가 싶다. 그건 지역경찰이 아닌 '국가경찰'을 말한 것이었는데.

해방 당시 식민지경찰 인원이 약 2만 명이었다. 그중 이남 지역 인원이 1만 2,000명가량이었다. 그런데 1년 후 이남의 경찰 인원은 약 2만 5,000명으로 늘어나 있었다. 식민지시대에 비해 갑절로 늘어난 것이다. 왜 이렇게 많은 경찰력이 필요하게 된 것이었을까?

경찰이 진정 '민중의 지팡이'라면 경찰력이 많이 필요하지 않다. 민중 억압의 도구로 경찰이 쓰일 때 민중과 맞서기 위해 큰 경찰력이 필요한 것이다. 일제강점기보다 갑절의 경찰력이 필요하게 된 것은 미군정 통치가 일본 식민통치보다도 더 억압적인 것이었다는 사실을 단적으로 말해준다.

경찰의 충성 대상이 조선인 사회가 아니라 미군정이라는 사실을 미군정에게서 경찰 총수로 임명받은 조병옥은 스스럼없이 표방하고 있었다.

> "우리 경찰진용은 사회추천에 의한 민선기관이 아니고 그 직원은 군정관이 부여한 경무부장의 임명권에 의하여 그 신분이 보장된다. 사회와 타협하고 구합할 권리도 없고 의무도 없는 것이다. 군대와 같은 명령계통을 가지고 규율적으로 복무를 다 함으로써 의무를 다 하게 되어 있다. 따라서 앞으로 그 명칭과 기구도 경무부와 일원적 연락 아래 두고자 준비하고 있는 터이다."
>
> (「조 경무부장, "경찰은 민선기관 아니다"」, 『동아일보』 1946년 4월 7일)

미군정 경찰은 친일파의 거점이기도 했다. 1946년 10월 시점에서 2만 5,000 경찰 중 식민지시대의 경력자가 5,000명이었다. 해방 당시 8,000명이던 조선인 경찰 중 이남에 있던 사람들 대부분이 미군정 경찰에 들어간 것은 물론, 이북에서 내려온 사람들도 많았다. 인원으로는 전체의 20퍼센트에 불과하지만 높은 자리는 거의가 식민지 경찰 출신으로 채워지고 그들이 새 '국립경찰'의 분위기를 주도했다.

1946년 10월의 소요사태에서 선동자들은 경찰을 미워하는 민심을 자극했고 이것이 주효했다. 그래서 경찰관이 많이 희생되었다. 민중에 대한 발포를 거부한 양심적인 경찰관은 당국의 처단을 받았다. 항의하는 민중을 '폭도'로 보고 폭력으로 대하는 경찰관만이 그 조직에 살아남을 수 있었다.

> 광주경찰서장인 정규설은 이번 폭동사건 당시 무기창고를 잠근 채

1957년 열린 제12회 경찰의 날 경축 분열식. 대한민국 경찰이 대한민국보다 긴 역사를 자랑하는 것이 잘하는 일일까? 미군정의 경찰청 설치를 아직까지 대한민국 경찰의 출발점으로 삼고 있는 것은 부끄러운 일이다.

직장을 버리고 무기를 쓸 수도 없게 한 죄과로 장택상 경무총감은 즉시 체포령을 내린 동시에 제1관구보안과장 김성중 외 응원대 50명을 급파하였다. 정 서장은 20일 낮 체포되어 방금 수도경찰청에서 엄중 취조를 받고 있다.

(「광주서장을 검거 취조 중」, 『동아일보』 1946년 10월 22일)

경찰이 친일파의 온상이 되었기 때문에 민중의 반감을 사게 되었다는 비판이 10월사태 이후 쏟아졌을 때 이렇게 항변했다고 조병옥은 자랑스럽게 회고했다.

"당신네들이 대구 10월폭동에 대해서 경무부장인 내가 친일파 경찰관들을 많이 등용하였기 때문에 그로 인하여 민심이 이탈되어 폭동이 자연발생적으로 일어났다고 주장하는 것을 나는 잘 알고 있습니다. 그러나 일본 제국주의 통치하에 있던 우리 한국에서 친일을 했다는 데 대하여 두 가지 종류로 구별할 수가 있다고 생각합니다. 즉 그 하나는 직업적인 친일파였고 또 하나는 자기의 가족과 생명을 보호

1946년 '10월항쟁' 당시 사진. 경찰이 총을 들고 시민과 대치하고 있다. 해방 후 이남의 경찰 인원이 갑절로 늘어난 것은 군대 역할을 겸한 것이기 때문이었다. 그런데 그 군대 역할은 '국방군'이 아니라 '계엄군'의 역할이었다.

하기 위한 연명책으로 경찰을 직업적으로 했다는 것입니다. 그러므로 많은 동료들은 Pro JAP이 아니라 Pro JOB이라고 할 수 있는 것입니다." (『나의 회고록』, 선진 2003, 164쪽)

맞는 말이다. 직업을 소중히 여기는 경찰을 조병옥은 키웠다. 직업을 위해 독립투사 때려잡던 식민지 경찰보다 더 맹렬하게 빨갱이 때려잡는 경찰. 빨갱이 때려잡는 기세가 지나쳐서 양민까지 때려잡은 일도 수없이 많았고.

용산 참사를 비롯해 명박산성이니 물대포니 대한민국 경찰의 폭압성에 대한 비판이 많다. 그러나 2년 동안 해방공간을 들여다보고 있는 내 눈에 지금의 경찰은 조병옥의 경찰과 비교하기 힘들 정도로 좋은 경찰이 되어 있다. 백성을 억압의 대상으로 여기는 경찰관의 비율이 많이 줄어들어 있다. 그러나 아주 없어지지는 않았고 그런 이상한 경찰관들이 경찰을 지휘하고 대표하는 자리를 유난스럽게 많이 차지하는 경향이 있어서 문제다.

올바른 경찰관이라면 식민지시대 경찰을 부끄러워하는 것과 마찬가지로 미군정시대 경찰을 부끄러워할 것이다. 그런데 군정청 경찰국 만든 날짜가 '경찰의 날'로 버티고 있는 것이 어찌된 일인가? 미군정이 백성을 억누르기 위해 식민지 경찰을 주축으로 만들었던 미군정 경찰, 그것과 다른 존재라는 사실을 대한민국 경찰이 당당히 선포할 때가 되었다.

그리고 국가경찰 제도는 민주국가에서 사라져야 한다. 민주국가다운 민주국가 중에는 일원화된 국가경찰 제도를 가진 곳이 없다. 경찰은 민주국가에서 봉사기관이고 독재국가에서 억압기구다. 봉사기관이라면 각자 자기 지역사회에 속해 있어야지, 상명하복의 전국적 일원체계를 가질 것이 아니다.

사회와 타협하고 구합할 필요 없이 임명권자에게 충성해야 한다는 조병옥의 경찰은 파시스트 경찰이었다. 독재정치가 계속되는 동안 대한민국 경찰은 억압기구의 성격을 갖고 있었다. 봉사기관의 성격을 분명히 할 때가 한참 지났다. 극소수 정치경찰이 요직을 독점하고 경찰의 이름을 더럽히며 사회 발전을 가로막는 일이 잦은 것도 국가경찰 제도에 큰 원인이 있다. "국가경찰은 정의상 곧 경찰국가입니다." 1947년 7월 웨드마이어 중장이 트루먼 대통령 특사로 조선을 시찰할 때 경찰의 미국인 고문 한 사람에게서 들었다는 말이다.

대한민국 경찰에는 큰 발전이 필요하다. 민주국가의 경찰로서 국민에게 사랑받는 존재가 되는 발전이 무엇보다 먼저 필요하다. 그런 발전을 위해 무엇을 해야 하는지, 이명박과 조현오가 신물 나게 보여주지 않았는가? 그것을 다 보고도 '경찰 공약'이라며 당근만 찾는 박근혜의 경찰을 보는 눈은 조병옥이 경찰을 보던 눈과 같은 것이란 말인가? 경찰을 위한 경찰 공약보다 국민을 위한 경찰 공약을 막상 선량한 경찰관들은 더 고맙게 여길 것이다.

1947. 10. 24.

재산 빼긴 김지태, 인격까지 짓밟아야 하나?

"나처럼 생각하는 사람도 많다."는 박근혜의 말이 아주 틀린 것은 아니다. 반공독재 아래 강압적으로 주입된 역사인식이 지난 25년간 극복되어왔지만 아직도 완전히 사라지지 않고 있다. 극복 방법이 강압적인 것이 아니기 때문에 시간이 걸리는 것이다. 그러나 거의 모든 사람이 박근혜처럼 생각하고 있던 25년 전과 지금을 비교하면 시대의 흐름이 어느 방향인지는 자명하다. 그런데 그렇게 생각하는 사람이 아직도 적지 않다는 사실을 들어 시대의 흐름을 가리려 드는 것은 그야말로 '미래를 바라보는' 정치인으로서 할 수 없는 짓이다.

한마디 말에서 언급된 사실 자체의 인식을 넘어 말하는 사람의 사고방식이 드러날 때가 있다. "나처럼 생각하는 사람도 많다."는 말은 머릿수로 승부를 가리려는 폭력적 자세를 보여준다. 국민들의 생각에 편차가 클 때, 그 편차를 줄이려는 고민이나 노력 대신 나처럼 생각하는 사람을 결집시켜 다른 생각을 하는 사람들을 이기고 보겠다는 말이다.

2012년 10월 21일 정수장학회 관계 기자회견에서도 그의 사고방식을 드러내 보여주는 말이 있었다. 부일장학회를 빼앗긴 김지태(金智泰, 1908~1982)에 대해 "부정부패로 많은 지탄을 받았던 사람이고 4·19 때부터 (부정부패) 명단에 올라 분노한 시민이 집 앞에서 시위를 할 정도였다." 고 깎아내린 대목이다.

부일장학회의 양도가 강압에 따른 탈취인가 하는 문제에서 김지태의 인격은 직접 관계가 없는 사안이다. 강도범의 변호사가 피해자의 인격을 문제 삼아 범행을 변호할 수 있는가? 기자회견에서 김지태의 인격을 깎아내린 것은 무엇을 위해서인가? '나쁜 사람'의 권리를 침해하는 것은 정당한 일이라는 생각이 박근혜의 마음속에 깔려 있는 것이 아닌가?

히틀러 일당은 유대인, 집시 등을 '나쁜 사람'으로 규정하고 그들의 재산과 인권, 생명을 유린했다. 그것이 파시즘의 본질이다. '나쁜 사람'의 범위는 갈수록 넓어져 그들에게 반대하는 모든 사람이 유린 대상이 되었다. 그래서 문명사회에서는 '나쁜 사람'들의 권리도 존중받고 보호받는 것이다.

박정희 군사독재의 치명적인 문제가 인권 유린이다. 자기네 마음에 들지 않는 사람을 모두 '나쁜 사람'으로 몰아붙인 파시스트 체제였다. 길거리의 장발 단속도 인혁당 사법살인도 모두 파시스트 사고방식에서 나온 것이었다. 그런데 박정희의 딸이 아비의 강도질을 변명하기 위해 피해자를 '나쁜 사람'으로 몰아붙이다니, 그의 사고방식은 유신시대에 머물러 있는 것인가?

하물며 고 김지태 씨가 그렇게 나쁜 사람이 아니었다면? 그렇다면 박근혜는 대통령 후보 이전에 인간적으로 '참 나쁜 사람'이다. 자기 입장을 우기기 위해 타계한 지 20년이 된 인물을 욕보인다는 것, 이건 정말 보통 사람은 못할 못된 짓이다. 과연 김지태가 그런 소리를 박근혜에게 들을 만큼 나쁜 사람이었는지 따져보고 싶다.

유족들이 박근혜의 발언에 발끈해서 사자 명예훼손으로 고발하려고 나서는 것은 당연한 일이다. 박근혜의 폄하가 타당한 것이었는지는 법

김지태(왼쪽 사진)는 일제 때 동양척식회사 부산지점에 근무했다. 오른쪽 사진은 동양척식 서울 본사 건물. 동양척식의 간부는 포함하지만 하급직원은 제외한 『친일인명사전』 수록 기준은 우리 사회 친일파 논의의 합리적 수준을 보여준다.

정에서 살펴질 것이다. 그러나 당장은 대선 정국을 감안해서 유족이 법적 조치를 보류하고 있으니 법정에서 시비가 가려지는 데는 시간이 꽤 걸리겠다.

내가 김지태라는 인물에 관심을 가지게 된 것은 "해방일기" 작업에 참고하는 책 중 1976년에 나온 그의 자서전 『나의 이력서』가 들어 있기 때문이다. 해방공간에 관한 기록 중 재계의 동향을 살필 수 있는 것이 극히 적기 때문에 중요한 참고서다. 그 기록의 신뢰도를 가늠하기 위해 김지태의 생애를 대충 살펴보게 되었다.

식민지시대의 행적에 대해서는 자서전 외의 자료를 찾아보지 못했다. 하지만 박근혜 측이 그의 동양척식 근무를 이유로 그를 친일파로 몰아붙이는 것은 타당하지 않다. 김지태는 상업학교 졸업 후 5년간(1927~1932) 동양척식에서 근무했는데, 지나치게 엄격하다는 비판을 더러 받는 『친일인명사전』의 수록기준에서도 벗어나는 것이다. 스무살 안팎의 나이에 서기 노릇 몇 해 한 것은 친일의 범주에 들지 않는다

(경제 분야의 수록기준 중에 "국책 경제기관(동양척식주식회사-식산은행)과 경제 단체의 간부"가 있다).

1934년에 기업 활동을 시작한 김지태가 해방 당시 부산 굴지의 사업가로 성장해 있기까지 과정에서라면 친일이든 뭐든 재주를 피웠을 개연성이 있다. 자서전에는 조선지기(1935년 설립)와 조선주철(1943년 획득)의 경영 외에 부동산사업에 큰 노력을 들인 이야기가 적혀 있다. 일본의 식민통치나 전쟁 정책에 특별히 밀착한 흔적이 보이지 않는다. 그 시절 부동산사업에 치중했다니 짧은 기간에 자본을 크게 키운 사실도 대충 이해가 간다.

해방공간에서 김지태의 활동은 "해방일기" 작업의 필요에서 면밀히 살펴보고 있지만, 그의 사람됨을 더 쉽게 분명히 알아볼 수 있는 것은 그의 1950년대 활동에서다. 1950~1958년간 국회의원으로 공인의 위치에 있었기 때문이다. 그는 1950년 제2대 선거에서 무소속으로 당선되고 후에 자유당에 입당했다가 1954년 말, 제3대 선거에서 당선된 얼마 후 제명당했다. 5개월 후 복당했으나 1958년 제4대 선거에 자유당 공천을 받지 못하고 무소속으로 출마했다가 낙선한 뒤 국회를 떠났다.

국회의원으로서 김지태는 자본가 정신에 너무 투철해서 이따금 언론의 조롱을 받았다.

> 요즈음 무슨 세 무슨 세 하여 개정법률안이 본회의에 쇄도하고 있거니와 오늘의 법인세법 중 개정법률안에도 빠짐없이(?) 김지태 의원이 등단하여 발언을 하니 의석에서는 김 의원을 가리켜 세법의 권위자(?)라고…….
>
> (「기자석」, 『경향신문』 1952년 11월 16일)

"사용자는 1개월에 1일의 유급휴가와 2일의 유급병가를 주어야 한다."는 제49조 심의에서 김지태, 김봉재 양군은 "그렇게 되면 일요일 명절을 합쳐 1년에 102일의 휴가가 있게 되니 이는 기업주의 파탄을 초래하여 기업가와 노동자가 한꺼번에 넘어지게 만드는 것이라."고 주창하여 병가 2일만은 삭제 통과. 빽덕어멈 살구 값에 심 봉사 망하듯 해서야 되겠소?

(「단상단하」, 『동아일보』 1953년 4월 12일)

노동기준법의 축조심의에 있어서 김지태 의원의 활약에 괄목할 바 있다. 즉 동 의원은 노동시간을 만 13세부터 만 16세까지는 6시간으로, 만 16세 이상 만 18세까지는 7시간으로 하자는 원안을 반대하여 만 13세에서 16세까지는 7시간, 그리고 16세 이상은 성인으로 취급하여 8시간제로 하자고 주장하여 성공하였다. 민주주의의 표결방식에 따라 요청한 김지태 의원의 수정안에 의하여 나 어린 소년 소녀도 과중한 노동을 하게 되었는데 수정안을 다른 의원이 제출하였던들 기업가의 근성을 발휘하였다고 하는 오명은 붙지 않았을 것이다. 그러나 조선견직이란 대기업체를 가지고 있는 김 의원인지라 응당 복안 있을 법도 하지만 법이란 만인을 위해서 제정될 것이라는 원칙은 무시할 수 없으리라.

(「기자석」, 『경향신문』 1953년 4월 15일)

지금 일반인의 시각으로는 노동자의 권리에 인색한 수구적 태도로 보이고, 자본가 집단의 이기주의를 대변한 것으로 보인다. 그러나 전쟁이 아직 계속되고 있고 복구의 과제가 엄청나던 당시 상황에서 선진국 기준의 노동조건 도입에 반대한 것은 '애국심'이나 '공공성'의 기준으로 변명이 된다고 본다.

국회의원으로서 김지태의 활동을 개관하면 시대의 흐름을 앞서 가는 큰 경륜은 보이지 않지만 자신의 위치에 대해 성실한 자세는 확실히 느껴진다. 특히 그의 애향심을 두드러지게 느낀다. 아래 기사에서는 부산특별시 승격 추진을 부산 출신 국회의원들의 득표운동으로 해석했지만, 그는 1947년부터 부산특별시 승격 기성회 회장을 맡는 등 일찍부터 부산시 승격을 꾸준히 추진해온 사람이었다.

> 최근 의원들이 법률안을 제출하는 행위가 가분잭이 눈에 띄는데 동절이 가까우면 서리가 내리는 것처럼 의원들의 선거 기일이 가까워 온다는 것을 무언중에 알려주고 있다. 그중 대표적인 것이 부산시 특별시 승격안 같은 것인데 본시 부산시 승격운동은 제헌의회 당시에도 말기에 즉 선거를 앞두고 제출되었다가 잡음만 남기고 실패하였고 그 후 사변 후 정부와 국회가 부산에 피난 중에 또한 제출되었으나 시기상조라는 이유로 보류당했던 것인데 동 승격안이 정부 환도 후에 또다시 제출되었으니 도대체 승격은 부산시민들이 그렇게 열렬히 하는 것인가? 그렇지 않으면 부산의 소위 유력자가 하는 것인지 분간할 수 없다.
>
> 동 승격운동 선봉에는 부산 출신 의원들이 맹활약 중이라고……. 그런데 선량들이 부산을 떠나기 전 어떤 날 부산시 승격운동의 1인인 김지태 의원이 궁전 같은 거제리 자택에 의원을 초대하고 산해진미와 견직물 한 필씩을 환도기념품으로 주었다고 하는바 이번 승격을 위하여 손 들어달라고 준 것은 아니겠지요?
>
> (「기자석」, 『경향신문』 1953년 10월 20일)

당대의 재벌급 자본가가 국회의원이 되어 지역발전을 위한 의안에 열중하고 기업가에게 유리한 쪽으로 의정활동을 벌였다면 '정경유착'이란 말이 바로 떠오른다. 그런데 조금 세밀히 들여다보면 정치를 개인적 축재에 이용하는 정경유착의 전형적 모습은 아니다. 그는 나름대로 기업가의 능동적 역할을 중시하는 사회관을 가진 것이었고, 실제로 정치하면서 재산을 늘리기보다는 잃은 것이 많았다. '조방낙면(朝紡落綿)' 사건이 대표적인 예다.

부산 범일동 소재 조선방직은 당시 조선 최대의 제조업체였다. 김지태는 1948년 3월부터 이 회사의 관리 책임을 맡고 있으면서 1951년 3월의 적산 불하를 받을 '연고자' 위치를 확보하고 있었다. 그런데 불하 예정일을 사흘 앞둔 1951년 3월 16일 회사 간부 거의 전원이 김창룡(金昌龍, 1920~1956) 특무대장이 지휘하던 군검경합동수사본부에 '이적죄'로 체포되었다. 국회가 개회 중이었기 때문에 현역 의원인 김지태는 불구속 입건되었다.

혐의 범죄는 광목을 짜는 데 새 솜만 쓰지 않고 재생 솜(낙면) 5%를 섞었다는 것이다. 재판에서는 재생 솜을 섞어 써도 아무 문제없다는 서울공대 교수들과 조선방직의 미국인 고문의 증언을 발판으로 무죄 판결이 내려졌다. 이 혐의에 '이적죄'를 적용한 것은 이 광목이 군복에 쓰여 전투력을 저하시켰다는 것인데, 사건을 군사법정에 묶어놓기 위한 꼼수였다. 결국 무죄판결을 받았지만 그동안 조선방직은 이승만의 양아들로 통하던 강일매(姜一邁)에게 불하가 넘어갔다.

김지태는 조방낙면 사건이 다음 대통령으로 장면을 밀고 있던 자신에 대한 정치적 탄압이었다고 자서전에서 주장했다. 자서전에 없는 얘기로, 그가 이승만의 정치자금 요구를 거절한 데 대한 보복이었다는 설도 시중에 떠돈다. 나는 이런 얘기들을 100퍼센트 믿지는 않지만 그

1970년 11월 7회 수출의 날 기념식에서 은탑산업 훈장을 받고 박정희 대통령과 악수하는 김지태 씨. 그가 몇 해 더 살았더라면 좋은 증언을 많이 남겼을 텐데.

가 이승만에게 고분고분한 태도가 아니었다는 사실은 분명하다. 전쟁 당시 그가 갖고 있던 발판 위에서 이승만과 진짜 '정경유착'을 했다면 그가 한국 최대의 재벌이 되었을 가능성이 대단히 크다고 본다. 1970년 8월 26일자 『경향신문』에 실린 인터뷰 기사의 이런 대목에도 정경관계에 대한 그의 관점이 나타나 있다.

> 그 자신 정치인이었으면서도 정상배를 가장 싫어한다는 점이 그 하나다. 정상배의 정의를 그는 최근의 신흥재벌이란 의미와 혼용하고 있다. 이런 그의 사고방식은 어떤 면에서는 정통재벌의 권위의식이 강하다는 것으로 해석되고 있다.

군수기지사령관으로 부산에 있던 박정희가 김지태에게 거사자금을 청했다가 거절당한 원한으로 그를 괴롭히고 재산을 빼앗았다는 이야기도 시중에 파다하다. 나는 그럴싸한 이야기라고 생각한다. 1960년 시점에서 부산뿐 아니라 한국 재력가 중에 김지태만큼 반 이승만 입장을 분명히 하고 있던 사람이 따로 없었다. 4·19 이전 시점에서 자유당정권 타도 거사를 박정희가 꾸미고 있었다는 사실도 밝혀져왔는데, 그런 거사를 위해 손 벌릴 상대로 김지태가 적당한 상대였다는 것은 확실한 사실이다. 이 이야기가 자서전에 나오지 않는 것은 당연한 일이다. 박정희가 살아 있을 때 나온 책이니까.

김지태의 생애를 살펴보며 기업가로서 정치인으로서 그를 '존경'하는 마음은 들지 않는다. 그의 식견이 그리 넓지 못하고 인생관이 그리 깊지 못한 것으로 보이기 때문이다. 그러나 자기 관점에 따라 세상을 대하고 살아간 정직한 자세는 누구라도 '존중'하지 않을 수 없는 것이라고 생각한다. 그 정직한 자세로 남겨준 자서전을 활용하는 고마운 마음 때문에 박근혜의 "부정부패 운운"하는 파렴치한 모욕을 반박하고 나선다.

1947. 10. 29.

"나는 대한민국을 비판적으로 지지한다"

5개월 전 재개된 미소공위 진행을 위해 서울에 체류하던 소련 대표단이 10월 22일 서울을 떠났다. 1945년 말의 모스크바 3상회담 이래 조선 독립건국의 통로로 여겨지던 미소공위가 문을 닫은 것이다.

> 5월 21일 서울에서 재개된 미소공위에 소련 측 대표로서 출석차 서울에 도착하여 이래 5개월간 곡절 많은 공위사업을 운영하던 소련 측 대표 스티코프 대장, 툰킨, 레베데프, 발라사노프 등 제 위원들은 본국정부의 지령에 의하여 미소공위가 또다시 휴회되자 21일 공륙 양로를 취하여 평양으로 향하여 서울을 출발하였다. 즉 소 측 수석위원 스티코프 대장, 툰킨·레베데프 양 장군은 동일 오후 1시 김포비행장에서 비행기로 출발하고, 발라사노프 장군과 아브라멩코는 오전 11시 경성역발 제2292호 임시열차(객차 3량 무개차 3량)로 수원(隨員) 51명을 거느리고 평양으로 향하여 떠나갔다. 이날 역두에는 공위 미 측 제1분과위원장 웨커링 대장을 위시하여 미군 장교 다수와 주 경성 소군 연락장교 등이 미군 군악대 주악리에 전송하였다.
>
> (「소련 대표단 이경(離京) 작일 공·육 양로로」, 『조선일보』 1947년 10월 22일)

미국은 소련과 1 대 1로 담판하는 미소공위 대신 유엔을 택했다. 유엔총회에서는 미국이 내놓는 어떤 제안도 통과될 수 있었기 때문에 소련과 타협할 필요가 없었다.

조선인에게 유엔으로 가는 것이 잘된 길이었을까? 조선의 독립이 준비 단계에서부터 많은 나라의 인정을 받으며 진행된다는 것은 좋은 일이었다. 그러나 조선의 안전보장을 위해서는 승인이 절대적으로 필요한 몇 개 나라가 있었고 소련이 그중 하나였다. 유엔에서는 소련의 승인 없이 조선 건국이 형식적으로 진행될 수는 있었다. 그러나 실제로는 진정한 통일건국이 불가능했고, 분단건국은 전쟁을 거의 틀림없이 불러오는 길이었다.

소련이 조선에서 얼마나 많은 것을 바랐기에 미국과 타협이 되지 않았던 것일까? 한국인은 오랫동안 소련의 '세계적화' 야욕 얘기를 들으며 살아왔다. 미국이 아무리 양보해도 만족시킬 수 없는 야욕이었기 때문에 미소공위는 애초부터 성공이 불가능했고, 미국이 유엔으로 데려가준 덕분에 반쪽이나마 '공산당의 밥' 되는 신세를 면했다는 얘기다.

이런 반공 선전이 내 생각에는 순 거짓말 같은데, 그런 생각을 그대로 말했다가는 당장 잡혀가 목숨이 어찌될지 모르는 무시무시한 체제를 남한 사회는 수십 년간 겪었다. 워낙 무서운 체제를 오래 겪었기 때문에 그 체제가 풀리기 시작한 지 20여 년이 된 지금까지도 많은 사람의 마음이 풀려나지 못하고 있다. 나이든 세대만이 반공의식을 지키고 있는 지금 우리 사회의 상황은 그렇게 빚어진 것이다.

실제로 해방공간에서 소련의 역할을 보면 '야욕'이라 할 만한 것이 없었다. 적어도 미국보다는 야욕이 적었다. 국경을 접한 나라에 자기네에게 적대적이지 않은 정권이 들어서기만을 바란다는 뜻을 애초부터 분명히 밝혔고, 행동도 그 기준을 넘어서지 않았다. 그래서 일본의 식민통치를 물려받으려 한 미국과 달리 조선인의 자치를 지지하고 지원했다.

이북에 만들어진 정권이 '친소'적이었다는 것은 사실이다. 그러나 이남에 만들어진 정권의 '친미'와는 다른 차원이다. 소련과 중국 사이의 줄타기 등 이북 정권의 외교정책을 보면 '친소'는 의존 정도였다. 종속 내지 예속 차원이었던 이남의 '친미'와는 달랐다. 인민의 지지 여부에 달린 차이였다. 소련은 조선에 인민의 지지를 받는 정권이 세워져 소련과 우호적 관계를 맺게 되기 바란 반면 미국은 조선의 민의에 개의치 않았다.

그래도 미국이 유엔에 제안한 것은 조선의 '총선거'가 아니었는가! 민의에 따라서 정부를 세운다는 제안이었다. 여기에 미국 제안의 명분이 있었다. 그러나 소련은 이 명분을 '빛 좋은 개살구'로 여겼다. 어떤 상황에서 어떤 방법으로 선거가 시행되느냐에 선거의 결과가 좌우된다는 것이었다.

〔워싱턴 21일발 UP조선〕 소련 대표 안드레이 비신스키 외상대리는 21일 UN총회 전체회의에서 신 발칸조사위원회 설치결의안 채택을 방지하려는 투쟁을 전개하고 조선 문제에 언급하여 조선의 국민정부 수립과 미·소 양국군의 조선 철퇴를 UN위원회로 하여금 감독케 하려는 미국 결의안에 최후까지 반대할 의도를 명시하여 미국은 조선에서 그의 군대의 엄호하에 그리스식으로 선거를 행하려 한다, 악질 실례는 전염병적인 것이라 하고 말하였다.

(「유엔 감위설치안 소 대표 최후까지 반대」, 『동아일보』 1947년 10월 22일)

그리스 내전의 상황을 1947년 3월 12일자 일기에서 살펴보았다. 1944년 10월 독일군이 그리스를 떠날 때 그리스인민해방군(ELAS) 병력은 10만을 넘는 반면 우익 독립군 병력은 2만이 안 되었다. 그런데 스탈린은 루마니아를 차지하는 대가로 그리스를 영국 영향권으로 인정해줬다. 스탈린의 지시 때문에 공산세력이 적극 행동을 삼가는 동안 영국은 우익세력을 키워주고 ELAS 해산과 대량 검거 등으로 좌익을 탄압했다. 그리스 공산당은 좌익 탄압 속에 진행된 1946년 3월의 총선거를 보이콧했고, 우익연합이 정권을 차지했다.

'유엔 감시하의 총선거'라는 미국의 제안이 유엔에서 통과된 후 어떻게 실행에 옮겨졌는지는 앞으로 면밀히 살펴보겠거니와, 그 감시가 충분하지 못했다는 사실은 이미 충분히 알려져 있다. 충분한 감시가 당시 유엔 역량으로 불가능하다는 것은 애초부터 분명한 사실이었다.

미소공위의 조선 독립 과정 토론도 제대로 된 선거를 가능하게 하는 데 초점이 있었다. 우선 연합국들이 합의할 만한 형태의 과도정부를 만든 다음 그 과도정부가 선거를 준비하게 하려 했다. 그렇게 해서 조선인으로 구성된 공정한 선거관리기구를 만들어야 유엔이든 연합국이든 소수의 감시자들이 들어와서 선거의 정당한 시행을 확인할 수 있었다. 외국군이 절반씩 점령한 상태에서는 공정한 선거관리기구를 만들 수 없었기 때문에 일단 과도정부가 성립된 뒤에 총선거를 내다볼 수 있었던 것이다.

그런데 미국의 유엔 제안은 외국군 점령상태에서 바로 총선거를 하자는 것이었다. 인구 비례로 대표를 선출할 때 미군 점령지역에서 훨씬 더 많은 대표를 뽑을 수 있으니 점령상태에서 선거를 하는 것이 자기네에게 유리하다는 속셈이었다. 미국은 명목만의 선거를 실시해 자기네가 원하는 성격의 정권을 조선에 만들고 싶어했고, 많은 유엔 회원국이 눈 감고 이것을 승인해줬다.

그렇게 해서 태어난 대한민국의 국가로서 정당성을 내가 근본적으로 부정하는 것은 아니다. 대한민국을 바라보는 내 시각을 몇 해 전 이렇게 적은 일이 있다.

> 내게는 대한민국을 자랑스러워하는 면도 있고 부끄러워하는 면도 있다. 다만 내 나라이기 때문에 아낀다. 자랑스러운 면이 많고 부끄러운 면이 적기를 간절히 바라면서, 조금이라도 그렇게 되는 데 내 힘이 쓰일 기회를 찾는다. 대한민국 대다수 국민이 크게 다르지 않은 마음일 것이다.
>
> 나는 대한민국이 18개월 되었을 때 태어나 60년 가까이 대한민국 국민으로 살아왔다. 그동안 대한민국이 내 나라라는 사실에는 변함이 없었지만, 대한민국이 어떤 나라냐 하는 실제 내용에는 많은 변화가 있었다. 인구만 해도 세 배 가까이 늘어났고, 가난하던 나라가 제법 잘살게 되었고, 폭력이 판치던 나라에 민주질서가 꽤 자리 잡았다.
>
> 정말 큰 변화다. 그 변화 속에서 '내 나라'에 대한 내 생각도 변해왔다. 4·19가 있던 열 살 때까지는 학교에서 시키는 대로만 생각했다. 5·16 후 중학생, 고등학생, 대학생으로 자라는 동안 부끄러움이 생겨났다. 졸업 후 유신을 겪으면서는 절망감에 사로잡히기도 했다. 서른 살 무렵 사회활동을 시작하면서 사회에 대한 내 책임을 구체적으로 생각하기 시작한 후 10·26, 5·18, 6·10을 차례로 겪었다.
>
> 1960년대 이후 내 생각의 전체적 변화는 부끄러움이 자랑으로 바뀐 것이다. 우선 빈곤과 독재를 벗어난 덕분이다. 그러나 더 밑바닥에 깔려 있던 불안감을 걷어내고 내 나라를 마음 편하게 받아들이게 된 계기는 2000년의 '6·15 공동선언'이었다. 평생 불안하게 바라봐온

> 민족과 국가의 괴리상태를 극복하려는 '지속적' 노력의 출발점이 바로 6·15였다. (김기협, 『뉴라이트 비판』, 돌베개 2008, 29~30쪽)

많은 한국인이 어떤 상황에서라도 좋은 나라를 만들고 키우기 위해 애써온 결과를 지금의 대한민국으로 나는 보고, 그에 대한 애정과 신뢰를 갖고 있다. 그러나 이 나라를 엉터리 나라로 만들기 위해 애쓴 사람들도 있었고, 그 때문에 이 나라에 좋지 않은 문제도 많다는 사실 역시 잊어서는 안 된다. 그 어두운 면을 똑바로 바라봐야만 그를 극복함으로써 더 좋은 나라를 만들 수 있다.

대한민국의 문제점을 너무 크게 봐서 대한민국의 정당성을 근본적으로 부정하는 자세를 나는 인정하지 않는다. 어떤 정체성 위에 세우는 자세란 말인가? 한편 뉴라이트처럼 그 정당성을 절대화하는 태도에서는 더 큰 문제를 본다. 더 좋은 나라, 더 좋은 세상을 만들기 위한 노력을 가로막으려는 야비한 술책이기 때문이다.

건국 과정에서 있었던 문제점들도 있는 그대로 바라볼 필요가 있다. 유엔에 상정된 이제, 미국의 제안 방향이 일사천리로 진행된다.

건국 후 한국인이 겪게 될 고통과 비극은 건국 과정의 문제점에서 파생된 것이 많다. 그중에는 아직까지도 해소되지 못한 것들이 있다. 가장 큰 문제가 물론 분단 상태다. 건국 과정에 어떤 문제들이 있었는지, 그 문제들에 대한 어떤 책임이 이승만 세력과 김일성 세력, 미국과 소련에 있었는지 치밀하게 따지는 것이 분단 극복을 위해서도 필요한 일이다. 기형아로 태어난 아이라 해서 인생을 행복하게 살 수 없는 것이 아니다. 단, 그것이 가능하기 위해서는 그 기형의 문제가 어떤 것인지 정확한 인식이 필요하다.

1947. 10. 31.

미 · 소 간 적대적 공생관계의 산물, 조선 분단

조선에 유엔감시위원회를 파견하는 결의안이 10월 30일 유엔총회 정치위원회에서 채택되었다. 11월 1일 국내 여러 신문에 보도된 기사 내용부터 살펴본다.

> 〔레이크석세스 31일발 AP합동〕 UN총회 정치위원회에서는 30일 상오 하오를 통하여 소련블록과 미 측 진영이 서로 격렬한 논쟁을 거듭하면서 1건 1건 표결하여 나갔는데 그 경과는 여좌하다.
> 1. 먼저 조선 대표를 UN 토의에 참가시키자는 소 측 제안에 대한 미 측 수정안이 41 대 0표(13표 기권, 그중 소련블록 6개국 포함)로 표결되었다.
> 2. 이 표결 후에 소련 대표 그로미코는 자측 제안에 대한 표결을 요청하였던바 35 대 6표로 부결되었다.
> 3. 이 소안이 부결되자 소련 대표 그로미코는 다시 이 이상 조선 문제 토의를 중지하도록 새로이 제안하였던바 이는 36 대 6표(12표 기권)로 부결되었다 하며 미 측 수정안을 신 별개안으로서 인정하라는 동의를 제출하였는데 이 안은 40 대 6표(4표 기권)로 부결되었다.
> 4. 그러나 우크라이나 측은 미 측 제안에 의한 임시 UN위원 파견안은 조선 대표가 참석할 때까지 연기하자고 제안하였던바 이 안은 40

대 6표(5표 기권)로 역시 부결되었다.

그런데 동 표결 토의 중 미 대표 존 포스터 덜레스는 "조선 사태에 관하여 조선 독립문제에 관해서 미·소 간에 2년간의 정돈상태가 계속된 것으로 말미암아 조선에는 폭발적 상태가 존재하고 있다."라고 말하였는데 소련 대표 그로미코는 이를 반박하여 "남조선에서는 친일파가 정권을 장악하고 있으며 폭발적 상태가 존재하고 있다는 것은 남조선에만 관한 사태인 것이다. 그뿐만 아니라 미 측 대표는 우리가 여사한 친일파와 협의할 것을 강요하고 있는 것이다."라고 말하였다.

(「조선에 위원단 파견 제안」, 『동아일보』 1947년 11월 1일)

〔레이크석세스 31일발 UP조선〕 30일 41 대 0표(기권 7표)로 UN총회 정치위원회를 통과한 미국의 조선에 관한 예비적 제안의 정문(正文)은 다음과 같다.

"UN총회에 상정된 조선 문제는 기본적으로 조선민족 자체를 위한 문제이며 그들의 자유와 독립에 관한 것인 데 비추어 또한 이 문제는 당사 주민의 대표 참가 없이 정확 또 공정히 해결할 수 없음을 인식하고 제1위원회는 조선민족의 선출된 대표를 문제 심의에 참가하도록 초청하기를 건의한다. 또한 위원회는 여차한 참가를 촉진시키고 조선인 대표가 사실에 있어 적당히 선출되도록 하기 위하여 즉시로 여행 시찰 및 전 조선을 통하여 상의할 권리를 가지고 조선에 주재할 조선에 관한 UN임시위원회를 설치할 것을 건의한다."

(「정위 통과한 미 안 정문」, 『경향신문』 1947년 11월 1일)

결정문에 "당사 주민의 대표 참가 없이 정확 또 공정히 해결할 수 없음을 인식"한다는 말이 들어간 것은 조선인 대표 참석 없이 조선 문제를 토론할 수 없다는 소련 측 주장을 무마하기 위한 것이다. 미국 측은 조선인 대표 참석의 필요성을 인정하지만 위원회를 먼저 만든 다음 그 위원회가 조선에 가서 조선인과 접촉하면 된다는 수정안을 낸 것이었다.

애초 미국 측 제안의 요지는 빠른 시일 내에 조선에서 총선거를 실시하게 하고 유엔이 만든 조선위원회가 선거가 제대로 시행되는지 시찰하게 한다는 것이었다. 소련은 이 제안에 대항해 두 가지 주장을 내놓았다. 하나는 두 나라 군대가 즉각 철수하고 조선인이 자율적으로 진로를 결정하게 하자는 것, 즉 유엔이 개입하지 말자는 것이었고, 또 하나는 조선 문제를 유엔에서 토론하는 자리에 조선인 대표가 있어야 한다는 것이었다.

많은 유엔 회원국에 대한 미국의 영향력이 크다고는 하지만 그 영향력이 절대적인 것은 아니었다. 미국의 제안이라 하더라도 이치에 맞지 않으면 자국의 명예를 위해서도 맹종할 수는 없었다. 미국이 불합리한 제안을 굳이 강행하려면 찬성을 얻기 위해 뭔가 보상을 내놓아야 할 필요도 있었다.

소련의 즉각 철군과 유엔 불개입 주장에는 회원국들의 공감이 적었다. 미국은 조기 철군의 원칙에는 동의한다, 그러나 그냥 빠져나오기만 해서는 너무 무책임한 것 아니냐, 대책 없는 즉각 철군은 혼란과 무질서를 불러올 것이다, 그러니 최대한 빨리 총선거를 실시해 국가를 세워놓은 다음 철군해야 한다는 주장을 폈다. 프랑스와 인도, 오스트레일리아 등 미국에 다소 비판적인 나라들도 이 점에서는 미국 주장에 동의했다.

그에 비해 당사자 없는 토론이 바람직하지 않다는 주장은 여러 나라의 공감을 일으켰다. 그래서 위원회를 만든 뒤에라도 꼭 조선인과 협의하여 일을 진행해나가도록 한다는 수정안을 미국이 만들지 않을 수 없었던 것이다. 총회에서 여러 나라 대표의 발언이 당시 조선 신문에 보도되었는데, 로물로(Carlos P. Romulo, 1899~1985) 필리핀 대표의 발언 중에 특히 재미있는 대목이 있다.

> "토의에 있어 우리는 솔직하고 정직하게 하자. 소련이 조선을 그에 대한 공격 기지로 사용되는 것을 두려워하고 있다면 소련으로 하여금 그리 말하게 하며 건설적 제의가 조선의 평화적 장래를 보증한 미안(美案)에 대한 수정안을 제출케 하자.
> 소련이 외국의 경제적 지배를 두려워하고 있다면 조선으로 하여금 UN 전 가입국이 일제 시 혹은 이조 말기에 있어 조선인민의 동의 없이 체결된 모든 양보적 조약을 포기하게 할 보증을 제안케 하자.
> 또 그리고 하국(何國)이든지 그 인국(隣國)이 조선을 그 괴뢰국가로 만들까 두려워하고 있다면 그 나라로 하여금 조선의 엄정한 독립을 보증할 제안을 제출케 하자.
> 나는 전 점령군이 조선으로부터 철병함에 만강의 지지를 표하나 이는 질서정연히 행하여지지 않으면 안 된다. 그러하기 위하여 나는 조선인민에게 독립 책무를 담당하기 위한 군대와 세력을 조직할 시간을 주자는 미 안을 지지한다. 소련은 이를 인식하지 않으면 안 된다.
> UN대표 제위는 이 방법에 찬동하지 않는가? 현재 조선은 UN과 세계조직이 직접 해결할 책임이 있는 대상이다. UN이 실패한다면 우리는 전 아시아 대륙이 우리가 가장 두려워하는 전쟁에 이르게 될지도 모를 화근이 될 것이다."
>
> (「북아 관건은 조선, 평화는 미·소의 합의로—비(比) 대표의 연설」, 『서울신문』 1947년 11월 1일)

필리핀 대표 로물로(왼쪽), 소련 외무장관 비신스키, 트루먼 대통령과. 로물로는 1949~1950년에 유엔총회 의장을 지낸 노련한 외교관이었다.

필리핀은 반세기 동안 미국의 식민지와 보호국을 거쳐 1946년 7월 4일 독립한 나라다. 날짜를 유의해보라! 미국 독립기념일에 맞춰 독립을 선포한 나라다. 미국의 입김을 얼마나 받는 나라였을지 가히 짐작할 수 있다.

하지만 언론인 출신의 필리핀 외무장관 로물로의 발언은 그의 솔직한 기질을 보여준 것이기도 하다. 1948년 파리에서 열린 유엔총회장에서 소련 대표 비신스키(Andrey Vyshinsky, 1883~1954)와 이런 말을 주고받았다고 전해진다.

비신스키: 조그만 나라에서 온 조그만 사람이 무슨 큰소리요!

로물로: 못된 골리앗에게 팔매질로 버릇을 가르쳐줄 다윗이 이 세상엔 필요하답니다!

소련 태도를 염두에 둔 로물로의 주장에는 나도 공감한다. 소련이 진정 조선인의 뜻에 따른 조선의 건국을 바란다면, 소련이 바라는 것이 바로 이웃 나라에 적대적 세력이 들어서지 않는 것뿐이라면, 1947년 가을 유엔에서 소련이 내놓은 것과 같은 주장밖에 할 수 없었던 것인가?

두 나라 군대가 진주한 이래 미군에 비해 소련군이 조선인의 민의를 더 존중하고 덜 폭압적인 태도를 취한 것은 사실이다. 그러나 그 '비교우위'가 소련의 대 조선 정책을 몽땅 정당화해줄 수 있는 것은 아니다. 소련의 정책에도 그 나름의 비판이 필요하다.

미소공위 결렬의 일차 책임이 미국에 있다는 사실은 지금까지 살펴본 상황으로 보아 분명하다. 그리고 미국이 조선 문제를 유엔에 가져간 것이 많은 회원국에 대한 자국의 영향력을 믿고 자국이 원하는 방향으로 결정하려는 의도였다는 사실도 이해가 간다. 그런데 그렇다 해서 무조건 즉각 철병을 주장하는 것이 책임 있는 태도인가?

물론 즉각 철병이라 해서 아무런 후속조치 없이 손을 떼겠다는 것은 아니었다. 철병 계획을 먼저 세워놓고 그 안에 취할 수 있는 후속조치를 취하자는 주장이었다. 하지만 취할 수 있는 후속조치 또는 꼭 취해야 할 후속조치를 구체적으로 밝히지 않은 것은 제3자에게 무책임한 것으로 보이지 않을 수 없는 태도였다.

조선인 대표를 먼저 유엔총회에 불러오자는 주장도 그렇다. 미국 측은 대표권을 충분히 가진 대표를 선출해서 불러오려면 몇 달은 걸릴 테니 금년 회기 중에 처리하지 못하게 하려는 소련의 지연전술일 뿐이라고 반박했다. 이에 대해 소련 측이 성의가 있었다면 조선인 대표들을 며칠 내에 불러올 구체적 방법을 제시할 수 있었다. 양쪽 점령군이 몇 사람씩 추천하게 하는 것도 한 방법이었다. 그런데 소련은 표결에서 패할 수밖에 없는 주장만 내놓을 뿐, 조선 문제 심의가 충실하게 되도록 노력하지 않았다.

소련은 조선 문제가 안보리 소관일 수는 있지만 총회 소관이 될 수 없다고 주장했다. 그러나 총회에서 의제로 채택해버린 것을 어떡하나? 의제로 채택된 이상 심의가 제대로 되도록 노력하고, 결정이 내려지면 그 결정의 실행에서 제몫을 이행하는 것이 조선인을 위하는 길이었다. 그런데 소련은 현실성 없는 주장만 하다가 원치 않는 결의안이 나오자 향후 진행을 보이콧한다고 나자빠져버렸다.

미국의 제안으로 유엔이 조선 문제를 관리하게 되고 소련이 이를 보이콧함으로써 분단건국의 조건이 완성되었다. 소련이 '모 아니면 도'로 나온 것은 무슨 까닭일까?

분단건국을 미국만이 아니라 소련도 바라고 있었다는 해석이 가능하다. 미국이 분단건국을 바랐다는 사실은 미소공위 결렬 과정을 봐도 분명하다. 조선 민심의 지지를 얻기 어렵다는 판단 아래 군정을 통해 장악해놓은 남쪽 절반이라도 확보하겠다는 심산이었다.

미국 의도가 너무 두드러져서 소련 의도가 가려지는 감이 있는데, 공산주의 '우방'에 대한 소련의 태도로 미루어볼 때 조선의 분단건국을 선호할 만한 측면이 있었다. 중국공산당을 지원하지 않은 것, 그리스공산당을 배신한 것, 유고슬라비아의 티토(Josip Tito, 1892~1980)를 내치는 것을 보면 스탈린은 동지의식보다 통제력을 중시하는 패권주의 성향을 보였다.

조선에 대해서도 미소공위를 통해 소련에 유리한 방향으로 일이 풀리면 좋지만, 그러지 못하면 북쪽 절반을 확실히 움켜쥐는 편이 낫다고 스탈린은 판단했을 것 같다.

손 하나로는 손뼉을 칠 수 없다. 조선의 분단건국 과정에서는 미국만이 아니라 소련의 역할도 분명히 있었다. 지난 2년 동안 미군에 비해 소련군의 점령정책이 좋은 성과를 많이 거둔 것은 조선의 상황과 조건이 미국보다 소련 쪽에 유리한 데 기본 원인이 있었다. 소련인이 미국인보다 착해서가 아니었다.

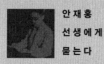

"김구 선생도 불순부정(不純不正)한 우익인가요?"

김기협 | 오늘은 말씀 듣기에 앞서 최근 발표하신 글 「순정우익(純正右翼)의 집결」을 살펴보겠습니다. 해방 다음 달에 내신 「신민족주의와 신민주주의」 이후 처음으로 정치적 입장을 총체적으로 밝히신 글이군요. 2개 절로 된 글 중 뒤쪽 절반을 옮겨놓겠습니다.

> 우익을 끌고 좌우합작에 종사하던 자, 합작 성취치 못한 데서, 당연 순정우익에 집결 웅거하여, 써 천하의 변국에 대기할 것이라고 한 것은, 내가 순정우익의 집결을 논한 전항(前項) 문의(文意)의 주지(主旨)였었다. 이제 더 한 번 이를 논하고, 중앙노선 문제까지도 약간 구명하여둘 필요 있다.
>
> 미소공위는 목하에서 우선 결렬로 보게 된 바이고, 유엔총회의 조선 문제 상정도 그 성과 어찌될는지, 유엔총회에의 조선 문제 상정은 우리의 독립 현안을 국제적 평화공작으로 해결 완성하려는 최후의 기회인만큼 그 귀추 매우 중대할 새, 남조선의 단독 보선(普選)안도 대기 보류된 상태이라, 조선의 정치사회는 바야흐로 그 재편성의 긴급 사태에 맞닥뜨려 있다.
>
> 중간노선이란 그 '중간'의 어구부터 단연 배격의 요(要) 있는 것은 오늘 재론치 말자. 소위 극좌 극우의 편향노선 있음에 비추어 진정 민

주주의노선은 그 상대성에서 당연 중앙노선 되나니, 이 의미에서 중앙노선은 그 어(語)와 의(義) 아울러 가하다.

다만 중앙노선의 노선 됨이, 민족자주노선이요, 독립기본노선이요, 신민주주의의 사회건설의 토대 위에 구축 현현되는 신민족주의노선인 것이며, 이는 실로 비교상대를 모름 짓지 않는 독자적인 민주독립노선인 것이니, 좌와 우를 논할 바 아니다. 다만 세간(世間) 이미 좌익노선이란 자 존속되어 있음에서 민주독립노선이 순정우익 진영으로 규정되는 것이다. 현 순간에 있어 구태여 순정우익을 선양할 의의 없으나, 요컨대 그 본연 고유한 성격에 환원한 형태인 것이다.

1945년 8·15 당시 건국준비위원회 있어 나는 당시 퇴각에 제회(際會)한 일제의 세력이 최후발악적 유혈의 대참극 있을 것을 방지코자, 첫째 공안의 호지(護持), 둘째 모든 현유 세력과 기구-자재-기획-문헌의 보관 관리와, 셋째 해외에 있는 임정 및 혁명적 제 집단의 입국 조정을 기다리는 것 등을 목표로 응분의 노력을 할 것을 그 본령으로 하고, 민족주의자의 주동하에 좌방의 협동적 연합을 함을 의도 및 획책을 하였었다. 그러나 현실은 도리어 이와 전도되고, 종래에는 민족진영 측의 참가 거부조차 있어, 나는 차선(次善)에 나와서 '건준'을 스스로 이탈하였다.

따로이 국민당을 일으킨 것은, 순정한 우익 즉 전(全) 야전(野戰)에서의 중앙노선이었었다. 우남 이 박사를 맞이하여 독립촉성중앙협의회를 조직할 때와, 충칭 임정을 맞이하여 비상정치회의를 협력함에 있어, 또한 민족주의자 그 다수 주동이 되고 좌방 이에 협력적 참가를 상망(想望)하여, '비율'을 문제 삼지 말기를 요청하였으나, 좌방 소위 5 대 5를 고집하여 필경 성취치 않았다.

그동안 탁치안이 나와 천하의 물정 소연한 중에, 혹 4당 공동 코뮈니

케를 만들고 하는 중에서도, 나는 항상 반탁투쟁의 선두에 섰었다. 그리고 비상국민회의를 주비함에 임하여 오히려 좌와의 협력을 역설하였으나, 좌 이에 난제 있어 결렬되었다. 이즈음에 나는 좌와의 협동계획을 한동안 중단하고 우익 즉 민족주의 진영만의 연합으로 스스로 위력을 보임에서, 좌방도 조만 다시 협동을 재요구하게 될 것을 기대하기로 하였다.

제1차 미소공위 열리었으되 무위로 결렬되고, 국제세력하에 거대하게 제약되는 조국과 민족의 현세 안여(晏如) 좌시할 수 없는 차에, 좌의 일부에서도 그 요구 있었고, 민주의원 및 비상국민회의 상임위원회에서 좌우합작의 논(論) 있어, 찬부 효효(囂囂)한 중에 원의(院議) 50만의 지출로 그 비용에 자(資)함 있어, 김규식 박사와 함께 합작노선 선양에까지 갔었다.

이후 남조선과도입법의원 되고, 또다시 미소공위의 1년 만의 속개 있었으나, 회의적 희망관 그것과 한 가지, 공위의 사업은 또 무위로 그친 사태이다. 반탁 1건을 싸고서 세간 상응한 잡음 부동(浮動)함 있으나, 반탁의 의도, 즉 자주독립의 의도는 이미 일반 민족대중에게 침투 관흡(貫洽)되어 있으니, 소위 기술적 반탁공작으로써 수립된 민주주의 통일정부를 통하여, 하루빨리 혼미하는 대중을 민족독립국가에로 구제하자는 것이, 나의 주장이었다. 이 주장, 이 의도, 거연(居然) 바꿀 줄이 없다.

요는 변동되는 대국에 어떻게 독자적인 진정 민주주의=신민주주의 진영을 확립하고 염연(厭然) 관망하는 부동적인 민중까지를 고동(鼓動) 감분(感奮)케 하여, 써 민주독립 전취의 결전장에까지 집결 매진케 하는가에 있다. 일진일퇴 일개일합하면서, 민족해방과 민족독립국가 완성을 염념 추구하는 것은, 전 천고 후 천고 다 비켜놓고 이 시대에 조선인으로 태어난 오등 생존하여 있는 민족대중의 공동한 사명인 것이다. 이 사명을 정통적으로 부하할 자 즉 순정우익인 것이다. 그러므로 이에 다시 일언(一言)한 소이이다. (『한성』 1947년 10월: 『민세 안재홍 선집 2』, 210~213쪽)

민정장관을 맡고 있는 입장에서 개인의 정치적 견해 밝히는 일을 무척 조심하시는 터에 이 글을 내놓은 것은 각별히 절실한 필요 때문이시겠지요. 그 절실한 필요가 무엇인지 먼저 설명해주시지요.

안재홍 | 나는 지금의 과도정부를 대표하는 위치에서 개인 의견을 앞세우지 않으려 무척 조심해왔습니다. 그런데 최근 민의 발현이 제대로 되지 못하는 상황이 오랫동안 계속되고, 갈수록 심해지고 있어요. '신탁통치 반대'만 하더라도, 운동 초기부터 내가 열심히 역할을 맡아온 일인데, 지금은 원래의 뜻에서 벗어나 민의를 분열시키는 구실이 되어 있습니다.

그런데 지금 외부 사정에 큰 변화가 일어나고 있지요. 그동안 3상회의와 미소공위에 독립건국의 희망을 걸어놓고 있었는데, 미소공위는 이제 물 건너가고 유엔총회로 무대가 옮겨졌습니다. 미국과 소련도 조선 사정을 잘 알지 못해 어려움이 많았는데, 그 두 나라만큼도 조선 사정을 알지 못하는 나라들의 결정을 바라보게 되었습니다. 조선인의 뜻을 정말 잘 발현하지 않으면 좋은 결과를 바라보기 힘든 형편입니다.

극좌와 극우의 행태를 많은 사람이 비판하는데, 잘못의 비판보다 중요한 것이 바른 길을 보여주는 것입니다. 나는 누구보다 먼저 민족주의자를 자처하는 사람들이 바른 길을 찾는 것이 중요한 일이라고 생각합니다. 그래서 '민족주의자의 바른 길'로서 '순정우익'을 제창하는 것입니다. 내 마음에서 나온 생각이기는 하지만 모든 민족주의자 동지들이 함께 생각할 길이라는 점에서 개인 입장에 얽매이는 것이 아닙니다.

김기협 | '순정(純正)'이란 표현은 '불순부정(不純不正)'의 존재를 전제로 하는 것 같습니다. 짐작이 가기는 하는데, '불순부정 우익'이 어떤 것인지 설명해주시겠습니까?

안재홍 | 꼭 상대적 의미로 받아들여야 하는 것은 아닙니다. 민족주의라는 것이 원래 순정해야 하는 것입니다. 순정하지 못한 민족주의가 인류 평화에 해를 끼치고 이웃과 자기 자신 모두에게 고통을 준다는 사실을 근세의 역사가 보여주지 않습니까? 불순부정한 민족주의는 진정한 민족주의가 아니라 가면을 쓴 제국주의와 패권주의입니다.

반탁운동을 예로 들죠. 독립 능력 있는 민족을 신탁통치로 묶어놓겠다는 데 항의하는 것은 지당한 일입니다. 하지만 말로만 항의하는 것은 올바른 반대가 아니죠. 좌우합작으로 민족의 통일을 굳힘으로써 독립 능력을 키우는 노력 없는 반탁 독립운동은 진정한 독립을 가져올 수 없습니다. 한 개인이 권리만이 아니라 책임도 느껴야 올바른 사람 노릇 할 수 있는 것처럼, 한 민족도 권리만 주장해서는 올바른 민족주의가 될 수 없는 것이죠.

나는 순정한 사람이고 누구는 불순부정한 사람이라고 몰아붙일 생각 없습니다. 그러나 인물은 그 행동으로 평가받는 것입니다. 김구 선생이 위대한 민족주의자라는 데 이의를 가진 사람이 없겠지만, 그분의 반탁운동이 미소공위 외면이나 방해로 나간다면 순정우익의 길을 벗어나는 것입니다. 나는 국민당을 바쳐 그분을 모시며 그분의 일탈을 막기 위해 최선을 다했으나 결국 그분을 끝까지 따를 수 없었습니다. 순정우익의 길을 걷기 위해 그분을 떠나야 한다면 떠나지 않을 수 없다는 것이 내 생각입니다.

김기협 | 상대적 의미라면 '중간파'라는 말이 더 뚜렷하죠. '중간'을 '좌와 우' 양쪽의 중간이라고 해석하는 사람들도 있죠. 그런 해석으로는 '중간파'라는 것이 하나의 이념으로 존재할 수 없지 않습니까? 그래서 기회주의자니 회색주의자니 하는 비난도 나옵니다.

그런데 선생님께서는 '중간'이 극좌와 극우의 편향을 피한다는 뜻이며 '중앙'이라는 말이 더 적절하다고 말씀하십니다. 편향성과 대비되는 상대적 의미에서 '중앙노선'이 곧 민족자주노선이요, 독립 기본노선이라는 주장입니다. 좌와 우의 선택은 주관이 개입할 수 있는 취향의 문제인 반면 편향성은 오류를 품은 것이고 그 오류를 극복해서 중앙노선을 세우는 것은 당위의 문제라는 것이죠. 이 점을 좀 더 자세히 설명해주시겠습니까?

안재홍 | 그렇습니다. 해방된 우리 민족의 가장 큰 과제가 민주주의와 민족주의의 실현입니다. 민주주의를 중시하는 쪽이 좌익, 민족주의를 앞세우는 쪽이 우익이죠. 제대로 된 좌익은 민족주의를 인정하고 올바른 우익은 민주주의를 존중합니다. 어느 쪽을 더 중시하고 앞세우느냐 하는 차이가 있을 뿐이죠.

나는 민족주의와 민주주의가 결합될 수 있는 것이고, 결합될 때라야 진정한 민주주의, 올바른 민족주의가 실현되는 것이라고 믿습니다. 그런데 일본의 패망으로 해방을 맞은 지금 상황에서는 민족주의가 인민의 마음에 더 분명히 나타나 있고, 따라서 민족주의를 앞세우는 것이 민주주의 성취를 위해서도 더 순탄한 길이 된다고 생각합니다. 이 점에서 나랑 다른 판단으로 민주주의를 앞세워야 한다고 주장하는 분이 있다면 얼마든지 존중해드리면서 타협과 합작의 길을 찾을 수 있습니다.

극좌와 극우는 이런 타협과 합작의 범위를 벗어나는 주장입니다. 상대방을 이기기만 하면 모든 것을 자기네 마음대로 할 수 있다는 믿음으로 '성공'보다 '승리'만을 바라보는 자세죠. 민주주의의 진정한 실현을 바라는 좌익도 민족주의의 진정한 실현을 바라는 우익도 갈 수 없는 길입니다.

이처럼 건실하지 못한 자세가 크게 유행하는 것은 외세에 의존하기 때문입니다. 소련의 힘을 업거나 미국의 힘을 빌리면 민심을 통합하지 않더라도 권력을 장악할 수 있다는 믿음입니다. 극좌도 극우도 '민족자주노선'과 거리가 먼 것이죠. 미·소의 점령 상태 때문에 이런 풍조가 일어난 것인데, 이 풍조를 극복하는 것이 무엇보다 우리의 급선무입니다.

김기협 | 극좌와 극우의 외세의존 성향에 대해서는 김규식 선생도 금년 신년사에서 지적한 말씀이 있었죠.

> 일부 노선은 국제에 있어서 친소 및 반미의 행동을 취하는 동시에 국내에 있어서 자기네의 독점정권의 수립을 기도하였다고 평하는 이가 있으며, 또 일부 노선은 친미반소의 행동을 취하고 동시에 국내에 있어서 일부 독점정권의 수립을 몽상한다고 비판하는 이도 있습니다. (…) 이 두 노선은 (…) 우리 민족의 자주적 입장을 망각한 것이며,

민족적 통일 단결을 파괴하는 것이며, 미·소 양국의 조선에 관한 진정한 협조를 방해하는 것입니다.

(「합작 원칙 노선에-연두 소감 김규식」, 『조선일보』 1947년 1월 4일; 『한국현대민족운동연구』, 571쪽에서 재인용)

선생님께서 중앙노선이 '민족자주노선'이라는 말씀을 하시니까 최근 결성 움직임을 시작한 (1947년 10월 4일, 8일 준비위원회 개최) '민족자주연맹' 생각이 납니다. 합작위의 발전적 해소를 전제로 한 이 움직임이 김규식 선생을 준비위원장으로 앞세우고 두 차례 회의를 군정청(중앙청) 회의실에서 연 것으로 보아 미군정 측의 엄호도 있는 것 같습니다. 그리고 참여 범위도 합작위보다 확연히 넓어지는 것 같고요. 홍명희(洪命熹, 1888~1968) 선생의 참여가 특히 눈길을 끕니다. 그 전망을 어떻게 보시는가요? 선생님의 이번 글도 이 움직임에 고무된 것 아닌가요?

안재홍 | 미소공위의 이번 파탄을 보며 모든 민족주의자가 위기의식을 단단히 느끼고 있습니다. 조선 문제가 유엔총회로 넘어갔다는데, 조선이 어떤 나라인지 잘 알지도 못하는 나라들 결정에 맡긴다니, 미소공위보다도 어려운 길이 될 것이 분명합니다. 유엔총회에서는 미국의 영향력이 매우 크다고 하는데, 소련이 순순히 받아들일 것 같지도 않고요.

합작위가 출범하던 작년 여름에는 상당수 민족주의자가 한민당에도 몸담고 있었죠. 그런데 그 후의 사태 진행 앞에 민족주의자들은 갈수록 불안해졌습니다. 좌익은 지하운동에 쏠리고, 이승만 박사와 한민당은 단독정부도 불사한다는 태도를 노골화해왔습니다. 홍명희 씨 같은 분도 합작위에 대한 부분적으로 비판적인 시각을 접어놓게 되었습니다.

민족자주연맹이 진정한 민족주의자를 모두 결집시킬 것을 나는 기대합니다. 아직 섣부른 말씀일지 모르겠지만, 김구 선생도 드디어 올바른 민족주의자의 길로 돌아올 계기가 될 수 있지 않을까 하는 생각까지 합니다. 이승만 박사와 더는 길을 함께할 수 없다는 사실을 이제는 깨달으실 때가 되었다고 믿습니다.

해방의 시공간

일지로 보는 1947년 10월

10월

- 2일 부산-홍콩 간 정기항로 개설
- 8일 민정장관 안재홍, 추곡수집 등 당면문제에 대해 기자회견
- 9일 조선어학회 주최 한글반포 502주년 기념 및 조선말큰사전 발행식
- 10일 상무부 무역국장 최만희 수뢰혐의로 입건
- 14일 독촉, UN총회 대책국민대회서 이승만 파견 결의
- 17일 유엔 미국 대표 덜레스, 조선에 관한 미국의 결의안 언명
- 18일 미소공동위원회 제62차 본회의 개최
- 20일 상무부장과 농무부장, 전력공급 문제 협의차 평양행
- 23일 헬믹, 미곡수집 보수 등 제반 당면문제 기자회견
- 26일 경기도, 미곡반입 취체를 악용한 모리배의 준동 경고
- 28일 UN정치위원회에 조선 문제 상정 토의
- 29일 중앙식량행정처, 각 도 하곡 수집성적 발표
- 30일 조선 문제에 대한 유엔 각국 대표의 발언

3

38선을 굳힌 것은 누구였던가?

1947년 11월 2 ~ 30일

1947년 라이프가 찍은 한강 모습.

1947. 11. 2.

38선 이야기 (1) 30분 만에 그어진 38선, 정말인가?

강준만의 『한국현대사산책 1940년대편 1』(인물과사상사 2006)에는 「30분 만에 그어진 38선」이란 절이 있다. 일본 항복에 임해 조선 분할점령 방침이 너무나 급하게, 그리고 너무나 쉽게 결정된 사실을 지적한 것이다.

38선이 1945년 7월 포츠담에서, 또는 더 앞서 1945년 2월 얄타에서 연합국 사이에 합의되어 있었다는 풍설이 38선 출현 후 나돌았지만 지금까지 그를 뒷받침하는 증거가 나타나지 않는다. 이치상으로 보더라도, 조선의 분단점령은 일본제국 뒤처리의 한 부분이었으므로 다른 부분과 관계없이 별도로 합의되었을 리가 없다. 강준만이 위 책 45~48쪽에서 설명한 대로 8월 10일 일본이 항복 의사를 알려온 직후 미국 실무자들이 부랴부랴 만들어 미국 고위층의 재가를 얻은 다음 소련의 동의를 받은 것이 사실로 보인다. 1945년 8월 10일자 일기에서 나도 같은 관점을 따랐다.

38선이 부랴부랴 만들어졌다는 사실은 직선으로 쫙 그었다는 점에서도 충분히 짐작되는 것이다. 경계선에는 자연적인 것과 인공적인 것이 있다. 자연적 경계선은 강과 바다, 산악 등 교통을 가로막는 지형물을 기준으로 하는 것이 보통이다. 지형과 관계없이 직선을 쫙 그어 이

"여기가 바로 북위 38도00분00초. FA OBSN BN 1사단이 측량한 좌표"라고 적혀 있는 38선 표지판. 남북의 경계선을 직선으로 쫙 긋지 않고 지형에 따라 합리적으로 그었다면 전쟁의 위험도 조금이나마 더 작았을 것이다.

쪽과 저쪽을 구분하는 것은 인공적 경계선이다. 인공적 경계선은 인구가 극히 희박한 지역에서, 또는 정복자가 현지 사정에 별 신경 쓰지 않고 식민지를 만들 때 그어진다.

1945년 7월에 미국 육군 작전국에서 조선 분할점령 계획안을 만들었다는 이야기가 있다(『위키백과』「한반도 분」). 미국은 경기, 강원, 충북, 경상남북을, 소련은 함경남북을, 영국은 평안남북과 황해를, 중국은 충남과 전라남북을 각각 점령한다는 것이다. 38선에 비하면 이것이 현지 사정을 배려하는 안이다. 자연적 경계선을 존중하는 것이니까.

미·소 두 나라 사이의 분할점령 방침은 7월 하순에 포츠담에서 결정된 것으로 보인다. 7월 하순에는 일본이 몇 주일 내에 항복할 것이라는 전망이 확실치 않았다. 조선을 두 나라가 대등하게 분할해서 점령한다는 기본방침만 정상회담에서 세워놓고 구체적 방법은 차츰 실무자 선에서 결정하도록 하였을 것이다.

그런데 예상 외로 일본이 빨리 항복했다. 미국 쪽에서 38선으로 초안을 만들어 보냈을 때 소련 측은 어떤 기대를 하고 있었을까? 상식적 기대치는 경기도와 강원도를 모두 미군 점령지역으로, 황해도는 모두 소련군 점령지역으로 하는 것이었으리라. 인구가 남쪽에 많게 되고 서울이 남쪽에 들어가게 되겠지만 면적은 북쪽이 훨씬 더 넓다. 그런데 38선으로 경계를 삼으면 황해도에서 남쪽으로 들어오는 지역보다 경기도와 강원도에서 북쪽으로 들어가는 지역 면적이 훨씬 더 넓다. 소련 측이 반대할 이유가 없었을 것이다.

분할점령의 공식적 목적은 일본의 항복을 접수하는 것이었다. 그것이 사실이라면 일본의 행정구역에 맞춰 도 단위로 경계선을 그어야 할 것이었다. 점령지역 경계선을 무시하게 직선으로 쫙 그은 사실에서부터 두 나라가(적어도 초안을 만든 미국은) 공식적 목적 외에 영향권을 확보하려는 속셈을 갖고 있었다는 사실이 드러난다.

그토록 쉽게 그어진 경계선이 조선인에게는 어떤 영향을 미쳤는가? 분단건국에 이르고 전쟁을 몰고 온 것은 38선 자체의 죄가 아니다. 38선을 만들게 한 국제관계에서 원인을 찾아야 한다. 그런 근본적 문제 이전에 38선의 존재가 해방공간에서 조선인의 생활과 활동에 어떤 실제적 문제를 일으켰는지도 따져볼 필요가 있다. 많은 사람이 어떤 고통을 겪었는지 세세히 살펴보기는 힘든 일인데, 우선 38선 자체가 어떤 상황을 겪었는지 1945년 9월 이후 변화의 윤곽을 더듬어보겠다.

미군이 진주 직후 38선을 어떻게 관리할지 지침을 갖지 못하고 있던 상황을 하지 사령관의 1945년 9월 18일 담화문 중 아래 내용에서 알아볼 수 있다.

> "북위 38도를 중심하여 북은 소련이 남은 미군이 각각 진주해 있는데 이 사실이 언제까지 계속될는지 나 자신도 알 수 없다. 이 문제를

나 자신이 모르는 만큼 이를 대답할 수 없으며 군문에 있는 나보다는 미국 워싱턴 외무성에 직접 관계되고 있으므로 태평양 방면에서 역전을 한 사람은 이를 알 수 없다. 그렇다고 이 문제를 등한히 하는 것은 아니며 조선의 사정을 잘 살피어 매일같이 상부에 보고하고 있으므로 그 대책과 언제 이 현상이 해제되리라는 것은 불원에 알려질 것이다. 그러나 이 문제를 국부적으로 절충해보려고 금 18일 조에도 우리 미군 측에서 장교가 평양에 있는 소련 측 장교를 만나러 떠났다. 문제가 이같이 되었으므로 흔히 질문 받는 조선의 자주독립 시기 같은 것도 확언을 못하는 것이 이 까닭이다."

(「하지, 38선·통화팽창·물가고 등 당면문제 대책에 대해 회견」, 『매일신보』 1945년 9월 18일)

그 무렵 조선인이 38선 건너다니는 것을 미군정이 금지하지는 않았으나 삼가기를 바랐다는 사실을 아래 두 기사에서 알아볼 수 있다.

북위 38도 이북으로 여행하는 것은 여러 가지 정세로 보아 가장 불리한 일인데 이에 대하여 군정청에서는 일반의 주의를 환기하고 있다. 즉 일부에서는 38도 이북으로 여행하는 사람에게 미국군정청으로부터 패스를 내준다고 하는 소문이 있으나 이는 전혀 근거 없는 말이고 이후로 그러한 조직을 할지 모르나 하여간 이 지역으로 여행하는 것은 절대 삼가지 않으면 안 될 것이다.

(「군정청, 38선 이북 여행에 관해 일반의 주의 환기」, 『매일신보』 1945년 9월 22일)

북위 38도를 사이에 두고 그 이남으로부터 그 이북으로 가는 교통문제는 자못 힘든 문제로 되어 있으며 마치 외국 가는 것 이상으로 되어 있어 이래서는 절대로 여행을 못 가는 것같이 생각하는 것에 대하여 군정청에서는 다음과 같이 말한다.

"북위 38도 이북으로 가는 데에는 미국군정청 발행의 패스가 있어야 한다고 전해지고 있으나 아직은 이러한 것을 발행하지 않고 있다. 따라서 38도 이북으로 여행하지 말라는 것은 아니요, 다만 우리 미국 군인에게 대해서만 이를 금지하고 있다. 그러므로 조선인 측에서 이리로 여행하는 것은 우리가 금하지는 않으니까 갈 수 있으면 가도 좋을 것이다. 다만 소련 측이 점령하고 있는 38도 이북이므로 현재 철도편이 원상대로 회복되기만 우리는 방금 절충하는 중이다."

(「군정청, 일반인의 38선 여행은 자유라고 발표」, 『매일신보』 1945년 9월 25일)

38선의 존재가 일으키는 실제적 문제는 날이 갈수록 커질 수밖에 없었다. 10월 25일 미 국무성의 발표에서는 "연합국 각국 참모총장은 작전을 용이하게 하기 위하여 38도선 분할에 찬성한 것인데 정치적 고려는 일절 포함되어 있지 않"으며, "소련군은 북조선, 미군은 남조선에 있는 일본군의 무장해제 임무에 당할 것을 결정했을 뿐"임을 확인하고 "포츠담의 3개국 회담에서 정치적 이유에 기하여 결정되었던 것이 아닌가?" 하는 기자 질문에 그렇지 않음을 확인했다(『자유신문』 1945년 10월 27일). 뒤이어 미국과 소련 양국이 점령한 조선의 북위 38도 경계선 철폐 문제에 관하여 관계국 간에서 교섭이 진행 중이라고 미국 국무성이 발표했다는 소식이 UP통신을 통해 전해졌다(『매일신보』 1945년 11월 8일).

미·소의 교섭 사실은 며칠 후 하지 사령관의 성명으로도 밝혀졌다.

"일전 미국 국무성에서는 조선을 미·소 양 지대로 분할하게 된 원인을 재차 설명하였다. 즉 일본 항복 당시 일본군대의 배치로 인하여 연합국은 맥아더 대장을 통하여 북위 38도 이북의 일본군은 소군에, 이남의 일본군은 미군에 각각 항복하라고 지령하였다. 조선의 분할은 일시적이요 일본군 항복에 대한 책임을 지우기 위하여 결정될 것으로 생각되었다. 그렇다 하더라도 미국 정부는 일시적인 분할이 조선 통일상 상당한 영향이 있을 것이라고 생각하였다. 따라서 미국 정부는 나에게 소련군사령관과 협의하여 조선이 양국을 관리함으로써 인한 모든 곤란과 불편을 해결할 전권을 위임하였다. 이러한 국부적 협의는 소련군사령관이 혹은 나와 같은 전권을 가지지 않았을지도 모르기 때문에 여하한 결과도 얻지 못하였다. 그래서 미국 정부는 소련 정부와 모스크바에서 협의를 시작하였다. 협의할 문제는 통신의 개시, 조선 경제생활의 통일, 양 지대 간의 물자교환, 자유로운 왕래 등이다. 나는 이러한 협의가 성공하여 조선인이 이 부자연한 분열로 인하여 받고 있는 불편과 곤란이 가급적 속히 제거되기를 바란다."

(「하지, 38선 철폐문제로 미·소 간 협의진행 중임을 성명」,
『매일신보』 1945년 11월 27일)

그러나 12월에 열린 모스크바 3상회의에서도 38선에 대한 구체적 조치는 나오지 않고 미소공위에 맡겨졌다. 해를 넘기고 미소공위 개시를 기다리는 시점에서 38선 장벽의 존재를 단적으로 보여주는 것이 우편물 문제였다.

문제의 38선은 과연 어느 때나 터질까. 사람의 왕래는 물론 편지조차 한 나라 안에서 못 보내는 심사야 어떠하랴. 이제는 외국이 된 일본에도 편지가 왕래되고 있는데 우리 국내에서 편지가 왜 통하지 못할까. 현재 서울중앙우편국에 쌓여 있는 38이북 5도에 보낼 우편물은 실로 산더미 같다. 보통우편이 80만 통, 서류우편이 1만 5,000통, 이 많은 우편물이 지금 창고 속에서 잠을 자고 있는 것이다. 그렇건만 매일 각 지방국으로부터 모여드는 38이북행 편지는 매일 200~300 통씩 쇄도하고 있어 그 정리만을 하면서 개통될 날을 기다리고 있다.

(「북쪽으로 갈 우편물 산적, 갈 길 잃은 청오(靑烏) 80만」, 『동아일보』 1946년 2월 18일)

미소공위를 시작하면서 제일 먼저 취한 조치가 우편물 교환이었다.

지난 1월 16일부터 3월 5일까지 3주간 서울에서 열린 미·소공동회담에 3,000만 민족이 기대하였던 38도선 장벽 철폐는 결국 헛된 기대였고 다만 한 가지 선물로서 3월 15일 개성에서 우편물의 교환이 실시되었을 뿐이다. 이날 오전 10시 개성역 구내에서 양쪽 대표가 가지고 온 우편물들은 남조선 측을 대표한 체신국 통신과 보좌관 파이첼 대위와 동 우무계 김선유 외 수인, 북조선 측으로부터 소군 대표 물유규인 중위와 북조선 체신국원 이두경 외 철도우편국원 2명으로 된 양측 책임자들의 입회하에 드디어 교환이 시작되었는데 38도 이남에서 이북으로 가는 우편물은 기보한 바와 같이 1·2종 우편물이 30만 통이고 서류가 1만 통이다. 그리고 이북에서 이남으로 오는 것은 평양우편국 관내의 것만 수집된 것으로 1·2종 우편물이 겨우 1만 통이고 서류는 250통이다. 또 행낭은 이북에 가는 것이 157개인데 이남으로 오는 것은 단 4개에 불과하였다. 그리고 동 우편물 교환을 하는 데 있어서 양 대표 간에 교환협정서를 조인하였는데 그 조문 내용은 (…)

(「교환물 32만 통, 38남북 우편교환 개시」, 『조선일보』 1946년 3월 16일)

남북 간 우편물 교환은 대략 2주에 1회씩 행해졌는데, 1946년 7월 26일 콜레라 유행으로 교환을 중단한다는 보도가 있었지만 1947년 1월 11일 제20회 우편물 교환이 행해졌다는 보도로 보아 금세 재개되어 꾸준히 계속된 것으로 보인다.

> 북조선과의 우편물 제20회 교환은 1월 11일 북조선 여현역에서 교환되었는데 앞으로 매달 제2·제4 토요일에 여현역에서 교환되리라 한다.
>
> (「여현역서 교환 금후 남북 우편물」, 『경향신문』 1947년 1월 15일)

1946년 5월 초 미소공위가 무기정회에 들어가자 미군정은 38선 봉쇄에 나섰다. 억압적 조치를 취할 때마다 미군정은 소련 측이 만든 문제 때문이라고 변명하는 버릇이 있었는데, 이 조치에 대해서는 아무 변명이 없는 것으로 보아 미군정 측의 일방적 조치로 이해된다. 이 조치를 강행하기 위한 경찰망의 확충도 뒤를 이었다.

> 군정장관의 특별허가 없이 38도선을 통하여 여행할 수 없다고 23일 외무처에서는 이러한 여행을 하는 사람들에게 주의를 환기하였다. 이 정책에 인하여 조선인은 경계선 통과 허가를 얻으려고 경계선 지방을 여행하여도 무익할뿐더러 이러한 기도는 그 지방의 조선인과 군정후생기관에 불필요한 번무를 줄일 것이다. 외무처에서는 38도선 통과가 가능하게 되면 일반에게 공포할 것이다.
>
> (「국경화하는 38선」, 『동아일보』 1946년 5월 24일)

> 38선은 국경 아닌 국경으로 갖은 희비극을 연출하고 또한 갖은 범죄

가 발생하므로 이 범죄의 근절과 치안의 확보를 기하고자 군정청·경무부에서는 38선 연로에 경찰망을 확충하고자 연구 계획 중이다. 이 방침에 따라 경기도경찰부에서는 38도 경계선을 중심으로 경찰망을 강화하여 남조선 내 치안유지에 유감없도록 현재 38선을 담당하고 있는 옹진·장단·포천 지역을 중심으로 각처 요소요소에 지서를 설치할 계획을 세우고 이에 대하여 방금 준비 중이다.

(「범죄 도량(跳梁)의 삼팔선」, 『동아일보』 1946년 6월 7일)

사람의 통행을 막으면서 물자의 통행도 막은 것은 물론이다. 남북의 인구 조밀지역이 맞닿아 있는 황해도-경기도 앞바다에서는 밀수가 성행하는 한편 꼭 38선을 넘어야 할 사람들은 큰돈을 내고 배를 탔다. 절박한 사람들 중에는 만주 지역으로부터 귀국길에 오른 일본인들도 있었다. 해적 행위도 만연했다. 해적 행위에 관해서는 1946년 9월 2일자 일기에도 적은 일이 있다.

불법 해상무역은 군정당국으로부터 금지되어 취체하고 있거니와 해안선을 이용하여 38도 이북으로부터 넘어오는 비밀선에 대해서도 역시 취체를 하고 있다.

즉 38선의 육로교통이 두절된 황해도와 강원도 연안 일대에는 매일 수많은 선박이 감시의 눈을 피하여 가며 선객과 화물을 싣고 들어오고 있으므로 관계당국인 무역국 외무처 해사국 경무부에서는 관계관을 각각 현지에 파견하여 단속을 하고 있는데 이들 위반자의 대부분은 모리를 목적으로 물건을 싣고 오고 가는 사람들이고 그 외는 전재민과 남조선으로 영주하러 오는 사람들이라 한다.

그리고 당국에서는 모리배들의 선박과 물건은 압수하는데 압수물품

중 통제품은 물자영단을 통하여 배급하며 그 외 물품은 자유처분한다고 한다. 그리고 모리배 외의 일반 전재민과 남조선으로 영주코자 넘어오는 사람들의 생활밑천으로 가져오는 물건에 대해서는 관대한 처분을 하리라 한다.

(「해로 38선 넘는 모리배, 선박과 상품압수, 통제품은 배급」, 『조선일보』 1946년 8월 9일)

일본이 패전으로 투항하자 만주에 흩어져 있던 일본인들은 신의주 산동현 일대에 집결되어 있다는데 그 수는 약 6만가량이라고 하며, 그들은 패전국민의 쓰디쓴 고초를 맛보며 어언 1년간이나 지내오더니 최근에는 앞으로 38이북의 엄동이 무서운지 밀항선을 타고 인천항에 들어오는 자들이 매일같이 계속되고 있다. 돈에 어두워 엄청나게 많은 돈을 받고 그들을 수송하는 악질 모리배들의 암약은 적이 한심스러운 일이라 아니할 수 없다. (…)

(「일인들 육속(陸續) 상륙, 만주서 밀선 타고 인천에」, 『서울신문』, 1946년 9월 12일)

생필품에 대한 통제는 심하지 않았다고 하지만, 통제를 맡고 있던 경찰의 횡포는 피할 수 없는 일이었다.

38경계선 길목을 통하여 남선에서 북선으로 나가는 물자는 엄금하되 들어오는 물자는 묵인하고 있는 것이 현재 남조선 측 삼팔선 경계의 상례이다. 10여 일 전부터 경기도 포천 경계선에서는 관할경찰서인 포천경찰서에서 무슨 연고인지 들어오는 물자를 일체 압수하고 있어 요즈음 경기도민, 특히 서울시민의 필수품인 장작, 숯, 동태 등 한창 풍성하게 들어오는 물자가 일체 들어올 길이 없어져서 직접·간접으

북에서 남으로 이동하는 가족을 미군 병사가 지켜보고 있다. 남쪽을 향하는 팻말 내용은 영문으로, 북쪽을 가리키는 팻말 내용은 러시아어로 적혀 있다.

로 대중의 살림살이에 적지 않은 지장을 주고 있는 모양이다. 이에 관하여 제일경무총감 장택상은 다음과 같이 언명하였다. "포천경찰서에 조회해보고 만일 사실이라면 즉시 들어오는 물자는 묵인하도록 선처할 생각이다."

(「이북에서 오는 물자 경찰 압수는 부당-장 총감이 언명」, 『조선일보』 1946년 12월 18일)

1947년 4월에는 미군정이 월경자를 모두 체포하는 방침을 세웠다. 조선인의 왕래를 미군정이 통제하지 않는다던 진주 직후의 원칙은 사라져버렸다. 군사적 목적으로 일시적 편의를 위해 만들었던 경계선을 이제 국경처럼 여기게 된 것이다.

경무부에서는 4월 18일부터 미 주둔군사령관 하지 중장의 명령에 의하여 38선 이북 지역으로부터 이남 지역으로 넘어오는 사람은 어떠한 사람을 막론하고 즉시 체포하여 다음과 같이 조치하기로 되었다 한다.

1. 국적 여하를 막론하고 38선 경계선을 넘어 남조선에 넘어오는 자

는 즉시 체포하여 미군으로부터의 신분조사와 방역검사를 실시하기 위하여 개성, 춘천, 의정부, 강릉 등 지정 수용소에 수용할 것.
2. 경찰은 전기 수용소 설치지점의 배후 약간 지점에 편리상 필요한 집합소를 설치할 것.
3. 경찰은 전기 집합소에 집합된 인원을 편리상 일정 기간별로써 상기 해당 수용소에 인도할 것.

(「38월경 남하자」, 『경향신문』, 1947년 4월 20일)

38선 접경에 수용소를 설치하고 이북에서 넘어오는 사람은 어느 나라 사람을 물론하고 일단 수용하였다가 방역과 신분조사가 끝나야만 내놓고 있는데 보건후생부 발표로 4월 24일 현재의 수용인원을 보면 수용소 10개소 중 동두천 1,091명, 청단 538명, 토성 643명으로 3개소에만 2,273명에 달한다고 한다.

(「38월경 수용자 수 3개소에만 2,000여 명」, 『경향신문』 1947년 4월 30일)

미소공위가 재개되면 38선도 터지고 통일국가를 이룰 수 있으리라 하여 크게 기대하고 있는데 이와는 별개로 38선의 장벽을 넘어오는 사람들로 하여금 이주민증, 기차무임승차권, 적정 배치, 정세 조사 등을 하기 위해서 외무처에서는 춘천, 주문진, 의정부, 개성 등 4개소에 외무처 출장소를 설치하고 직원 1인씩을 주재케 하기로 되어 오는 7일경에 부임하리라 한다.

(「38선 4처에 외무부서 출장소」, 『서울신문』 1947년 5월 6일)

1947년 5월 7일자 『조선일보』에는 월경하는 사람들에 관한 큰 기사가 실렸다. 정확하지 않은 사실도 들어 있지만, 전체적 상황을 살펴보는 데 도움이 된다.

미·소 양군의 분할점령으로 생겨난 38선은 해방 후 이미 2년을 경과한 오늘에 이르러서도 여전히 우리 동포들의 왕래를 거부하고 있으나 이 선이 생겨난 이래 경계의 눈을 피해가며 비밀 월경을 하는 동포는 연일 끊일 사이가 없으니 어떠한 사람들이 어떻게 다니고 있는 것인가?

지난겨울에는 월경하는 사람들의·반수 이상이 북쪽으로 가는 사람이던 것이 금년 봄에 들어서는 갑자기 북쪽에서 남쪽에 넘어오는 사람이 나날이 늘어가고 있다. 지난 4일 토해선 청단에 있는 경찰지서 통계에 의하면 하루 동안에 북쪽으로 넘어간 사람의 수효는 37명이고 이남으로 넘어온 수효는 547명으로 되어 있으나 이것은 경찰을 통과한 것만으로 본 숫자이므로 같은 청단을 통과한 사람 중에 경찰을 거치지 않고 오는 사람이 대부분이요 38선 600여 리나 되는 전선을 타고 이곳저곳이 모두 월경 코스로 되어 있으니 전부를 합한다면 매일 남쪽으로 넘어오는 동포의 수는 실로 수천에 달할 것이다.

전에는 남북 물가의 차이가 심하여 위험을 무릅쓰고 38선을 내왕하며 장사를 하는 상인도 많았으나 요즘은 양쪽 물가가 비슷하여 상인은 부쩍 줄었는데 이 장사꾼들을 빼놓고 이북으로 가는 사람들은 예외 없이 서울에 집이라도 잡아놓고 가족을 데리러 가는 사람들이니 이북을 찾아 살러 가는 사람은 하나도 없다고 하여도 과언이 아닐 정도인데 하루 수천 명씩 넘어오는 이북동포의 대부분은 소시민, 학생층이며 혹 농민도 끼어 있으니 이들이 이남으로 오는 이유는 또 어디 있는가? 이북에서 나오는 동포들의 말을 들어보면 대개 이러하다.

금년 4월에 들어 주로 신의주, 철산, 선천, 용천, 정주 일대에 걸쳐서 일어난 관공 직장의 대량 파면 선풍으로 말미암아 실직자가 속출한 데다가 쌀값은 소두 한 말에 700~800원서부터 1,000원까지 하고 배급이란 전혀 없으며 장사 역시 고율의 세금 때문에 경영이 거의 불가능한 정도며 게다가 징병제가 실시되었다. 징용으로 보낸다는 등의 풍설로 해서 불안에 못 이겨 이남으로 들고 뛴다는 것인데 철산군만 하여도 지난 20일간에 1,000여 호가 이동을 하였다 한다.

이렇게 고향에서 살려 해도 살 수 없는 이동 동포들은 북조선 내 적당한 장소로 이동 신청을 해가지고 해주 근방에 와서 머물러 있다가 기회를 엿보아 월경을 감행한다는 것인데 도중에 경비대원이나 보안서원에게 붙들리는 날에는 이것저것 팔아서 뭉친 전 재산을 다 빼앗기게 된다는 것이다. 이러면서도 이남에만 가면 산다는 막연한 생각으로 월경의 모험을 한다는 것인데 (…)

1947. 11. 5.

38선 이야기 (2) 전기를 북쪽에서 얻어 쓰려니……

식민지시대에 조선이 겪은 경제적 변화를 놓고 식민지수탈론과 식민지근대화론이 대립해왔다. 수탈론이 학계와 사회에서 압도적인 지지를 받아왔는데, 지지의 폭이 넓은 만큼 구체적 내용에 상당한 편차가 있다. 비현실적일 정도로 극단적인 수탈체제를 관념화하는 경향까지 있어왔다. 식민통치자를 '악마'로 보는 관점이다.

근대화론은 수탈론의 관념화 경향 비판에서 출발했는데, 관념화 경향의 억제 정도에 그쳤다면 생산적 학술활동으로 평가받을 수 있었을 것이다. 그런데 관념화의 약점을 빌미로 수탈론 전체를 부정하려는 극단적 입장에서 식민통치자를 '천사'로 보는 관점으로 나아갔다. 뉴라이트다. 대한민국의 특권구조를 옹호하는 정치세력과 연결되면서 특권구조의 출발점인 식민지시대를 미화하려는 정치적 동기에 휩쓸린 것이다.

몇 해 전 『뉴라이트 비판』 작업 중 이 문제를 이렇게 설명했다.

> 뉴라이트 측은 수탈론에 반대하면서 일본 식민통치는 16~17세기에 아프리카와 아메리카에서 있었던 것처럼 악랄한 착취 체제가 아니었다고 말한다. 그런데 대다수 수탈론자들도 그런 맹목적 착취 체제

> 를 말하는 것이 아니다. 경제성장의 수준과 방향을 결정하는 데 수탈 의도가 중점적으로 작용한, '합리적' 수탈 체제를 말하는 것이다. 달걀을 수탈하기 위해 닭에게 모이를 줄 줄 아는 체제. (『뉴라이트 비판』, 41쪽)

> 식민지시대 한국에 근대화 현상이 일어난 것은 사실이고, 일본의 통치가 이 근대화에 작용한 것도 사실이다. 그러나 한국의 건전한 발전을 위해 일본이 꾸준히 노력했는가 하는 것은 별개의 문제다. '식민지근대화론'은 그 시기에 근대화가 진행되었다는 단순한 사실만으로 입증되는 것이 아니다. 수탈론이라 해서 근대화의 사실을 일체 부정하는 것이 아니다. 한국을 수탈 대상으로 만드는 방향의, 건전하지 못한 근대화였다는 점을 지적하는 것이다.
> 뉴라이트는 일본의 한국 지배가 기본적으로 선의에 입각한 것이었다고 주장함으로써 한국에서 실제로 진행된 근대화가 당시 상황에서 최선의 길이었다는 인상을 주려 한다. 식민통치자를 '악마'에 가깝게 그리는 극단적 수탈론과 반대로 근대화론자들은 '천사'의 모습으로 보려고 애쓰는 것이다. 이런 대목에서는 '실증'이 실종되어버린다. (같은 책, 42~43쪽)

근대화만이 아니라 인간사회의 모든 변화에는 힘의 분포를 바꾸는 효과가 있다. 변화의 주체에게 힘이 더욱 집중되면서 변화의 대상자는 무력한 처지에 빠져 강자에게 수탈당하는 존재가 되는 것이다. 근대화의 한 요소로 민주주의가 자리 잡은 것은 농업사회에 비해 산업사회의 수탈 체제가 더 강력했기 때문에 권력의 집중 현상을 완화하거나 정당화함으로써 체제의 지속가능성을 늘리기 위해서다. 더구나 식민지 조

수풍댐. 지금 남한의 발전용량은 8,000만 킬로와트에 이르지만, 해방 당시에는 이 댐 하나의 발전량(약 60만 킬로와트)이 남한 전체 수요의 몇 배나 되었다.

선 백성에게는 최소한의 참정권도 주어지지 않았으니 근대화의 밝은 면을 맛도 못 본 것이다.

조선에 근대적 교통시설과 산업시설이 만들어지고 농업인구의 일부가 산업노동자로 전환되었다는 사실이 식민지근대화론의 중요 논점이다. 그런데 산업시설의 배치가 조선의 주체적 발전을 기준으로 한 것이 아니었다. 일본제국의 발전을 기준으로 배치되었고 조선 내의 균형은 무시되었다. 영양 섭취에서도 총열량만을 기준으로 균형 없이 섭취하면 건강에 해로운 것과 마찬가지로 산업 발전도 균형 없는 발전은 재앙이 될 수 있다.

해방 조선이 겪은 경제난의 큰 원인 하나가 여기에 있었다. 북한 지역의 중화학공장들은 만주 지역의 원료 공급과 일본제국의 시장이 끊긴 상태에서 설령 생산성을 유지한다 하더라도 경제적 가치가 크게 떨어지지 않을 수 없었다. 남한 지역의 농민들은 쌀을 수출하고 저가의 잡곡을 만주에서 들여오던 일본제국의 식량 수급 조직이 사라진 상태에서 설령 풍년이 들더라도 식량 부족에 시달리지 않을 수 없었다. 그리고 대다수 공산품을 일본에서 수입하던 조선에는 많은 생필품의 생산시설이 부족했다. 있던 생산시설도 일본제국의 원료와 부품 공급 시스템을 벗어난 상태에서 조업에 어려움을 겪지 않을 수 없었다.

시스템 붕괴라는 문제를 더욱 심각하게 만든 것이 38선으로 인한 남북 간 단절이었다. 해방 당시 조선의 발전 용량은 약 170만 킬로와트였다. 그 대부분이 이북에 집중되어 있었고 이남의 발전 용량은 약 20만 킬로와트에 불과했다. 미군과 소련군의 분할점령 후에도 이북에서 이남으로의 송전은 계속되었다. 그러나 그 조건이 잘 합의되지 않았기 때문에 송전 중단 위협이 자주 있었다.

1946년 1월 16일부터 열린 미소공위 예비회담은 회담 진행에 앞서 실제적 문제들을 처리하기 위한 것이었고, 그때까지 심각해지고 있던 38선의 장벽 문제가 이 예비회담에서 처리될 것이 기대되었다. 그런데 소련군 측의 가장 중요한 요구인 쌀의 이북 반출에 미군 측이 반대함으로써 별 성과를 거두지 못하고 끝났다. 미소공위 본회담 개시를 앞둔 1946년 3월 9일자 『동아일보』에 38선 문제를 부각한 기사가 나왔다.

> 「민족의 비극! 이 38의 철문(鐵門)!」
>
> 기대는 너무도 어그러졌다. 38선의 장벽은 우리 민족의 비극이 아닐 수 없다. 3,000만이 고대하던 제1차 미소회담의 결과 발표는 우리에게 무엇을 말하고 있는가. 38선의 이 철문이 열리지 않음으로 해서 소위 해방이 된 이후 어언 반년 동안 갖은 비극이 연출되었거니와 회담의 중요항목의 대부분이 해결되지 않는 한 민족의 분열은 물론이요, 전 사업은 파멸의 구렁에 빠지고 말 것이다.
>
> 지난번 미소회담의 결과를 보건대 미 측에서 제의한 전력, 식량원료, 연료, 산업시설, 화학공업품 등의 교환조건이 해결을 짓지 못하고 전

부 삭제되었다. 이것이 앞으로 해결을 짓지 못한다면 3,000만의 생활의 위협은 말할 것도 없고 당장에 긴급한 생활소비품의 생산이 불가능은 물론이요, 전 산업기관이 실로 파멸상태에 빠질 것이 명백한 사실이다.

「38이북 전기 무연탄에 의존한 800 공장은 어찌되나」
이런 문제가 우리 전 국민의 장래를 암담한 구렁에 끌고 가는 그 실례를 가장 중요한 부문에 비추어 냉정히 검토해보자. 38이북에는 천연적 자원의 하나로서 수력으로 운영되는 세계적 댐 압록강 수풍 수력전기를 위시하여 다수의 전력이 발전되고 있다. 이북의 총발전량은 실로 180만 개소인데 그중 이남으로 보내는 발전량이 7만 5,000개다. 이 전력을 받아들여 지금 남선은 주로 화학공업의 동력에 사용하고 있는데 앞으로 이것이 발전 정지 상태에 이른다면 남선의 공업은 비참한 광경에 이를 것이며 또 중요 생산공장에 사용하기 위하여 이북으로부터 석탄이 하루 13화차씩 보내오던 것이 8·15 이후에는 단절되고 말았다. (…) 현재 남선에는 약 800개소의 공장이 있는데 그중 중요 화학 계통의 공장이 약 250개소이나 지금 일을 계속하고 있는 공장은 약 100개소밖에 안 된다. 이것도 앞으로 전력과 석탄의 동력이 없어지는 때에는 조선의 생산공업은 전면적으로 파멸에 빠지고 말 것이다.

1947년 11월 9일자 『동아일보』 사설은 특이하게 제2면 전체를 차지했다. 사설 제목은 「경제 재건은 자율통일에서만-중공업 없는 이남은 질식 상태」인데, 부속기사로 (1) "긴급! 남조선 전력 자급", (2) "이북에 의존하는 전력", (3) "해방 후 2년간 전기값 750억 원 돌파" (4)

"'결론' 석탄 증산이 선무 화력발전에 힘쓰라"가 붙어 있다.

(1)에서는 이남의 단독적 경제발전 정책을 추진해야 한다는 것이었다. 한민당과 이승만 세력의 단독건국 노선을 경제 분야까지 연장한 것이다. 단독적 경제발전 추진의 가장 뚜렷한 걸림돌이 전력 문제였기 때문에 이 사설이 마치 '전력 특집'처럼 된 것이다. 전력 상황과 관계된 (2), (3) 기사 내용을 옮겨놓는다.

> "이북에 의존하는 전력"
> 전 조선의 전력 시설은 시간당 169만 킬로와트의 전량을 발전할 수 있는 거대한 것인데 그중 140만 킬로와트의 발전설비는 38이북에 있으며 나머지 불과 20만 킬로와트의 발전시설이 38이남에 분포되어 있다. 그리고 발전시설은 수력과 화력 두 종류로 구별할 수 있는데 남조선에는 현재 수력발전소가 4개소이고 화력발전소로 2개소가 있을 뿐이다.
> 수력발전소로 가장 큰 것이 청평발전소인데 이의 발전역량은 4만 5,000킬로와트이나 현재는 부속품 등의 불비로 수량이 풍부한 하절에는 최고발전량 3만 2,000킬로와트, 수량이 부족한 동절에는 그 역량의 절반도 못 되는 약 2만 킬로와트를 발전하고 있는 형편이다. (…) 이상 4개 수력발전소의 총역량은 6만 8,500킬로와트로 되었으나 기실 부속품의 불비와 수량의 증감 관계로 인하여 가장 성적이 양호한 하절에 있어 약 5만 킬로와트 그리고 가장 불량한 동절에 있어서는 3만 5,000킬로와트가 겨우 발생되고 있음에 불과하다.
> 그리고 화력발전소로서는 영월발전소(발전역량 10만 5,000킬로와트)가 현재 2만 7,000킬로와트를 발전하고 있을 따름이고 당인리발전소(2만 1,000킬로와트)는 현재 휴면 중에 있다.

그리고 전력 수요량이 가장 많은 겨울에는 전력의 공급은 대부분 북조선으로부터의 송전에 의존하지 않을 수 없으며 작년 겨울에는 최고 11만 킬로와트를 초과한 적도 있었는데 지난 5월 17일 남조선과도정부 상무부장 오정수 씨는 평양에서 북조선인민위원회와 최고 8만 킬로와트를 한도로 북조선의 전력을 사용하기로 약정하였기 때문에 이 겨울부터는 전력에 의한 난방조치는 극히 곤란할 것으로 보인다. (…) 그러므로 일반용은 영월발전소에서 공급되는 2만 7,000킬로와트를 제한 나머지의 전 전량은 북조선에 의존하고 있으며 이에 대한 대가 지불은 1945년 8월 16일부터 1947년 5월 31일까지 사이의 사용 전량에 대해서는 1킬로와트당 2전5리(1938년 물가 기준)씩 지불하되 현금 지불이 아니고 반드시 전력시설에 속하는 기재로서 지불하기로 되었으며 1947년 6월 1일부터의 사용량에 대하여는 1킬로와트당 15전(1941〔1947~ 〕년 물가 기준에 의해서 환산)씩 지불하되 역시 전기 물자로서 주기로 남조선과도정부 상무부장 오정수는 지난 5월 17일 평양에서 북조선 당국과 협정하였으며 이의 유효기간은 1개년간으로 정하고 쌍방에서 하등의 이의가 제출되지 않을 시는 동 협정은 그대로 연장하여 다시 1년간 효력을 발생하는 것으로 상호 간주할 것을 규정하였다.

"해방 후 2년간 전기값 750억 원 돌파"
그리하여 1945년 8월 15일부터 1947년 5월 31일까지 사이의 사용 전기요금 총액은 1억 6,000만 원으로 계산되며 그 액 중 일부(전액의 약 1할)는 지난 9월 하순에 지불되었는데 숫자는 1938년의 통화가치를 기준한 액수이기 때문에 현재의 통화가치로 환산하면 실로 750억 원이라는 방대한 금액인데 게다가 전기 관계 부속품의 가격으로 따지

> 면 1938년과 현재와의 사이에는 물품에 있어서는 2,000배 이상의 시세 차를 내고 있는 것도 있다는 사실에 우리는 유의할 필요가 있다. 왜 그런가 하니 남조선이 북조선에 대하여 지불하여야 할 전기 관계 물자는 전구를 제외하고는 전혀 남조선에서 생산할 수 없는 물자들뿐이므로 외국으로부터 수입하지 않으면 안 될 것들뿐인데 대외무역의 부진으로 말미암아 이들 물자 수입은 현재로서는 생고무를 제외하고 전혀 두절되고 있는 궁정(窮情)이므로 북조선에 대한 전기 대상(代償) 지불은 극히 곤란한 정세하에 있기 때문이다.

기사 뒤쪽에서 남북관계를 단절 쪽으로 몰고 가려는 필자의 의도가 드러나 보인다. 750억 원이라는 금액이 어떤 의미가 있는 것인가? 남조선과도정부는 1947년 4월부터 시작된 회계연도의 예산안을 10월 17일에야 제출했다. 4월 이전에 확정해야 하는 것인데 550억 원에 이르는 세출 예산과 155억 원의 세입 전망 사이를 맞출 수 없었기 때문이다. 그런데 2년간의 전기요금이 그보다 더 큰 액수라니! 9월 말까지 1할을 지불했다는 금액이 750억 원의 1할일 리가 없다. "1938년 물가 기준"에 따라서 환산한다는 방침을 자의적으로 해석해서 독자들이 놀랄 엄청난 액수를 『동아일보』가 만들어낸 것 같다. (위 기사에서 "1킬로와트당" 2전5리니 15전이니 한 것은 '1킬로와트시'를 뜻한 것 같다. 당시 전기값을 1킬로와트시에 15전으로 본다면 8만 킬로와트 송전할 때 하루 전기값이 28만 8,000원, 1년에 약 10억 원이 된다.)

전력 대상(代償)의 현물 지불이라는 조건을 엄청나게 힘든 조건처럼 바로 밑에서 과장한 것을 보더라도, 『동아일보』와 그 뒤의 정치세력은 이북과의 관계를 악화시키는 쪽으로 무조건 기사를 만들어낸 것으로 보인다. 이북의 전기시설에 필요한 부품은 일본제품이었다. 일본제 부품은 일본을 점령하고 있는 미군이 조달해줘야지, 소련군이 조달할 수 있는 것이 아니지 않은가. 북조선인민위원회는 이남에 필요한 전력을 제공함으로써 동포애를 과시하고 있었고, 전력 대상도 돈이 아니라 전력 운용에 필요한 현물로 요구함으로써 그 뜻을 분명히 했다. 그런 전기 관계 물품을 요구하는 분량이 750억 원어치나 되었을 리도 만무하다.

1946년 12월 5일과 10일에 일시적 송전 중단 사태가 있었던 일을 1946년 12월 2일자 일기에 적었다. 정황으로 보아 단순한 사고였음이 분명하다. 이와 관련하여 이북 쪽에서 아무런 특별한 요구가 없었기 때문이다. 정치적 이유의 송전 중단은 1948년 5월 이남에서 단독 총선거를 시행할 때에야 단행된다. 그때까지는 전기값이 1할밖에 결제되지 않고 있었는데도 송전은 아무 문제없이 계속되고 있었다.

전기값 지불이 원활하지 못한 이유가 북조선인민위원회를 인정하지 않는 미군정의 태도에 있었다. 미군정은 소련군만 상대하겠다고 고집했다. 그러나 전기 문제로 아쉬운 쪽은 남쪽이었다. 위 『동아일보』 사설에도 오정수 상무부장이 1947년 5월 평양에 가서 "북조선 당국"과 협정을 맺은 사실이 밝혀져 있는데, "북조선 당국"은 전기 문제를 조선인 당국자 간의 대화통로를 확립하는 데 이용하려 애썼다. 오정수는 10월에도 평양을 방문했다.

> 38이남에서 소비한 이북의 전력대상으로 상무부에서는 지난 9월 이래 수차에 걸쳐 전기 보수품, 기계 등을 이북에 보냈는데 금후의 전력공급 문제와 아직 보내지 못한 전력대상물자 등에 관하여 북조선 당국과 상의코자 상무부장 오정수는 20일 오전 10시 경성역발 제2201호 임시기동차를 타고 평양으로 향하였다. 일행 중에는 미군 버

크데이 대장(代將), 농무부장 이훈구도 있는데 겨울 갈수기를 앞두고 남조선 각 발전소의 발전량 감소가 예상되는 때인 만큼 오 상무부장의 북행 결과 여하가 주목되며 약 1주일 후에는 돌아올 예정이라고 한다.

(「전력 공급 문제 등 상의차 상무부 평양행」, 『조선일보』 1947년 10월 21일)

아무리 '북조선 당국'을 무시하고 싶어도 전기 문제를 놓고는 무시할 수 없었다. 이쪽이 아쉬운 입장이니까.

1947. 11. 7.

38선 이야기 (3) 연백평야의 물값 시비

현지 사정을 전혀 고려하지 않고 쫙 그은 38선은 크고 작은 숱한 문제를 가져왔다. 마을 한가운데를 38선이 가로질러 이쪽은 이남 저쪽은 이북이 되는 일, 심지어 38선에 딱 걸친 집 같으면 안방과 부엌은 이남에 있고 건넛방과 뒷간은 이북에 있기도 했다. 미·소 양군 진주 후 경계지역을 함께 답사하며 실제 경계를 확인하는 작업이 오랫동안 계속되었다.

마구 잘라놓은 경계선이 일으킨 구조적 문제의 하나가 연백평야의 수리(水利) 문제였다. 조선시대의 연안과 배천을 합쳐 일제 초기에 만든 연백군은 황해도의 동남부, 개성과 해주 사이의 해안을 낀 군이었다. 북쪽의 산악지대에서 남쪽의 해안선으로 내려오는 북고남저의 지세인데, 남쪽의 연백평야는 조선에서 손꼽히는 곡창지대였다.

연백평야 대부분이 38선 남쪽에 있었다. 그런데 연백평야가 곡창지대로 발전할 수 있었던 것은 38선 북쪽 구릉지대에 있는 저수지들 덕분이었다. 그중 구암저수지는 당시 조선 최대의 저수지의 하나였다. 평야와 저수지의 관할권이 달라진 이제, 수리비 얼마를 누가 누구에게 지불하느냐 하는 문제가 생겼다.

해방 당시에는 벼농사에 필요한 물이 이미 채워져 있었다. 그해 가을에는 아무도 수리비를 지불하지 않았다. 원래 수확 후에 수리비를 지불하게 되어 있는데 평야를 점령한 미군은 수리비를 거둬 북쪽으로 보낼 생각을 하지 않았다.

이듬해 봄 모내기 때가 되어서야 문제가 제기되었다. 이북에는 북조선임시인민위원회가 만들어져 있었는데, 작년 수리비를 내지 않은 농지에 물을 보내지 않기로 지역 임시인민위원회가 결정한 것이다. 제1차 미소공위가 아무 성과 없이 무기정회에 들어선 한 달 뒤의 일이었다.

> 지난달 돌연 수원지가 38선 경계선에 있는 연백군 괘궁면 구암리의 연백수리조합에 38이북 인민위원회로부터 통수를 거절하여왔다. 즉 이 수리조합 수원지는 38경계선에 있는데 돌연 경계선 이북에 있는 인민위원회에서는 소련 주둔군을 충동하여 저수지의 수문지기를 내쫓은 다음 수문지기의 가옥을 빼앗고 38이남의 모판으로 나가는 물꼬를 막아버린 것이다. 물꼬를 막아버릴뿐더러, 물이 필요하면 백미 4만 5,000석을 내놓으라고 무리한 요구를 제시하여 수백 농민에 우려와 큰 고통을 주고 있다.
> 이에 수리조합원들은 누차 모여 토의한 결과 그와 같이 많은 백미를 보낼 것이 없는 만큼 당지 미군정 당국에 진정하여 원만 해결책을 바라는 한편 나날이 말라드는 모판만 들여다보며 38이북 측이 회심(回心)하여 물꼬를 터놓기만을 고대하고 있다. 만약 이 이상 더 물꼬를 안 터놓는다면 곧창 연백평야는 도리 없는 백지건답(白地乾畓)이 될 것으로 이 지방 민심은 날로 흉흉하여지고 있는 터이다.
>
> (「38선의 비극 또 하나! 연백에 통수(通水) 거절코 백미 4만 5,000석을 강요」, 『동아일보』 1946년 6월 10일)

이 문제가 해결되었다고 하는 기사가 열흘 후에 나왔다.

> 연백수리조합 저수지는 38이북에 있는데 그편 인민위원회와 소군 측에서는 이앙기를 앞두고 백미 4만 5,000석을 안 주면 용수를 거절하겠다는 사실에 대하여 러치 장관은 다음과 같이 말하였다.
> "연백군의 군정관과 연백수리조합장(조선인)은 이 문제는 벌써 해결되었다고 나에게 보고한 바 있었다. 우기 중에는 급수의 필요가 없으므로 급수 않기로 양방이 동의하였으며 필요한 때는 곧 급수하도록 되어 있다고 한다."
>
> (「연백수리조합 용수 거절 해결」, 『동아일보』 1946년 6월 20일)

과연 어떻게 해결된 것인지는 알아볼 수 없다. 1946년 중 수리비 문제가 다시 제기되지 않은 것을 보면 이북 측을 만족시킬 무슨 조치든 취한 것일 텐데, 이북 측에 대한 어떤 양보도 굴욕으로 여기던 미군정 측이 그 조치 내용을 밝히지 않은 것 같다.

1947년으로 들어서면서 수리비 문제가 다시 제기되었다.

> 정조 80만 석을 생산할 수 있는 조선 제일의 연백수리조합은 해방 이후 38선에서 양단되어 구암저수지를 잃은 이남 1만 3,600정보의 몽리면적에 대한 용수 문제가 해마다 말썽을 일으켜오던 바 춘경기를 앞두고 다시 큰 두통거리로 등장하여 관계 수십만 농민들을 우울에 잠기게 하고 있다.
> 이에 대하여 관계당국에서도 그 대책을 고려 중이던바 지난 1월 11일부 북조선임시인민위원회 농림국장으로부터 하지 중장에게 과거 2년간 수리조합비 309만 6,000원과 작년 수해로 파손된 저수지 복구

공사비 900만 9,000원을 보내줄 것과 금년 수리조합비 544만 원은 금년 말에 청구할 터이니 이에 대한 조처를 1월 말일까지 회신하도록 OO서신이 온 것이 요즈음에야 경기도 농림국에 회부되어왔다고 한다.

그러므로 도 당국에서는 지난 17일 평양에 대표를 파견하여 원만 토의할 것을 북조선 주둔 소련군사령관에게 보내었으나 아직 하등의 회신이 없으므로 앞으로 어떻게든지 해결되어야 할 이 문제는 관계자들을 더욱 초조케 하고 있다.

(「정조(正租) 80만 석 어찌되나, 문제의 연백수리조합」,

『동아일보』 1947년 3월 22일)

조선 제일이라고 하는 연백수리조합 용수 문제에 대하여 북조선임시인민위원회로부터 하지 중장에게 1월 말일까지 하등의 조처가 없으면 문제의 책임은 오로지 하지 중장에게 있다는 서신이 있었다 함은 작보한 바와 같거니와 북조선 소련군 당국과 인민위원회 지방당국에서는 지난 2월 11일부터 14일까지 전후 4일간 문제의 구암저수지 현장에서 남조선 대표들과 연석 현지회의를 열고자 정식으로 연백수조 당국자에 전달된 바 있었는데 경기도 당국에서는 대표파견을 보류하게 되어 연석회의가 성립되지 못하였다고 한다.

그리고 그 후 2월 22일에 다시 구암저수지 현지에서 남북 대표가 모여 수해로 파손된 저수지 복구공사에 대한 제2차 연석회의를 열기로 되었는데 역시 경기도 당국에서 대표를 보내지 않아 회의를 열 수 없이 된 사실이 요즈음에야 판명된 것으로 보아 남조선에서 지난 17일 대표를 평양에 파견할 것을 소련군사령부에 교섭하였으나 아직 하등의 회신이 없는 것은 전번 2차의 회담에 남조선 측의 성의가 전혀 없는 것으로 인정하고 하등 소식이 없는 것으로 추측되므로 앞으로 어떻게든지 이 문제를 해결해야 할 것이므로 관계자들의 절대한 성의와 노력이 있어야 할 것이 요망되어 있다.

(「문제화한 연백수리조합, 해결의 열쇠는 경기도 대표파견에」, 『동아일보』 1947년 3월 24일)

북조선임시인민위원회가 연초에 하지 사령관에게 서신을 보내 1월 말까지 조처를 요구했으나 아무런 응답도 하지 않고 그 서신을 관계부서에 보내지도 않고 있었다. 하지는 소련군만을 상대로 인정하고 임시인민위원회의 존재를 묵살하고 있었기 때문이다.

하지의 응답이 없자 이번에는 현지 차원에서 대책을 강구하자고 2월 중 두 차례 현지회의를 제안했으나 이것을 경기도 당국이 묵살했다. 그리고 경기도 대표가 평양에 가서 의논하자고 소련군사령부에 연락을 취했는데, 이것은 소련군 당국이 묵살했다. 이남의 미군정은 북조선임시인민위원회를 무시한 채로 문제를 해결하겠다는 것인데, 소련군 측에서는 임시인민위원회 소관의 일이니 자기네 귀찮게 하지 말라는 것이었다.

5월이 되어 모내기철이 다가오니 이 문제를 그런 식으로 내버려둘 수 없게 되었다. 이북 측이 5월 3일부터 일단 물을 보내기 시작하면서 협상을 재촉한 것으로 보인다.

오랫동안 난관에 부닥쳐 있던 연백평야 수리 문제는 남북 양 당국자 간의 건설적인 타협으로 지난 3일부터 관수되고 있어 당지 20만 농민들은 환희 속에 기경(起耕)을 시작하고 있다 한다. 그러나 이번 관수는 잠정적이라 앞으로 또다시 단수될 염려도 없지 않다는 바 북조선인민위원회에서는 관수 대상으로 다음과 같은 요구조건이 제시되었으므로 경기도에서는 가급적 타협안을 수리하여 연간 80만 석의 옥답을 생산 증강에 추진시키리라 한다.

1. 제방 수축용 시멘트 1만 8,000포대를 해주에서 출하여 청단까지 수송하되 경기도에서 담당 운반할 것.

2. 청단-구암 간 전화공사를 시설할 것.

(「연백평야의 관수(灌水) 남북 당국 간 타협 해결」, 『경향신문』 1947년 5월 7일)

5월 23일 현장에서 회담이 열렸다. 아래 기사에 이남 대표는 어느 기관 소속인지 밝혀져 있는데 이북 대표는 밝혀져 있지 않다. 북조선인민위원회 쪽 대표였을 것이 빤한데, 부득이해서 그를 상대로 회담하면서도 그 사실을 가급적 감추고 싶었던 것 같다. 이남 대표 중 군정청 2명이라 한 것은 1947년 5월 27일자 『경향신문』 기사를 보면 경기도의 앤더슨 고문과 이용근 농림국장이었다. 군정청의 '조선인화(Koreanization)' 방침에 따라 '고문'이란 직함을 쓰고 있었지만 앤더슨 소령이 사실상의 도지사였다. 미군정 간부가 북조선인민위원회를 상대로 회담에 나서는 것은 미군정이 극력 회피하고 싶은 일이었지만, 이쪽이 아쉬운 일이었기 때문에 어쩔 수 없이 회담에 임했던 것이다.

38선으로 양단된 연백수리조합 문제는 그동안 많은 물의를 빚어내어 오던 중 드디어 지난 23일에 남북 양 당국 대표가 연백수조 사무소에 모여(이남 대표 군정청 2명, 경기도 2명, 연백군과 수조 측 각 1명) 근본적 해결책을 토의한 바 있었는데 이번 회담에서 이북 측은 종래에 요구 중인 수세의 대가로 백미를 요구하였다고 한다.

즉 1단보 3원50전 계산으로 38이남 소재 몽리 총면적 1만 3,000여 정보에 대한 총액을 8·15 이전 백미 공정가격 1두 4원40전의 비율로 환산하여 1년분 1만 1,000석, 1945년 이래 3년간 총계 3만 3,000여 석을 요구하여왔다고 한다. 이번 회담에서 이북 측이 1945년도분 1만 1,000석을 요구한 것은 매우 주목되는 바이어니와 이남 측 대표는 예기치 못한 이북 측의 요구로 말미암아 오는 6월 3일경까지 이에 대하여 회답할 것을 약속하고 지난 24일 일단 퇴정하였다는데 이번 회담에서 구암저수지 수축 문제만은 남북 몽리 면적의 비례에 따라 각각 공사비를 부담하기로 의견의 일치를 보았다고 한다.

(「연백수조 또 말썽, 이북서 쌀 3만 3,000석 요구」, 『동아일보』 1947년 5월 28일)

5월 23~24일 회담에서 이북 측의 물값 요구에 확답을 못했다. 그러나 결국 그 요구를 들어주지 않을 수 없었다.

경기도에서는 연백수리조합 수세에 관한 이북 측의 요구에 대하여 수차 신중 협의한 후 지난 2일 외무처를 통하여 회답을 보내었는데 경기도로서는 이북 측 요구의 수세 백미 연 1만 2,000석은 너무 과대한 것으로 인정하고 있으나 이 수세가 결정되면 경우에 따라서는 이북 식량사정을 참작하여 백미로 수세를 지불할 것이라 한다.

(「연백수조 문제 쌀로 수세 지불」, 『경향신문』 1947년 6월 6일)

모내기철의 회담에서 만족할 만한 합의가 있었기에 그해 내내 물 공급이 원활하게 되었을 것이다. 그런데 수확철에 이르자 수세 문제가 아직도 해결되지 않고 있었다는 사실이 드러난다. 6월 초에 이북 측 요구를 받아들인다고 보낸 회답이 확고한 것이 아니었던가?

〔연안에서 김호진 본사특파원 발〕 곡창 황해도의 연백수리조합 수세 문제는 해방 이후 3개년 동안 남북 간에 수차의 회합이 있었으나 해결을 못 보고 있던 중 지난 19일 하오 0시 40분부터 연안군 수리조합 회의실에 북조선 측에서는 캐지쓰 소련군 소좌 외 1명, 이순근 북조선인민위원회 농림부장 외 2명 그리고 남조선 측에서는 경기도 미인 군정관 앤더슨 소좌, 옴스테드 고문관, 이용근 농림국장 외 수 명의 남북 대표가 모여 토의한 결과 1년분 수세로 소련 측에서 백미 1,500톤(약 1만 석)을 요구한 데 대하여 남조선 측에서는 관리비로 150톤(약 1,000석)을 주겠다고 하다가 200톤까지 남조선 측에서 제의하였으나 끝끝내 북조선 측의 고집으로 회의는 하오 7시 합의를 보지 못한 채 결렬되고 말았다.

(「문제의 연안수조 북조선의 과대 요구로 양측 협의 또 결렬」, 『동아일보』 1947년 9월 23일)

6월 6일자 『경향신문』 기사에서 이북 측 요구 1만 2,000석이 과대하다고 보면서도 "이북 식량사정을 참작하여" 받아들인다고 했다. 그런데 이제 약 1만 석이 너무 많다고 하여 회의를 결렬시켰는데, 그게 정말 너무 많은 것이었을까?

5월 28일자 『동아일보』 기사에는 수세 책정 기준이 밝혀져 있다. 해방 전 제도와 관행에 맞추어 책정한 것으로 보인다. 여러 기사에서 연백평야가 80만 석을 생산하는 곡창이라 했는데, 그 대부분이 이북 저수지에서 보내는 물에 의지하고 있었을 것이다. 몽리지역에서 줄잡아 50만 석을 생산한다면 1만 내지 1만 2,000석은 그 2~2.5퍼센트다. 수세로 높은 것이라고 볼 수 없다.

이남 측에서 제의했다는 약 1,000석은 어떤 기준으로 책정한 것인가? 관리비로 주겠다는 것이다. 더 구체적인 기준을 알아볼 수 있는 다른 기사가 있다. 9월 26일 한민당 선전부에서 유엔총회 조선 대표로 이승만을 보내자는 담화를 발표했는데, 이 담화문 중에 연백수리조합 문제에 대한 언급이 있다.

> (…) 한편 연백수리조합 용수료 문제로 남북 당국 간에 타협이 성립되지 못한 것은 유감인 동시에 38선 이남 농지의 몽리 면적은 1만 3,000여 정보인데 그 용수료로 정미 1만 석을 요구한 이북 당국의 태도는 너무 무리하며 이북 저수면적의 수확고를 추산하고 5할인 2천 석까지 양보한 이남 측의 주장은 당연한 것이다. (…)
>
> (「한민당 담, UN총회 대표에 이 박사 추대는 현명」, 『동아일보』 1947년 9월 27일)

저수지에 물을 채우지 않고 그 면적에 농사를 지을 경우의 수확고를 추산해서 그 절반을 제공하겠다는 것이다. 기발한 착상이다. 이런 사람들, 자동차 살 때 차에 들어간 철 500킬로그램, 고무 20킬로그램, 유리 2.5킬로그램 식으로 재료값만 받으라고 할 사람들 아닌가?

38선 이야기는 이 정도로 일단 접어둔다. 세 차례 이야기를 했지만 실제로 38선 때문에 당시 사람들이 겪은 고통 중 빙산의 일각도 보여주지 못했다. 다만 38선이 일으키는 고통을 줄이는 일에 미군정이 얼마나 성의가 없었는지라도 보여줄 수 있었다면 다행이다.

1947. 11. 14.

미국 속셈은 알겠는데, 소련 속셈은?

1947년 11월 14일 유엔총회에서 조선위원회 설치안이 가결되었다.

〔플러싱 15일발 조선〕 국련총회는 14일 조선위원회 설치안을 가결한 후 조선점령 미·소 양국군을 내년 1월 1일까지 철퇴케 하려는 소련 제안을 부결하였다. 이 총회 행동은 조선에서의 미·소 양국 간 교섭의 정체에 염증이 난 미국에 대하여서는 쾌심한 승리인 것이며 총회는 소련의 보이콧 위협에도 불구하고 43 대 0으로 이를 가결하였다. 소련블록은 이 표결에 참가하기를 거절하였다. 총회를 통과한 이 결의안은 내년 3월 31일까지 시행될 조선의 선거를 감독할 위원회를 설치할 것과 독립정부 수립 및 가능하다면 내년 7월 1일까지 군대를 철퇴시킬 것을 규정하고 있다.

소련은 금반 총회를 통한 장구한 기간의 토의에 있어 제한된 승리를 획득코자 기도하여 종시 천편일률한 반대주장을 행하고 외국군대를 철퇴시키고 조선인을 국련 또는 기타 외국의 간섭 없이 그들의 정치적 운명을 발전시키도록 방임할 것을 주장하였다. 그러나 여차한 조치는 소수의 강력한 조직 단체가 교사하는 혼돈상태를 재래할 소지를 만드는 것이라 하여 이에 반대하였다. 토의 중 미국 대표 오스틴

1947년 11월 14일 열린 UN 총회에서 한국의 총선거 실시 및 한국임시위원단 결성이 결정되었다. 이 안건이 안전보장이사회를 거치지 않고 총회에서 처리된 것은 UN 원리에 어긋난 일이었고, 강대국 간의 합의를 회피했기 때문에 전쟁 위험을 초래한 일이었다.

은 소련에 대하여 그들이 외국군대가 있는 동안 자유선거 시행은 불가능하다고 주장하면서 소련지대에서 자유선거가 실시되었다고 말하는 것은 자가당착이라고 말하였다.

(「3월 1일까지 총선거, 7월 1일 내 군대철퇴」, 『경향신문』 1947년 11월 16일)

이 의결은 9일 전 정치위원회의 결정을 확인하는 절차였다.

〔레이크석세스 6일발 UP조선〕 UN정치위원회는 내년 3월 31일까지 시행할 총선거 독립조선정부 수립 및 독립 후 90일 이내로 조선으로부터 모든 미·소 군대를 철퇴시키는 것을 감독시키기 위하여 UN위원회를 조선에 파견하는 결의안을 5일 드디어 가결하였다. 이 표결에서 금년 말까지 미·소 군대가 조선을 철퇴하고 조선인이 외국 간섭 없이 그들 자신의 정부를 수립하도록 방임할 것을 요구한 소련블록은 참패하였다. 이 결의안은 미국이 제안한 것으로 정치위원회는 이를 46 대 0(기권 6)으로 가결하였으며 소련블록 6개국은 투표에 참

석치 않았다. 다음 정치위원회는 조선에 파견할 위원회를 오스트레일리아, 캐나다, 중국, 엘살바도르, 프랑스, 인도, 필리핀, 시리아, 우크라이나의 9개국으로 구성하자는 미국의 제의를 가결하였다. 그런데 우크라이나는 이 위원회에 참석하기를 거절하였다.

(「총선거, 정부수립, 철병 등 UN조선감위설치안」, 『경향신문』 1947년 11월 7일)

유엔총회에 부속된 수십 개 위원회의 대부분은 일부 회원국으로 구성되는 분과위원회인데 전 회원국으로 구성되는 전체위원회가 여섯 개 있어서 제1위원회에서 제6위원회까지 숫자로 불린다. 회원국은 총회와 같지만 별도의 의장단을 해마다 뽑는 것이므로 주요 각 분야를 맡는 '분과의장단'을 운영하는 것으로 볼 수 있다.

제1위원회가 지금은 군축안보위원회(DISEC)로 불리는데, 1970년대까지는 정치안보위원회(POLISEC)라는 이름이었다. 1947년에 조선 문제를 다룬 '정치위원회'란 이것을 가리킨 것으로 생각된다. '정치'란 말이 들어가는 것으로 제4위원회가 있었지만(Special Political and Decolonization) 그 위원회는 식민지와 신탁통치 문제만 다룬 것이었다.

정치위원회가 의결한 조선위원회 설치안은 미국이 제안한 것이었는데, 11월 5일 회의에서 몇 나라가 제출한 수정안을 포괄한 것이었다.

〔레이크석세스 6일발 AP합동〕 (…) 그리고 최후 가결에 있어서 각국이 제출한 수정안에 대한 표결경과는 여좌하다.

필리핀 측 수정안: "조선정부 수립기간 및 그 후에 있어서의 UN은 조선 내정에 간섭치 않을 것" = 34 대 0으로 가결.

인도 측 수정안: "조선의 총선거는 남북 양 지구별로 하지 말고 전 조선에 긍하여 실시할 것" = 역시 34 대 0으로 가결.

중국 측 수정안: "중국은 UN감시위원회와 미·소·영·중 4대국과 협의시키려던 전반(前般) 수정안을 철회하고 조선 정부가 UN감시위원회와 협의하여 치안군을 설치하고 종래의 모든 군사적 및 반군사적 단체를 해소할 것을 새로 제안" = 32 대 0으로 가결.

프랑스 측 수정안: "UN감시위원회는 UN이 부담하고 있는 책임을 완수할 것을 부가" = 44 대 0으로 가결.

이리하여 각 수정안이 부가된 UN감시위원회설치안은 최후 표결에서 46 대 0으로 가결되었는데 여기서 덴마크·노르웨이·스웨덴·볼리비아 제국은 기권하고 소 측 블록 국가는 투표에 참가하지 않았으며 예멘은 결석하였다 한다.

(「선 독립안 최후단계에 돌입, 내주 유엔총회 전체회의에 제출」, 『동아일보』 1947년 11월 7일)

이런 과정을 거쳐 정치위원회에서 11월 5일 채택하고 총회에 올려 11월 14일 승인받은 '조선위원회 설치안'의 정문(正文)은 이런 내용이었다.

〔서문〕 총회는 조선민족의 독립에 대한 긴급하고 정당한 요구를 승인하고 조선의 국가독립이 재확립되고 그 후에 모든 점령부대가 가급적으로 실행가능한 조속한 시일에 철퇴하여야 할 것을 인정하고, 또한 조선민족의 자유 독립은 조선민족대표의 참가 없이 정확 또는 공정히 해결할 수 없다는 전일의 결론과 조선인의 선출된 대표에 의한 여차한 참가를 용이케 하고 촉진할 목적으로 조선에 관한 임시국련위원회(차후 위원회로 칭함)를 설치하는 결정을 상기하고 다음과 같이 조치함.

1. 〔구성〕 위원회는 오스트레일리아, 캐나다, 중국, 살바도르, 프랑스, 인도, 필리핀, 시리아 및 우크라이나의 각국 대표로 구성하기로 결정함.

2. 〔선거〕 조선민족의 자유 독립의 신속한 달성에 관하여 위원회가 그들과 협의할 대표자 및 그들의 대표자가 국민회의를 구성하고 조선의 국민정부를 수립할 대표자를 선거하기 위하여 1948년 3월 31일 이내로 성인 선거 및 비밀투표 방식에 의하여 선거를 시행하기를 건의함. 각 투표지역 또는 지대에서 선출될 대표자 수는 인구에 비례하고 선거는 위원회 시찰하에 행할 것.

3. 〔정부〕 선거 후 가급적 조속히 국민의회가 소집되고 위원회와 협의하여 국민정부를 조직할 것을 건의함.

4. 〔철병〕 국민정부 수립 즉시로 정부는 위원회와 협의하여

(가) 그 자체의 국가안전보장부대를 조직코 이에 포함되지 않은 모든 군사적 또는 반군사적 단체를 해산시킬 것,

(나) 남북조선의 군사당국 및 민정당국으로부터 정부기능을 접수할 것,

(다) 점령국과 더불어 조선으로부터 실행 가능한 한도로 조속히 그리고 가능하다면 90일 이내로 철퇴시키기 위해 조치할 것을 건의함.

5. 〔보고〕 위원회는 그의 조선에서의 시찰 및 협의를 참작하여서 조선의 국가독립 및 점령군 철퇴를 위한 전기 토의를 용이케 하고 촉진하도록 노력할 것을 결의함. 위원회는 그의 결론을 총회에 보고하고 사태발전에 비추어 이 결의안 적용에 관하여 만약 중간위원회(소총회)가 설치된다면 이와 협의할 것.

6. 〔원조〕 관계회원국에 대하여 위원회의 책임 이행에 있어 위원회에 대하여 모든 원조와 편의를 제공하도록 요구함.

7. 〔간섭〕 국련의 전 가입국에 대하여 총회의 결정에 의한 이외는 조선독립에 이르는 과도기에 있어 조선민족의 사항에 간섭치 않을 것 및 그 후로는 조선독립 및 주권에 유해한 여하한 또는 모든 행위를 완전히 사절할 것을 요청함.

(「총회결정 외」, 『동아일보』 1947년 11월 8일)

11월 11일에는 리 사무총장이 조선위원회 운영비를 예산위원회에 요구했다는 소식이 전해졌다(『동아일보』 1947년 11월 12일). 1947년 12월 1일부터 13개월간의 활동을 위해 51만여 달러를 요구했다는 것이다.

조선위원회 설치안과 함께 그해 유엔총회의 가장 큰 과제였던 '소총회' 설치에 따른 예산 요구액은 18만 달러였다. 당시의 유엔은 무척 가난한 기구였다. 미국이 마셜플랜을 비롯한 해외 원조로 수십억 달러를 쓰고 있을 때 유엔의 사업은 불과 몇십만 달러 규모였다. 물론 그 돈도 거의 다 미국에서 나올 것이었다.

미국 빼고는 온 세계가 가난할 때였다. 유엔위원회가 조선에 왔을 때 낙랑클럽 서비스를 비롯한 향응을 퍼부어 미국이(그리고 조선의 극우세력이) 원하는 방향의 결정을 얻어냈다는 이야기가 있는데, 그럴싸한 말이다. 당시 외교관들에게는 유엔위원회 이름으로 대접받으며 활동한다는 것 자체가 대단한 특혜였다. 물질조건이 풍성해진 지금과 달랐다.

유엔총회의 미·소 대결에서 미국의 승리는 예견된 것이었다. 그러나 미국 제안에 찬성한 모든 나라가 미국의 꼭두각시는 아니었다. 각국 대표들은 자기 나라의 명예를 짊어지고 있었고, 미국의 제안이 불합리한 것이라면 따라가지 않을 수도 있었다. 실제로 필리핀, 인도, 중국, 프랑스 4개국은 부분적 수정안을 내놓았고 덴마크, 노르웨이, 스웨덴, 볼리비아 4개국은 기권했다.

소련이 미국 제안의 문제점을 잘 지적하거나 좀 더 합리적인 제안을 내놓았다면 결과에 차이가 있었을 것이다. 설령 미국 제안이 끝내 관철된다 하더라도 지지를 확보하기 위해 훨씬 많은 비용이 들었을 것이고 실제 진행처럼 압도적 결과가 나오지 않았을 것이다.

과연 소련이 정치위원회에서 조선인의 고통을 줄이는 길을 찾기 위해 최선의 노력을 기울였던가? 정치위원회 의결 전날 소련 대표와 미국 대표의 발언을 비교해보자.

> 소 대표(그로미코) 연설: "공동위원회가 실패한 원인은 전혀 미국의 과오에 있다. 미군정관리와 국무성은 비난을 소련 정부에 전가시키려고 사실을 왜곡하였다. 이는 현 미국 외교의 상투수단이다. 북조선에서는 진정한 민주주의가 실시되고 있다. 그러나 남조선의 사태는 대단히 다르다. 인민의 위원회들에게는 권한이 없으며 민선된 정부기관이 없다. 이와는 반대로 일본식의 통치자가 유지되고 있다. 소위 과도입법의원의 90명 의원 중 45명은 관선의원이다.
>
> 남조선에서는 농지개혁이 실시되지 않았다. 농민의 80%는 그들의 토지를 소유하고 있지 못하며 중세(重稅)를 물지 않으면 안 된다. 남조선에서는 노동법이 없다. 8시간노동제는 공문에 지나지 않으며 전혀 준수되지 않고 있다. 그들은 미군의 묵인하에 행정계 및 경찰 내에서 세력을 견고히 하고 있다. 미 당국은 남조선에 있어 조선인들에게 악정을 강요하고 있으며 미국은 조선 내의 반민주주의 세력에게 그들의 정책을 의존시키고 있다.
>
> 조선에 국련위원회를 설치하자는 미 제안은 미국 직접 혹은 국련 엄호하에 타국 내정에 간섭하려는 방일한 희망을 품고 있음을 증명하

는 것이다. 독립민주국가의 수립을 진실로 원하는 사람이라면 소련 제안을 시인할 것이다. 미국의 소련안 반대는 미국은 조선을 미 확장 정책의 대상으로 변형하려 하고 있다고밖에는 해석할 도리가 없다. 조선인들은 미국의 노예가 되기를 원하지 않으며 자유와 독립을 원한다.

재조선 미군 당국은 전에 일본이 소유하였던 모든 부 및 공업을 장악하고 있다. 미국인은 조선에 오랫동안 주류할 의사이다. 미 신문에 의하면 이 박사 같은 반역자는 이미 미국과의 군사동맹을 제안하였다 한다. 미국은 조선의 일부를 서·미전쟁 결과 필리핀에 설치한 것과 같은 군사기지로 화하려고 하고 있다. 본 위원회는 미국 제안을 거부하고 소련 제안을 수락할 것을 요청하는 바이다."

(「소 대표 연설」, 『조선일보』 1947년 11월 6일)

미 대표(덜레스) 논박: "이제 각국 대표들은 왜 미소공동위원회가 결렬되었든가를 이해할 수 있을 것이다. 오늘 소연방 대표들이 행한 연설은 과반 그 공동위원회에서 미국 대표들이 연일연월 들어온 끝없는 논의의 견본에 불과한 것이다. 나는 앞서 북조선의 소련행정을 비난한 일은 없으며 다만 모스크바협정이 난관에 봉착하였으므로 누구를 책함이 없이 국련이 이 난관을 타개하기 위하여 간섭할 것을 영국이 요청한 사실을 지적하였을 뿐이다. 나는 개회사에서 제시한 바 원칙을 고집할 의도이며 지금 소련을 논박할 의사는 없다.

북조선에 건설된 소위 아름다운 민주주의는 기묘하게도 조선인이 잘 아는 제도가 아니고 소련이라는 외국세력의 제도이다. 이전에는 그리 알지 못하였던 조선인이 자발적으로 소련 표본을 정확히 그대로 채용하였다는 것은 기묘한 일이다. 한편 그로미코 씨의 말대로 하면

> 남조선의 상황은 실로 경악할 일이다. 그는 일제시대보다도 더욱 나쁘다.
> 조선에 위원회를 파견하자는 제안에 대하여 미국은 이에 동의하나 소련은 이에 반대하고 위원회를 보이콧하려 한다. 현재 그를 원하는 것은 어떤 정부이며 그를 원하지 않는 것은 어떠한 정부인가? 위원회가 갈 수 없는 곳은 아름다운 민주주의가 존재하고 있는 북조선이며 위원회의 시찰이 환영되는 곳은 공포할 상황이 존재하고 있는 남조선이라는 것은 기이한 일이다.
> 그러나 금일 이곳에서 제시된 것 같은 환상적인 이야기를 듣는 것은 시간의 허비이다. 조선보안대 설치 이전에 돌연히 조선에서 모든 군대를 철퇴시키는 것은 혼돈과 내란을 초래할 것이다. 우리는 조선인이 이보담은 나은 운명을 향유하여야 할 것으로 생각한다."
>
> (「미 대표 논박」, 『조선일보』 1947년 11월 6일)

이북 사정이 여러모로 이남보다 낫다는 그로미코의 주장 내용에 나는 대부분 동의한다. 그러나 둘째 문단에 들어와 유엔위원회를 설치하자는 "미 제안은 미국 직접 혹은 국련 엄호하에 타국 내정에 간섭하려는 방일한 희망을 품고 있음을 증명"한다고 하는 주장에는 동의할 수 없다. 정말로 미군이 점령군 노릇을 엉망으로 하고 있다면 공동점령국 입장에서 외로이 부르짖기보다 유엔위원회가 들어와 직접 보라고 불러들이는 편이 낫지 않은가?

유엔위원회 설치가 미국 야욕의 엄호에 목적이 있다는 것은 다수 회원국을 꼭두각시로 몰아붙이는 하나의 예단이다. 그런 예단을 갖고 있으면서 어떻게 유엔의 권위를 존중하고 참여할 수 있는 것인가? 얼마 전 그리스 문제를 놓고 미국의 불합리한 주장을 유엔이 뒷받침해준 데

이승만과 덜레스. 두 사람은 조지 워싱턴대학교와 프린스턴대학교 동문이다.

분노한 탓이라고 볼 수는 있다. 하지만 이제 그와 별개의 조선 문제를 놓고 유엔의 권위를 부정하는 예단을 앞세우는 것은 조선 문제의 바람직한 해결보다 자기네 유엔 대책을 더 중시하는 태도가 아닐 수 없다.

유엔의 권위를 부정하는 소련의 태도 앞에서 미국은 자기주장을 펴기가 더할 수 없이 편안했다. 이남 사정이 형편없다고 하는 소련 주장을 미국은 가볍게 반박할 수 있었다. "위원회가 가보면 알 수 있잖아요? 쟤들 주장대로 우리가 엉망을 치고 있는지 가보세요." 공정한 제3자 위치에서도 소련 주장을 납득하기 어려웠을 것이다. 소련 주장을 무조건 납득하는 공산국가가 아니라면.

소련의 제안은 철군을 먼저 하고 미국, 소련, 유엔 누구의 간섭도 없이 조선인들끼리 건국 작업을 하게 하자는 것이었다. 그 이유는 외국군 점령하에서는 공정한 선거가 불가능하다는 것이었다. 그러면서 1년 전 인민위원회 선거는 아주 잘된 것이었다고 선전하고 있었으니, "자기네 점령하에서는 그렇게 잘했다면서 외국군 점령하에서는 불가능하다니?" 미국 대표는 그 자가당착을 손쉽게 지적할 수 있었다. 소련이 조선위원회 자체에 반대하지 않으면서 그 위원회가 더 잘 만들어지고 운용되도록 노력을 기울였다면 미국 처지가 그토록 수월하지 못했을 것이다.

지금까지 2년의 점령기간에 소련이 미국보다 잘한 것이 많고 잘못한 것이 적었다. 그러나 그것이 소련이 더 착한 나라라서 그랬던 것이 아니라는 사실을 유엔에서의 토론 내용에서 알아볼 수 있다. 조선의 사정이 미국보다 소련의 진출에 유리했던 것뿐이다.

일체의 외부 간섭 없이 조선인 손에 맡기자는 소련 제안은 민족자결의 원칙에 명쾌하게 부합하는 것이었지만 그만큼 명쾌하게 속 보이는 것이기도 했다. 애초에 외국군이 진주하지 않은 상황에서 간섭하지 말자고 하는 것은 몰라도, 2년 넘게 외국군이 관리하고 있는 상황에서 아무 대안 없이 관리자가 사라지자고 하는 것이 말이 되는 소리인가?

미국은 이북에 10만 이상의 군대가 조직되어 있다는 소문을 퍼뜨림으로써 소련의 '음모'를 부각시키고 있었는데, 군대 얘기는 거짓말이었다. 그러나 이북 사회가 이남보다 더 잘 조직되어 있었다는 것은 사실이고, 양쪽 점령군이 철수하면 소련을 지지하는 이북 지도부가 이남 극우세력을 압도하리라는 것은 타당한 전망이었다. 소련은 자기네에게 유리한 한 가지 방안에만 집착할 뿐, 중립적 회원국들을 설득하려는 아무런 노력도 하지 않았다.

1947. 11. 16.

김구, 드디어 이승만과 갈라지려나?

11월 16일 서울운동장에서 개천절 봉축행사가 열렸다. 개천절 봉축은 1909년 대종교에서 시작한 것이고 1919년 이후 상하이·충칭 임정에서 국경일로 경축해왔다. 1948년까지는 음력 10월 3일을 봉축일로 삼았는데, 1949년 이것을 양력으로 환산하기 위해 문교부에서 '개천절 음·양력 환용 심의회'를 위촉했으나 4,000여 년 전의 양력 환산이 불가능하다고 하여 양력 10월 3일로 정했다.

봉축행사에 이어 같은 자리에서 독촉국민회를 비롯한 14단체 공동 주최의 유엔 결정 감사 및 총선거 촉진 국민대회가 열렸다. 이 대회에서 유엔 결정 감사 결의문(김준연), 딘 군정장관 환영문(남송학), 시국대책요강에 대한 결의문(양우정), 중·좌익 정당 준동 대책 결의문(유진산), 총선거 촉진 결의문(박순천) 등이 채택되었다. 중·좌익 정당 준동 대책 결의문과 총선거 촉진 결의문은 이런 내용이었다.

● 중좌 12정당 준동 대책 결의문

"해방 이후 공산반역분자들이 우리 조국을 남에게 매도할 계획하에 선전, 폭동, 데모 등으로 살인, 방화, 파괴적 만행을 감행하며 전 민족 분열을 만들어 세계에 광포하며 민족잔멸을 도모하여 난국을 이루다가 그 죄악이 관영(貫盈)해서 갈 곳이 없게 되므로 그제는 중간파 명의를 무릅쓰고 공산분자의 부흥을 계획하여 도당을 호취(呼聚)하고 소위 12정당 합동회의란 것을 주창하여 민심을 현혹하며 정권을 도득(圖得)코자 하므로 필경은 또다시 외국의 후원을 얻어서 남한에 공산세력을 다시 세우기를 꾀하니 이것은 우리 민족이 하루라도 묵인·방임할 수 없는 것이다. 우리는 이 분자들의 음모에 빠지지 말고 전 민족의 합심합력으로 하여야 한다. 오늘 우리 형세에서 민족분열을 일삼는 자는 단체나 개인을 물론하고 국계와 민생을 방해하는 자로 인정하여 매국류들이 발호 탈선할 계제를 주지 말기를 결의함."

(「중좌(中左) 12정당 준동 대책 결의문」, 『동아일보』 1947년 11월 16일)

● 총선거 촉진 결의문

"유엔대표단이 남북통일 총선거 감시차로 조선에 오게 된다는 것을 결정 중이니 우리가 하루바삐 총선거를 집행하여 국회를 세워가지고 우리의 국권으로 정당한 대표를 정하여 협의 진행하지 않으면 안 될 것이다. 우리는 오래전부터 준비해온 결과로 총선거위원을 각 도·부·군·면에 조직 대기하고 있는 중이니 하지 중장에게 강청하여 금년 이내로 한다고 총선거 일자를 결정 반포하면 얼마 안에 즉시 선거를 완료할 수 있을 것이요, 만일 하지 중장이 실시를 연기한다면 우리는 자율적으로 진행할 수밖에 없는 것이니 이 고충을 하지 중장에게 통달해 양해를 얻도록 하기를 결의함."

(「유엔 결정감사 총선거 촉진 국민대회」, 『동아일보』 1947년 11월 16일)

"중·좌익 정당 준동"은 누구를 가리킨 것인가? 11월 들어 나타난 정당 연합 움직임이 있었는데, 아래 기사 끝의 목록에 보이는 것처럼 중간파 정당들의 모임이다. 그런데 한독당이 여기 끼어 있는 것이 주목을 끄는 일이다.

조선독립 문제가 국제연합총회에서 토의 중이나 미·소의 의견 대립으로 말미암아 남북통일독립 실현이 우려시되는 차제 불원하여 내조할 국련감시위원회에 대처함에 국내 정계의 협조적 일관한 주장 표시와 나가서는 남북 정계요인의 회담, 미·소 양군 철퇴 촉진, 남북통일독립의 실현을 기하고자 남북을 통한 총선거 실시 등을 자주적 입장에서 적극적으로 추진함이 절대 끽긴(喫緊)함에 우선 남조선 각 정당이 제안하여 이를 촉진코자 각 정당에서는 근간 각 대표연석회의를 개최하던 중 완전 의견일치를 보았다 하는바 금후 동향은 주목되는 바이다. 즉 한독·근민당 등을 위시한 10여 당 대표는 지난 2일 한독당 회의실에서 회합하여 의견교환 정도로 예비회합을 하고 4일에는 동 장소에서 제2차 연석회합을 한 결과 '각정당협의회'를 결성하기로 하여 동 준비위원회를 구성하였다 하며 5일에는 오후 1시 제3차 회합을 하여 동 협의회 결성준비에 관한 부서 결정 등 구체적 추진 등에 관하여 토의하였다 한다. 그리고 이에 대한 구체적 합의를 본 원칙 및 방략요지와 참가정당은 다음과 같다.

● 원칙 요지

조국의 모든 인민이 정권을 잡고 인민 자신을 위한 경제문화를 계획하고 실현할 수 있는 자주독립, 자유번영의 민주주의 국가를 건설하기에 민족의 총력을 집중하여야 할 것이며 친일잔재를 배제하고 자주자결의 방법으로써 완전독립의 민주주의 통일정부를 수립하고 관계우방에 대하여 평등호조의 우의를 촉진하여 국제안전 및 평화를 보장할 것이다.

● 방략 요지

1. 자주독립의 민주주의 통일정부를 수립하기 위하여 민족자결의 민주주의 선거기구를 중앙 및 지방에 조직하고 자유·평등·직접의 방법에 의한 보선으로써 국민의 총의를 기초로 한 국회를 창설할 것.
2. 38선의 양군 분리장벽 철폐로 우리 민족의 자주적 남북의 교류를 보장하여 전국적 총선거를 실천케 하되 그 전제조건으로 미·소 양군을 즉시 철병케 하고 일절 정권을 우리 민족에게 남기게 할 것.
3. 보선 실시방법과 양군 철퇴절차와 남북의 당면 긴급사항과 철병 후의 치안확보 문제 등을 협의하기 위하여 남북정당대표회의를 구성할 것.
4. 남북대표회의의 구성준비로서 위선 이남 각정당협의회를 구성할 것.

● 참가정당

한독당, 근로인민당, 인민공화당, 민주한독당, 민중동맹, 신진당, 조선공화당, 보국당, 조선민주당, 민주독립당, 사회인민당

(「각 정당 협의회 구성, 통일 독립에 국내 협조 기도」,
『조선일보』 1947년 11월 6일, 7일)

이 연대가 제시한 방략은 소련의 유엔 제안에 부합하는 것이다. 양쪽 점령군이 즉시 철병하고 남북정당대표회의를 구성해서 총선거 실시 등의 과제를 수행하게 하자는 것이다. 철병을 정부수립 후로 미루는 미국 제안이 유엔총회에서 채택을 바라보고 있었지만, 철병 시기의

朝鮮委員會設置案
總會서 四三對零으로可決
蘇側撤兵提案은否決
各國代表의激論
蘇는最後까지反對
兩軍撤退는九十日內로
委員會構成메버는九個國

동아일보 1947년 11월 16일자 1면, "조선위원회설치안, 총회서 43 대 0으로 가결" 소식을 보도했다.

늦고 빠름은 본질적 문제가 아니다. 각정당협의회(이하 '정협'으로 줄임)의 제안은 점령군이 있건 없건 총선거 실시를 조선인의 손으로 하자는 것이다.

한민당과 이승만 세력은 "유엔 감시하의 총선거"를 겉으로는 환영하면서도 속으로는 '유엔 감시'가 형식적인 것이 되기 바라고 있었다. 군정청(과도정부), 입법의원과 경찰의 자파 세력 그리고 미군의 비호 아래 이남의 선거를 석권하는 것이 그들의 목표였다. 그렇게 해서 이남을 장악한 다음 단계에서 이북을 끌어들여 통일을 완수하겠다는 것이었다.

그런데 남북정당대표회의가 만들어진다면 유엔위원회가 오더라도 조선인의 의견을 듣는 중요한 통로가 될 것이었다. 이남만이 아니라 남북총선거가 될 위험이 있었고, 이남의 선거관리도 자기네 세력이 일방적으로 독점하지 못하게 될 위험이 있었다. 그래서 정협이 빨갱이들의 준동인 것처럼 몰아붙이고 나선 것이었다.

그런데 곤란한 문제가 있었다. 김구의 한독당이 거기 들어가 있는 것이 아닌가. 들어가 있는 정도가 아니라 회의가 계속 한독당 당사에서 열리고 있었다. 주동적인 역할을 맡고 있었던 것이다. 한독당 부위원장 조소앙이 나서서 이런 발언을 하기도 했다.

> 각정당협의회 구성의 추진과정에 있어 한국독립당 부위원장 조소앙은 8일 기자에게 다음과 같은 견해를 피력하였다.
> "조선독립문제가 국련총회에서 구체적으로 토의 가결되고 국련감시위원회가 내조할 현 단계에 이르러 국내에서는 이에 대처하는 동시 자주적 입장에서 독립을 촉진하기 위하여는 좌우를 막론하고 절대 협의하여야 할 것이다.
> 과거에는 찬탁이니 반탁이니 하여 좌우 대립이 되어 좌우합작도 미소공위도 실패하였지만 금일에 이르러서는 탁치문제도 없어졌고 (…) 혹은 미소공위의 재판을 운운하고 국내협조를 회피하고 타를 모함함은 진정한 독립을 염려하는 자의 행위가 아닐 것이다.
> 하물며 인민을 위한 민족자주적 공화국을 건설하려면 자유공민권을 향유한 자와는 협의 협조하여야 할 것이며 좌익이니 공산주의자니 하고 타국인시한다는 것은 부당하다. 이런 견해 밑에 각 정당과 협의한다면 이것을 친소파라고 배척할 것인가?
> 요는 통일독립을 촉진하기 위하여는 지당히 좌우를 막론하고 절대로 국내 협조 협의가 필요하다."
>
> (「민족자결 원칙에 의거 국내 협조 긴급, 조소앙 씨 협의회 촉진을 역설」, 『조선일보』 1947년 11월 9일)

지금까지의 반탁세력에는 김구, 이승만, 한민당의 세 갈래가 있었다. 이들은 신탁통치를 반대한다는 것 외에 좌익을 극도로 배척한다는 공통점을 가졌기 때문에 '극우'라 할 수 있다. 그런데 민족주의 이념을 지키는 정상적 극우파는 김구 세력뿐이었다. 한민당은 반동적 이익집단이었고 이승만 세력은 권력만을 노리는 정상배 집단이었다.

미소공위 좌초로 신탁통치 문제가 해소된 이제 이 차이가 드러나게 된 것이다. 한독당은 좌익을 배척하기는 하지만 좌익도 조선 공민권을 가진 존재로서 협의 대상으로 인정한다고 나선 것이다. 좌익을 원천적으로 배제하기 위해 이남만의 선거도 불사하겠다는, 아니 이남만의 선거를 추구하겠다는 한민당-이승만 세력과 길이 갈라진 것이다.

11월 15일의 '국민대회'에서 박순천(朴順天, 1898~1983)의 낭독으로 채택된 "총선거 촉진 결의문"을 보라. 유엔위원회가 오는 것도 기다리지 말고 연내에 선거를 해치우자는 것이다. 이승만이 조종하는 민족대표자대회(이하 '민대'로 줄임)에서는 8월 하순에 '총선거대책위원회'라는 기구를 만들어놓았다. 이 기구가 선거관리를 할 테니 하지 사령관이 빨리 시행을 해달라는 것이다. 물론 이남 단독선거를 말하는 것일 수밖에 없다.

독촉국민회는 11월 17일 이남 단독선거 의지를 분명히 하는 성명을 발표했다.

> 대한독촉국민회에서는 17일 남조선총선거촉진을 기도하는 다음과 같은 요지 성명을 발표하였다. "북한에서는 소련이 허감하지 않는 동안 어찌할 수 없지만 남한에는 총선거에 대하여 미국 국무성과 하지 중장이 양해하여 공포가 된 것이고 미국인이 전적으로 우리의 주장을 동정하는 터이니 우리가 총선거로써 국회만 세우면 조국의 독립이 완성되는 것이다."
>
> (「남조선 선거요청-독촉 담」, 『조선일보』 1947년 11월 18일)

선거를 서두르자는 전략은 이승만이 앞장선 것이었다. 그는 11월 4일에 이런 내용의 담화를 발표했다. 유엔에 의지해서 남북총선거를 시도한다 하더라도 시간 낭비밖에 안 될 것이니 이남만의 총선거를 서두르자는 것이다.

"우리는 허명이나 형식상 독립보다 사실적 국권을 회복하려는 것이니 민의대로 국회를 세워서 신성불가침의 정권을 잡는 것이 우리의 독립이다. 이 실권만 가지게 되는 날은 남이 우리 일을 간섭하거나 자기들끼리 작성하고 강제로 준행시키려는 등 모든 폐단이 막힐 것이요, 남북통일을 우리 힘으로 도모하는 것이 남들에게 맡겨두고 처분만 기다리느니보다 낫고 또 속할 것이다. 우방들이 우리를 도와서 남북총선거를 행하려 할지라도 우리 정부대표가 있어서 협조해야만 우리 민의대로 해결될 수 있을 것이요, 그렇지 못하면 UN위원단이 타인들의 의견을 듣고 우리가 원치 않는 것을 준행하리니 또 혼란을 양성할 것이다.

UN대표단이 와서 남북총선거를 감시한다는 것은 소련이 불응하면 그 결과는 남한총선거로 귀결될 것뿐이니 기왕에 공위로 인하여 5·6삭 세월을 허비한 후 또다시 시일을 허비할 필요도 없고 형편도 허락지 않는 것이다. 설령 유엔의 결정대로 남북총선거가 된다 할지라도 대표단이 미·소 사령장관들과 다소간 협의가 될 것이니 그 결과로는 단순한 민의대로 진행하기가 어려울 것이오, 파괴분자들이 참가되는 날은 정부나 국회에 들어가서 파괴를 일삼을 것이니 세인 이목에 한인이 자치능력이 있다 없다 하는 치욕된 구실을 만들 것이다.

북한에 공산군이 남한 침범을 준비한다는 보도가 자주 들리는 이때에 우리는 하루바삐 정부를 세워서 국방군을 조직해놓아야 남한이 적화되는 화를 막을 것이다. 하루바삐 총선거를 행하면 한국이 UN에 참가되고 38선 철퇴를 우리의 힘과 원대로 주장할 것이다. 또 따라서 유엔에 여러 우방대표들은 우리의 민의를 따라 해결하기를 주장한바 남한에 정부수립이 하루바삐 되어 우리의 협조를 가져야 상당히 해결될 수 있는 것을 인식하고 동정하는 친우가 많으니 우리 전 민족은 이에 대하여 의혹치 말고 최속한도 내에 총선거 되기만 위하여 철저히 노력하면 우리 국권회복이 더 지연되지 않을 것이다."

(「남조선 총선거가 자주독립의 제일 첩경」, 『경향신문』 1947년 11월 5일)

남북총선거가 어차피 불가능하다는 주장은 그보다 열흘 전 총선거 대책위원회 담화에서도 나온 것이었다. 이 담화에서는 남북총선거 노력을 "국제적 제스처"로 비하했다.

우익 애국단체연합회에서 구성한 총선거대책위원회에서는 23일 다음과 같은 담화를 발표하였다.

"입의에서 선거법안 제정을 지연시키고 있을 때에 군정당국은 재삼 그 제정을 독촉하였을 뿐 아니라 6월 말까지 완료 못하는 경우에는 미군정에서 제정하여 발포하겠다고 하였는데 선거법안이 제정된 지 이미 오랜 금일에 있어서 실시를 보지 못한 이유와 의도가 나변에 있는지 우리는 이해키 곤란하다. 우리는 국제적 제스처로서 우리 독립을 지연시킨다는 것은 용허할 수 없으므로 남조선뿐만 아니라 국한된 지역까지라도 총선거를 실시하여 대외적 발언권을 획득하여야 하며 국권을 회복하여야 할 것이다."

(「선거 실시 지연 불가, 애국단체연합회 발표」, 『동아일보』 1947년 10월 24일)

서중석은 이 시점에서 이승만의 입장을 이렇게 설명했다.

> 이승만은 당시의 시점이 그가 한국의 대통령이 될 수 있는 최상의 기회로 평가하고 있었다. 그가 유엔에 의한 남한총선거를 기다리지 않고, 조속히 선거를 요구한 것은, 미군정의 김규식 지지와 유엔에 의한 한국문제 해결방안이 중도파의 득세를 가져올지도 모른다는 두려움이 깔려 있기 때문이었다. 이 때문에 10월 15일과 26일의 두 차례의 규모가 큰 군중집회에서는 주요 타격대상이 합작파들이었다. (…) 이승만은 총선을 즉각 실시하도록 12월 초순에 수일간에 걸친 대규모 시위와 철시 파업계획을 세운 것으로 알려졌으나, 계획대로 실행되지는 않았다. 그러나 합작세력을 경계하면서 유엔대표단이 오기 전에 조속히 총선거를 실시해야 한다는 그의 지론은 계속 견지하였고, 그는 유엔위원단의 실패를 예언하였다. (『한국현대민족운동연구』, 543~544쪽)

그런데 김구의 대오 이탈은 이승만에게 심각한 문제였다. 김구는 반탁운동을 함께하면서 이승만을 앞장세우면서도 조직을 장악하려는 시도를 거듭해왔다. 임정을 계승하는 국민의회에 민대를 통합하려는 김구의 시도가 9월 초에 좌절되고, 이어 이승만이 국민의회 주석 취임을 거부함으로써 갈등이 드러나기 시작했다. 그런데 이제 한독당이 정협을 주도하고 나선 것은 종래의 권력투쟁과 차원이 다른 노선 문제였다. 이 갈등을 이승만이 11월 말까지 봉합하는 과정은 다음 기회에 살펴보겠다.

1947. 11. 19.

드러나는 '민족진영'의 정체

11월 5일 첫 모임을 한 정협이 11월 17일의 여섯 번째 회합에서는 12정당 공동담화를 내놓기에 이르렀다. 아직 참가범위도 확정되지 않은 준비위원회 단계인데도 이렇게 자주 모이고 합의 내용을 빨리 발표하기 시작한 것을 보면 참가자들의 열의가 대단한 것으로 보인다.

각정당협의회 제6차 회합은 17일 오후 2시 반 한독당 회의실에서 속회하고 기간 토의 중이던 국련총회에서 결의한 조선 문제에 대한 비판 초안을 검토한 후 이를 통과시키고 현재 17정당이 참가하고 있으나 기중 4개당은 자격심사 중이며 조선공화당은 당 결의에 의코자 참가대표를 보류하기로 하여 결국 12정당이 결의하여 18일 다음과 같은 내용의 공동담화와 국련 결의에 대한 견해를 발표하였다. 그리고 19일에는 오후 1시 동 장소에서 제7차 회의를 속회하리라 한다.

● 정협 견해

1. 지난 11월 14일 유엔총회에서 결정된 조선 문제 결의는 우리 민족의 의사표시가 없이 다만 우방의 의사로써만 결정된 것이므로 우리는 민족적 자주적 견지에서 엄정 검토하지 않을 수 없다.

2. 총회는 조선의 국가독립이 재확립된 후에 점령부대의 실행가능한 조속한 시일에 철퇴할 것을 인정하였으나 원칙적으로 외병 점령하에 주권이 확립될 수 없음은 물론이요 총선거에 의한 국민의회가 자신의 정권을 수립하려 하는 순간에 있어서 그 정부조직과 및 주권행사에 이르기까지 UN위원회와의 협의를 요한다고 함은 UN 동의가 없이는 주권을 수립할 수도 없으며 또 주권행사도 할 수 없는 것을 의미한 것이므로 재확립된 독립주권이 UN의 후견적 동의에 제약되는 성격을 표현하는 것이다(결의문 서론 및 제3항 · 제4항 참조).

3. 정부수립을 협의하는 기능을 가진 국련위원이 조선정부 수립 완료 후 즉시 총회 또는 소총회에 보고함으로써 그 임무를 해소하려 하지 않고 조선 정부에 대하여 장기에 긍한 협의대상으로 마치 병립기구가 되고 있는 것은 자주독립의 절대성을 몰각한 것이다(결의문 제5항 참조).

4. 이제 총회결의 전문에 대하여 결함과 전단되는 약간점을 열거하면

(1) 총선거의 시행 주체가 조선민족이라는 명백한 표시가 없는 것.

(2) 인도 대표의 남북통일 선거안이 채택되었다 함에 불구하고 의연 지대별 선거방법을 취한 것.

(3) 선거에 있어 조선의 민주화를 위한 정치적 자유의 보장이 없는 것.

(4) 일제잔재 숙청규정이 없는 것.

(5) 결의문 제3항에 총선거에 의한 국민의회가 민족자결적으로 자신의 정부를 조직하지 못하고 국련위원회의 협의에 의한다는 것은 민족총선거로 발현하는 자주자결의 민주주의가 무시되는 것(본문 제2절 참조).

(6) 결의문 제4항에 철병문제에 관하여 정부수립 후에 '실행가능한 한도로 운운'한 것은 철병을 지연시킬 우려가 있는 것.

(7) 결의문 제5항에 국련위원회의 존속기한을 규정치 아니하고 사태

발전에 비추어 운운한 것은 국련위원회가 우리 주권행사의 협의기구로 장기 존속할 우려가 있는 것(본문 제3절 참조). 〔유엔총회 결의문 정문은 11월 14일자 일기에 전재되어 있다.〕

● 공동담화

이제 조국은 민족분열이냐 자주통일이냐의 중대 기로에 당면하였다. 그러나 우리는 민족자주정신에 입각하여 민족통일정부의 자주적 수립이 가능함을 확신하는 바이다. 조국강토로부터 외병의 철퇴를 주장하는 것은 그 이유 여하를 막론하고 민족 전체의 지상명령이다. 방금 조선 문제가 국제적으로 중대화하고 있는 이때에 조국의 주권확립을 위하여 외군 즉시철퇴를 요구하는 것은 민족의 본령이며 긍지이다.

1. 남북통일이 없이는 자주통일정부 수립과 도탄에 빠진 민생구제를 실현할 수 없으며 외병의 점령하에서는 주권을 확립할 수 없으므로 우리는 민족정의에 비추어 조속철병과 남북회담을 촉진하려는 기도임에도 불구하고 이를 반대하는 것은 자주독립을 방해하는 반민족적인 것이다.

2. 국련 결의는 그 전문에 긍하여 우리의 자주적인 주권행사가 명시되지 아니하였으며 무정기한 국련위원회 간섭이 법문화하였을 뿐만 아니라 관계국의 합의를 보지 못함으로 인하여 조선 문제 해결의 가능성이 희박한 현실에 비추어 필연적으로 남북분열을 초래할 우려가 농후한 것이다.

3. 우리는 이러한 민족자주적 입장에서 미·소 양군의 조속철퇴를 요구하며 그의 대책으로 남북정당대표회의를 구성하여 국제적으로 우려된다는 소위 진공상태를 해소하고 자주적 남북통일정부 수립을 시

행하여 조국의 자주통일정부 수립을 기하는 바이다.

(「UN 조선 문제 결의와 각정당협의회 공동담화 발표」, 『동아일보』 1947년 11월 19일)

민족주의 입장이 두드러진 내용이다. 좌우합작을 추진하던 중간파 세력이 미소공위 실패 상황 앞에서 새로운 활동 방향을 모색한 것으로 대략 볼 수 있는데, 한 가지 크게 달라진 점이라면 민족주의 입장이 강화된 것이다. 한독당의 역할이 느껴지는 점이다.

11월 19일 제7차 모임의 보도에서 한민당을 포함한 모든 정당을 포섭 대상으로 한 것을 보면 한독당의 주도적 역할이 다시 확인된다. 종래의 좌우합작 세력은 소수파의 위치가 분명했기 때문에 그런 엄두를 낼 수 없었다. 정협 회의는 계속 한독당 당사에서 열리고 있었고 한독당 최고의 이데올로그 조소앙이 정협 활동에 앞장서고 있었다.

각정당협의회 제7차 회합은 19일 오후 2시반 한독당 회의실에서 속회하고 한민당을 위시한 미참가 정당에 대한 참가 재교섭을 하기 위하여 교섭위원으로 한독, 근민, 민독당 등 3당에 일임하였으며 남북회담 및 협의회의 추진 구체적 방략을 각 정당에서 작성하여 차회합시 제출케 하여 토의하기로 하였다. 그리고 제8차 회합은 21일 오후 1시 동 장소에서 속회된다.

(「협의회와 임협, 오늘 태도를 표명」, 『조선일보』 1947년 11월 22일)

그런데 제7차 회합을 한 19일 오후 한독당에 변화의 기류가 일어났다.

국민의회 정무·법무 양 위원회가 각정당협의회 추진 보류를 결정한 것을 계기로 한독당의 태도가 자못 주목되고 있던바, 한독당에서는

19일 하오 2시부터 죽첨장 김구 숙소에서 상무위원회를 개최하고 각정당협의회 추진문제를 중심으로 장시간 논의하였으나, 김구로부터 "한독당으로서도 각정당협의회는 이 이상 더 추진시키지 말고 보류하라."라는 요청이 있어 이에 따라 동 당은 동 협의회 추진을 보류하기로 되었다 한다.

(「각정당협의회에 한독당 불참가」, 『동아일보』 1947년 11월 21일)

11월 20일자 『경향신문』에 이 변화의 배경을 소상히 보여주는 기사가 나왔었다.

「동상이몽으로 위기에 봉착, 한독당 내부에도 찬부 양파로 대립, 암초에 걸린 정당협의회」
국련에서 조선에 감시위원을 파견하게 된 것을 계기로 하여 새로 태동된 각정당협의회는 지난 17일까지 제6차 회합을 거듭하여 오는 동안에 최초 한독당이 의도하였던 이념과는 점차로 거리가 벌어지고 또 5당 캄파 투위(신진당, 근민당, 사민당, 민주한독당, 민중동맹)가 동 협의회에 참가하자 헤게모니 문제를 싸고 한독당과 5당 캄파 투위 사이에는 미묘한 공기를 자아내고 있으므로 동 협의회는 벌써부터 암초에 걸려 있다 한다.
그런데 동 협의회가 각 정당과 협상을 벌여오는 동안 한독당 내부에서는 명제세 씨를 비롯한 100여 명이 지난 12일 행동 보류를 성명하여 큰 충동을 주게 된 것은 기보한 바어니와 최근에는 동 당 지방대표가 속속 상경하여 중앙당부에 항의하고 있으며 한편 국민의회에서는 지난 17일 오후 1시부터 4시까지 죽첨장에서 법무, 정무 양 위원회를 열고 해 협의회에 대한 태도를 협의한 결과 국의로서는 동 협의

> 회가 앞으로 더 추진하면 추진할수록 민족진영을 약체화할 우려보다 도 좌익이 미소공위의 휴회로 우왕좌왕하는 이즈음에 그들에게 재기할 기회를 주는 것이라 하여 각정당협의회의 추진을 만류하기로 되었다 한다.

'캠페인'을 뜻하는 러시아말 '캄파니야'를 줄인 '캄파'는 당시 지식인 사회에서 익숙한 외래어의 하나였다. 근로인민당(이하 '근민당'으로 줄임)과 사민당 외의 3당은 뚜렷한 좌익정당도 아니었지만, 극우세력에서는 이들을 모두 좌익으로 몰아붙이기 위해 좌익 용어인 '캄파'란 말을 들먹이고 있었던 모양이다.

이 기사에 따르면 한독당이 종래 좌우합작에 나섰던 중간파를 휘하에 끌어들여 맹주 노릇을 하려다가 중간파의 주장을 어느 정도 받아들이지 않을 수 없게 된 데 대해 한독당 내부에서 반발이 일어난 것으로 보인다. 그리고 한독당이 정협을 추진한다는 사실이 다른 극우세력에게 워낙 위협적인 것이었기 때문에 한독당 내부 반발에는 외부의 책동도 어느 정도 작용했을 것이다.

한민당-이승만 세력은 미군정이 주관하는 남조선 단독선거를 최상의 진로로 여기고 있었다. 정협의 민족주의 노선은 그들에게 큰 위협이었다. 남북한 총선거, 친일파 배제, 조선인의 손에 의한 선거 등 강령이 대중의 더 많은 지지를 받을 것은 명약관화한 일이었다. 게다가 김구가 정협에 참여한다면? 지금까지 중간파를 빨갱이로 몰아붙이던 식으로 김구와 한독당을 몰아붙일 수는 없었다. 한독당 안에서도 밖에서도 한독당을 정협에서 떼어내려는 공작이 진행되었다.

> 미·소 양군 철병과 자주적 선거로써 통일정부 수립을 목표로 태동된

각정당협의회는 누차 협의를 거듭하여오는 동안에 한민, 조민, 독촉국민회를 비롯한 민족진영의 적극 반대와 조선공화당, 민독당, 남로당, 보국당 등의 미온적 태도로 인하여 동 협의회는 지난 17일 작성한 공동담화를 한 번 발표한 이래 아무런 진전을 보지 못하고 19일에는 동회 발기회에 대한 안건을 토의하려고 하였으나 조소앙 씨의 불참과 외부의 반대 기세가 농후하여 아무런 성과를 보지 못하고 기간 경과에 대하여 죽첨장에 보고한 정도에 그쳤다는데 동 석상에서 한독당 명제세 씨는 동회 추진을 극력 반대하였다 한다. 그리고 국의(國議)에서는 오후 2시부터 지난 17일 회의에 계속하여 법무, 정무 양 위원회를 열고 동회 추진 보류에 대한 최후 결정을 짓기로 되었다 한다.

한편 각정당협의회는 조국 독립의 활로가 열린 이 순간에 있어 동 협의회는 통일정부 수립의 암(癌)이 되므로 이를 제거하기 위하여 한독당을 제외한 한민, 조민, 독촉국민회 등 민족진영의 70여 정당 사회단체는 21일 오후 2시부터 한민당 회의실에서 각정당협의회대책위원회(가칭)를 열고 제 대책을 강구하기로 되었다는데 그 귀추가 극히 주목된다.

(「각정당협의회에 대처 70여 단체 궐기」, 『경향신문』 1947년 11월 21일)

11월 22일에는 김구가 담화에서 정협에 대한 입장을 표명했다.

"사전 준비가 부족한 감이 없지 않다. 본래가 각 방면의 의견을 타진하기 위한 임시회합의 성질이라고 본다. 각 중요 정당 단체 간에 충분한 합의가 있기 전에는 어떤 구체적 기구를 만들 필요는 없을 것이다. 한독당으로서는 통일을 실현시키려는 성의가 있다 할지라도 대상이 응하지 않으면 단시일 내에 성공하기 어려울 것이니 좀 더 적당한 시기까지 기다릴 필요가 있다고 생각한다."

(「적당한 시기까지 보류, 김구 씨 태도 표명」, 『경향신문』 1947년 11월 23일)

조소앙 등 한독당 일부가 정협에 나서는 것을 김구는 잠정적으로 승인하고 있었다는 뜻으로 읽힌다. "충분한 합의"가 있어서 상대가 응한다는 것은 정협 참가자들이 한독당의 헤게모니를 기꺼이 따라온다는 뜻일 게다. 그런데 상대의 호응이 기대에 미치지 못하니 지금으로서는 서두르지 않고 보류해둔다는 말이다. 아주 그만둔다는 말은 아니다.

당시 극우세력은 '민족진영'이란 말로 스스로를 '좌익진영'과 대비하고 있었고 이 말은 언론에서도 대개 그대로 받아들여 쓰고 있었다. 그런데 소위 민족진영은 통일 의지나 친일파 척결 의지의 기준에서 오히려 '반민족진영'이라 할 구성이었다. 그중에 진짜 '민족진영'의 이름에 가까운 것이 김구를 중심으로 한 한독당 세력이었다.

한독당 밖에도 민족주의자들은 있었다. 그러나 '민족진영'으로 스스로를 규정하는 민족주의세력은 한독당뿐이었다. 한독당의 민족주의자들은 외부의 민족주의자들을 중간파라 부르며 민족주의세력으로 인정하지 않았다. '민족'의 이름을 정치적으로 독점한 것이다. 과연 그들이 조선의 민족주의에 어떤 공헌을 했는가? 반탁운동 단계에서 그들은 친일파, 기회주의자들과 결탁했고 민족주의에 공헌하지 못했다. 이제 다음 단계에서는 어떤 역할을 맡게 되는가, 이제부터 살펴볼 일이다.

1947. 11. 21.

송전(送電) 문제에 대한 한 수필가의 증언

일기 중에 이따금 소개하는 수필의 필자 오기영이 모처럼 신문기사에 등장했다. 경전(京電) 업무부장인 그가 전기 사용 절약에 시민의 협력을 요청했다는 이야기다.

> "지금 이 상태로 계속된다면 금년 내로 서울은 암흑세계로 빠질 것으로 이 위기를 타개하는 데에는 시민 여러분의 협력이 절대로 필요하다. 그러므로 (1) 가정마다 두꺼비집에 정당한 퓨즈 이외의 부정한 동선(銅線)을 넣지 말 것, (2) 계측기를 통하지 않는 전깃줄을 함부로 끌어들이지 말 것, (3) 40촉 이상의 고촉(高燭) 전구를 쓰지 말 것, (4) 전열 없는 집에서는 곤로, 전기온돌을 사용하지 말 것, (5) 주상(柱上) 변전기에는 경전원 이외의 사람은 오르지 말고 고장 나면 회사에 통지할 것."
>
> (「변압기 소실로 암흑화, 절전만이 전력 수호」, 『동아일보』 1947년 11월 21일)

11월 18일 아침 이북으로부터의 송전 중단이 있었고, 한 시간 반 만에 재개되었지만 송전량을 1만 5,000킬로와트 줄인다는 통보가 따랐다. 노후한 변전시설을 제대로 정비하지 못한 결과였다(『조선일보』 1947

발전함 레지스턴스호. 미군정은 발전함을 믿고 이북과의 송전협상을 소홀히 했는데, 막상 송전이 끊기자 발전함은 큰 도움이 되지 못하면서 엄청난 비용만 일으켰다.

년 11월 18일). 11월 20일 밤늦게 사고가 수습되었으므로 송전을 정상화한다는 전화 연락이 평양에서 옴에 따라 비상사태가 해소되었지만(『조선일보』 1947년 11월 21일), 전력공급의 조건이 38선 북쪽에 있는 이상 언제라도 다시 터질 수 있는 문제였다. 그래서 소집되어 있던 전력대책위원회는 11월 21일 아침에 그대로 열렸는데 그 자리에서 대책이라고 나올 수 있는 것이 고작 절전(節電) 캠페인 정도였다.

전력 증산이 좀 더 근본적 대책이 될 수 있을 텐데 이것이 쉬운 일이 아니었다. 가장 유력한 전력 증산 방안으로 제기되어 있던 것이 섬진강 수력발전소의 확장이었다. 일제강점기에 일부 준공되어 1만 5,000킬로와트를 생산하고 있던 이 발전소에 10억 원의 공사비를 들이면 1년 후에 3만 킬로와트를 생산할 수 있다는 전망이었다(『경향신문』 1947년 11월 21일). 10억 원의 공사비 조달부터 어려운 일이었고, 설령 조달된다 하더라도 약 10만 킬로와트를 이북에서 송전받고 있던 상황에 대한 충분한 타개책은 될 수 없었다.

수필가이자 시사평론가로서 경전 간부로 일하고 있던 오기영이 전력 문제에 관한 글을 남기지 않았을 리가 없다. 1948년 7월에 발표한 글이니 이북의 송전 중단 이후에 쓴 글이지만 분단점령 상태의 전력 공급 문제를 바라보는 시각은 그대로 유효한 것이다. 미군정이 전력 문제에 관한 회담 상대로 북조선인민위원회를 인정하지 않음으로 해서 문제 해결에 지장이 있었다는 지적이 두드러진다.

「단전(斷電)」

교섭대상이 문제라서 남조선인민이 단전을 당하고 암흑상태하에서 원시적 생활을 감수해야 한다 하면 대관절 전기는 누구의 전기냐고 물어볼밖에 없는 일이다. 허리가 잘렸다 뿐이지 조선은 조선, 조선의 전기는 조선인민의 생존을 위하여 쓸 수 있는 권리가 조선인민에게 있는 것이 아니냐고 물어보자는 말이다.

그런데 지금 조선의 허리를 잘라놓은 미·소는 단 한 가지, 삼팔선을 통하던 전기마저 피차의 옥신각신 끝에 끊어버려, 이천만 생령에게서 등화(燈火)의 만족조차 상실시켜놓는 것이 어째서 정당하냐고 물어보자는 말이다.

본시가 농업 지구인 남조선이라 공업생산이 빈약한데다가 그나마 단전이 되고 보니 생산은 2할 이하로 저하라, 이만하면 완전에 가까운 파탄이다. 그런데 교섭대상이 소련이 아니면 안 된다 하여서 단전이 계속되고 생활이 완전히 정지된다 하면 이것은 장차 미국의 좋은 상품이 쏟아져 들어와서 해결할 건가?

그는 그렇다 하고 양수, 배수의 불능으로 지금 벼농사조차 대 타격이라, 이십만 석 감수 예상이 반드시 김해평야만의 실정이 아니니 그렇잖아도 부족한 식량생산에 이것은 또 외미(外米)를 들여다가 해결할 건가? 다른 것은 다 미국 것이 조선 것보다 좋을지 모르나 쌀만은 조선 사람 입에 조선 쌀 이상 좋은 것이 없으니 외미는 첫째로 먹을 맛

이 없는 것이다. 그야 굶게 되면 할 수 없이 먹을 수밖에는 없겠으나 가난한 이 나라 백성에게 그때는 또 돈이 있어야 사먹지 않느냐는 문제가 있으니 이건 '딸라' 원조에 의하여 해결할 건가?

그러고 보니 현재도 우리는 미국의 원조하에 살아가고 있다. 부족한 공업생산을 보충하기 위하여 운라(UNRRA) 구제품도 가져다주었고 부족한 식량 때문에 밀가루와 통밀과 또 초콜릿과 사탕도 받아먹고 살아가는 중이다.

이번 단전도 되자마자 인천, 부산에 대기하였던 발전선이 기능을 발휘하고 경전의 당인리 화력발전을 위하여, 하루 사백 톤이나 소용되는 석탄을 일본으로부터 실어다주고 있다.

물론 고마운 일이다. 그러나 당인리 화력발전을 위해서 하루 사백 톤씩을 소비해야 하는 석탄 값을 일본에 줘야 한다면 우리는 마음이 아프지 않을 수 없는 것이다. 조선에 있는 전기를 아니 쓰고 조선 사람에게 전기료를 지불하는 대신에 저, 불공대천의 원수 일본에다 석탄 값을 지불해야 한다는 우리의 아픈 심정은 어디에다 호소할 것인가.

아직은 원가조차 알 수 없는 미국 발전선의 전력료는, 그 고가의 중유로 발전한 대가는 얼마나, 무엇으로 지불해야 할 것이며 우리에게 그런 지불 능력이 있는가를 생각할 때에 고마움에 앞서는 두려움이 있는 것이다.

조선은 지금 미·소 두 나라의 책임하에 점령되어 있고 전력협정도 미·소 양 주둔사령관 새에 체결되었던 것이니 이제 와서 인민위원회를 상대하라는 미·소의 주장이 반드시 무리하고, 미국은 소련을 상대로 할 것이지 인민위원회를 상대하지 않는다는 그 주장이 반드시 지당할는지는 여기서 판단할 필요가 없는 일이다. 또 미국은 뒤에 생긴 백림의 단전을 예증으로 이러한 수단은 소련의 상투수단이라 하려니와 과연 그 말이 옳은지, 혹은 조선서나 독일서나 미국은 그 민족의 희생은 여하간에 소련과 싸우기에 열중하고 있다는 그 말이 옳은지, 어느 것이 옳은지, 여기서 새삼스럽게 판단할 필요는 없는 일이다.

다만 우리는 지금 우리 자신으로서는 하등의 이유도, 하등의 필요도 없이 미국의 말마따나 '불의의 곤경'에 빠져서 불의의 희생을 당하고 있다는 그 사실만을 지적하고 강조하는 이외에, 아무 다른 할 말이 없는 것이다.

물론 미국의 결의를 이해한다면 지금 이 땅은 엄숙한 의미에서 전장(戰場)인 것이다. 삼차대전의 소음이 요란한 이때에 소련의 동방 전략선과 접촉하고 있는 남조선이라는 것을 생각한다면 지금 당장 포화가 일어나지 않을 따름이지, 어느 때 포문을 열어야 할지 모르는 전장인 것이 분명하다.

이러한 관점에서 우리는 미국이 태평양 제도(諸島)의 상륙작전을 감행하고 그 찬란한 전과를 거둔 것이 모두 다 전등불이 휘황한 광명한 시야에서가 아니라 촌보의 분별이 어려웠을 암흑 한가운데서라는 그것도 알기는 하는 바이다. 하물며 전장에 무슨 공장운영이 필요하며 농경작업이 중점적인 것이랴. 허다한 신문을 인쇄하며, 문화를 선양한다는 평화스러운 사업을 고려할 수 있을 것이랴. 물론 우리는 이것을 이해하여야 한다. 그러나 해방의 감격도 잠깐이요 이제는 다시 전장적인 암흑생태와 생산 정지를 체관(諦觀)하기에는 우리 심정은 너무나 아픔을 참기가 어려웁다.

북조선은 말하기를 조선인 대표끼리 만나면 문제는 해결할 수 있다고 한다. 똑같은 문제로 송수가 끊어졌던 연백 수조 문제가 이번에 남조선 농민대표와 북조선 농림국장과의 직접 교섭에 의하여—미·

소 간의 교섭이 아니라 조선인 골육 간의 교섭에 의하여 송수가 개시되고 그리하여 균열 지경의 이만사천 정보에서 벼가 소생된 이 사실로써 우리는 전기 문제도 해결될 수 있는 방법을 알 수 있다.

미국으로서는 그 권위상 소련과의 상대만을 주장할 필요가 있을 것이요 또 만약 인민위원회와 상대하면 그것을 승인하는 결과를 두려워하는 것이겠으나 우리로서는 우리 자신의 생존 이상의 더 중대한 문제는 없는 것이다. 그래서 전력대책위원회도 생겼다 하려니와 이 대책위원회로서는 하지 중장에게 서한이나 보내는 것쯤으로 만전의 대책은 아닐 것이다.

가라, 북으로! 가서라도 해결하라. 우리에게는 민족도의가 있다. 이 도의에 입각하면 우리 문제는 우리끼리 해결할 수 있을 것이다. (『진짜 무궁화』, 128~132쪽)

1947. 11. 23.

김구, 다시 이승만 밑으로

11월 17일의 '12정당 공동담화'(11월 16일자 일기)에 대한 '규탄성명'이 11월 21일 자칭 민족진영의 70개 애국단체로부터 나왔다. 한민당 회의실에 모인 100여 정당 단체 대표들이 이 성명서를 채택하고 규탄강연회 개최(11월 27일)와 유엔위원회 환영회 거행 등을 결정한 것이다.

UN총회에서 한국독립문제가 원만히 결의되어 불원간 UN위원단이 내한케 되었음에도 불구하고 한독, 민독을 위시한 일부 군소정당이 회합한 각정당협의회란 것이 성립되어 UN결의를 반대하고 소련이 제안하였으나 절대 다수결로 부결된 미·소 양군의 즉시철병론을 한인(韓人)이 다시 주장하여 사실 불가능한 남북인회담에 의한 정부수립을 운운하는 것은 불가해한 일인 동시에 그 무모와 반동적임을 규탄치 않을 수 없다.

1. 소위 12정당협의회에서 발표한 공동담화 서두에 정협은 미·소 양군의 즉시철퇴와 남북요인회담으로써 자주통일정부 수립을 확언한다 하였으나 이것은 민전을 영도자로 한 정부수립에 동의치 않으면 정부수립이 불가능하다는 과거 2년간의 미소공위의 쓴 경험을 고의

로 은폐한 것이라 않을 수 없다.

2. 공동담화 제3항에 소위 12정당협의회는 미·소 양군 철퇴 후의 국제적 진공상태를 남북회담으로써 해소한다 하였는데, 군소정당이 공산당(남북노동당)의 주장을 억압하고 공산당에 지배받지 않을 정부를 수립할 수 있으며 내란을 방지할 수 있을까?

3. 공동담화 제2항에 UN결의는 전문에 긍하여 우리의 자주적 주권행사가 명시되지 않았다 하였는데 UN위원이 선거와 정부수립을 감시하는 것은 점령국인 미·소의 행동을 감시하는 것이요 한인의 주권을 침해 혹은 간섭하는 것이 아니다.

4. 또 동 제2항에 관계국의 합의를 보지 못하였기 때문에 필연적으로 남북분열의 우려가 있다 하였는데 통일정부 수립에 성의 없는 소련의 동의를 얻지 못한다고 조선독립을 방치할 것인가? 소련의 동의를 얻어 결의를 지으려면 UN은 여하한 결의도 못할 것이다.

요컨대 소위 정당협의회는 UN이 제2차 세계대전 이후의 세계에 있어서 안전보장과 평화유지를 목적한 최고 최대의 기구이며 전기의 목적을 위하여는 강제권을 가진 것을 망각하고 있다. 또 UN위원의 감시를 부당하다고 신경과민하게 지적하였으나 그들은 모두 평화를 수호하는 민주국가이거나 약소민족을 이해하는 약소민족이다. 그들이 조선을 해롭게 할 의도가 없음에도 불구하고 간섭이니 감시니 하여 만연히 반대만을 내세운 것은 고의로 세계의 동정을 실(失)할 행동이다. 특히 남북요인회담으로써 정부수립이 가능하고 미·소 양군의 즉시 철퇴로써 생(生)할 진공상태를 남북회담으로 해소할 수 있다는 이론은 치기만만한 희언(戱言)이 아니면 공산당의 대변자로밖에 해석되지 않는다. 12정당협의회의 반동적임을 규탄하는 바이다.

(「12정당협의회 책동은 세계동정을 상실」, 『동아일보』 1947년 11월 23일)

남북 간의 회담도 소련의 동의도 불가능한 것이라고 하는 전제가 두드러진다. 남북총선거 주장은 한민당-이승만 세력의 이남 단독선거 주장보다 민족주의 명분에서 우위에 있었다. 그래서 남북총선거가 불가능한 것이라는 주장을 한민당-이승만 세력은 앞세우지 않을 수 없었고, 그 주장을 뒷받침하기 위해 이북 세력과 소련을 대화 불가능한 존재로 규정하려 든 것이다.

위 규탄성명에는 또 하나 중요한 의미가 내포되어 있다. 한독당을 규탄 대상으로 삼은 것이다. "임정봉대(臨政奉戴)"는 한민당 창당의 명분이었고, 이승만도 임정에 기대어 '독립운동가'의 권위를 세워왔다. 그리고 양쪽 다 김구-한독당 세력과 반탁운동을 함께해왔다. 그런데 이제 신탁통치 문제가 해소된 상황에서 한독당이 "조기 철병"과 "자주적 총선거"를 내세우는 정협 움직임에 동조하자 한독당을 공격하고 나선 것이다.

한독당은 정협에 동조하는 정도가 아니라 주도적 역할을 맡았다.

> 금월 초 한국독립당의 제의로 발족한 각정당협의회는 교착상태에 봉착하였다. 즉 21일 개최한 제8차 회의 결과는 동 협의회의 추진방침에 대한 각 정당의 의견서 제출 및 미참가 정당에 대한 참가교섭의 불비 등을 이유로 이에 대한 결과를 완비한 후 차기 회합은 한독당의 재초청 시에 소집하기로 하고 무기휴회하였다 한다. 그런데 동 협의회의 기간 경과로 보아 한독당에서는 지난 19일 상무위원회의에서 동 협의회의 이상 추진을 보류하기로 결의한 후 여사한 행동을 취하게 된 것은 감히 동 당의 의도하는 바를 추측할 수 있거니와 동 당 내

부에서도 이 문제를 위요한 찬부양론으로 대립되어 있는 것도 여실히 반영되어 있다.

여하튼 한독당을 제외한 기외 정당의 금후의 태도 여하는 예단키 어려우나 국내정당의 중추세력이라고 할 한민, 남로, 한독이 불참하고 상금 참가정당 중에서도 시기 및 방법론에 있어 별로 찬동치 않는 기개 정당이 있는 것으로 보아서도 결국 동 협의회는 와해할 것으로 예측되며, 만약 어느 시기(국련위원단의 내조 후)에 국내 좌우익에서 전적으로 호응할 단계에 이른다면 몰라도 당분간 실현성은 희박할 것으로 보인다.

22일 당초 동 운동의 필요성을 역설하고 적극 추진하여오던 한독당 부위원장 조소앙은 확언하기를 피하면서 "불원 동 당으로서 태도를 석명할 것이라"고 말한 다음 "결국 이 이상 추진함이 불가능하게 된 것은 자초 의도한 바와 추진방법에 있어 거리가 멀었고 국내정계에서 전적으로 호응하지 않은 것은 역량부족이라 할 수 있다. 자국의 운명을 결정할 현 단계에 이르러 정계의 지도자라고 할 인물들이 독립운동을 할 의논을 하고자 한 좌석에서 회합을 회피함은 불가사의한 일이라"고 통매(痛罵)한 것은 과반 정계 3거두의 회담 기도에 모 요인의 거부로 말미암아 실패한 것을 시사한 듯하다. 그리고 동 씨는 이 운동을 포기한 것은 아니고 적당한 시기에 추진할 것이라고 부언하였다.

(「정협 결국 보류? 8차 회의로 무기 휴회」, 『조선일보』 1947년 11월 23일)

김구는 11월 22일 담화에서 "중요 정당 단체 간에 충분한 합의가 있기 전에는 어떤 구체적 기구를 만들 필요는 없을 것"이며 더 적당한 시기까지 기다릴 필요가 있다고 했다. 주요 정당으로 정협에 참가하고

유엔에서 분단건국의 결과를 초래할 조선 문제 처리가 진행되는 동안 김구는 세력 확장에만 몰두해서 오락가락 행보를 보였다.

있던 것은 한독당 외에 근민당과 민주독립당(이하 '민독당'으로 줄임)이었고 남조선노동당(이하 '남로당'으로 줄임)은 냉담한 태도를, 한민당은 적대적 태도를 보이고 있었다. 김구가 남로당의 정협 참가를 기대했을 것 같지는 않고, 아마 한민당을 끌어들이고 싶었을 것이다. 민족주의 깃발로 기존 반탁세력의 주류를 지키면서 중간파를 포섭함으로써 이승만 세력을 고립시키고 주도권을 잡으려는 의도로 풀이된다.

그런데 '5당 캄파(신진당, 근민당, 사민당, 민주한독당, 민중동맹)'와의 헤게모니 싸움 이야기가 나온다. 누가 주도했든 정협에 참여한 다른 정당들도 노선에 대한 의견을 제시하는 것은 당연한 일이다. 5당 캄파의 요구 내용이나 방법이 어떤 것이었는지 확인할 수 없었는데, 상황으로 보아 크게 중요한 요구는 있었을 것 같지 않다. 한독당이 요구하는 절대적 헤게모니를 인정하지 않는 정도의 저항이 아니었을지.

한독당이 더 손을 대지 않자 정협의 움직임은 멈춰버렸다. 그러다가 김구가 11월 30일과 12월 1일 이틀 연속 이화장으로 이승만을 찾아가 만난 후 태도가 돌변했다.

이승만과 김구가 주장하는 견해의 차이는 정계 주시리에 항간에도 불소한 의혹을 던지고 있었거니와 김구는 30일 오전 10시 이화장으로 이 박사를 방문하고 약 1시간 당면문제에 관하여 요담한 바 있었는데, 양 씨 측근자 모 씨 등 담에 의하면 이 박사가 주장하는 독립정부 수립 견해에 완전 의견일치를 보았다고 한다. 그 증좌로는 과반 민대(민족대표자대회)와 국의(국민의회)의 알력관계 및 이 박사의 국민의회 주석 거부 성명 이래 주장하는바 또는 행동에 있어 상이한 바 있었거니와 30일 천도교당에서 개최된 서북청년회 1주년 기념식에 오후 1시경 양 씨가 참석하여 훈화를 한 바 있으며, 1일에는 김구가 오정 이화장으로 이 박사를 재차 방문하여 약 1시간 요담한 후 오후 1시 반 천도교강당에서 개최한 국민의회 제44차 임시대회에 임석하여 치사를 한 것으로 보아서도 추측할 수 있는 바거니와 또한 30일 요담 후 양차에 긍한 양 씨의 연설 내용에 있어 이 박사의 주장하는 "동포는 시급히 한데 뭉치어 남조선총선거로 정부를 수립하여 국권을 회복한 후 남북통일을 한다."는 골자가 동일한 것과 한편 김구가 1일 정부수립 문제 등에 관한 별항과 같은 담화를 발표한 것으로 보아서도 앞으로 우익정계의 동향은 극히 주목되는 바다.

(「이 박사와 김구 씨 합의. 남조선 총선거로 공동보조 호」, 『조선일보』 1947년 12월 2일)

김구는 11월 30일과 12월 1일 이승만과 만난 후 연속 담화를 발표했다. 30일 담화는 정협 활동을 보류하되 포기하지는 않는다는 내용이었다. 그런데 1일 담화는 이승만의 이남 단독선거 노선을 그대로 따른다는 것이었다.

"전 민족적 단결은 시간과 공간의 여하를 불문하고 필요한 것이다.

그러므로 우리가 좌우합작에 실패하였다고 전 민족적 단결공작을 포기할 이유는 없는 것이다. 이러한 의미에서 금차 한독당의 발론으로 12정당이 공작을 개시한 것은 당연한 일이요 필요한 일이다. 그러나 시간이 부족하였든지 기술이 부족하였든지 혹은 노력이 부족하였든지 좌우 양측에서 거대한 부분이 적극적으로 참가치 아니하고 도리어 방관하며 심하면 중상까지 하는 듯하다. 그리하여 통일공작은 도리어 역효과를 보이고 있는 형편이니 이러한 경우에는 잠시 그 공작을 보류하고 민중의 여론에 호소하는 일방 피차간에 원만한 양해를 성립하기 위하여 좀 더 노력함이 당연할 것이다. 아무리 초급할지라도 욕속부달(欲速不達)이 되면 도리어 해가 있을 것이다. 그러나 보류가 포기는 아니다."

"혹자는 소련의 보이콧으로 인하여 유엔안이 실시 못 된다고 우려하나 유엔은 그 자신의 권위와 세계평화의 건설과 또 장래의 강력의 횡포를 방지하기 위하여 기정방침을 변하기가 만무다. 그러면 우리의 통일정부가 수립될 것은 문제도 없는 일이다. 만일 일보를 퇴하여 불행히 소련의 방해로 인하여 북한의 선거만은 실시하지 못할지라도 추후 하시에든지 그 방해가 제거되는 대로 북한이 참가할 수 있게 하는 것을 조건으로 하고 의연히 총선거의 방식으로서 정부를 수립하여야 한다.

그것은 남한의 단독정부와 같이 보일 것이나 좀 더 명백히 규정한다면 그것도 법리상으로나 국제관계상으로 보아 통일정부일 것이요 단독정부는 아닐 것이다. 우리 독립을 전취하는 효과에 있어서는 그 정부로 인정받은 것이 훨씬 좋을 것이다. 이승만 박사가 주장하는 정부는 상술한 제2의 경우에 치중할 뿐이지 결국에 내가 주장하는 정부와 같은 것인데 세인이 그것을 오해하고 단독정부라 하는 것은 유감이다. 하여튼 한국문제에 대하여 소련이 보이콧하였다고 하여 한국 자신이 UN을 보이콧하지 않은 이상 유엔이 한국에 대하여 보이콧할 이유는 존재치 아니할 것이다."

(「단독조치는 단정(單政)아니다, 남북통일 공작은 당분보류가 지당」, 『동아일보』 1947년 12월 3일)

이 상황을 서중석은 이렇게 설명했다.

김구의 태도변화는 예측할 수 없었던 것은 아니었다. 김구는 기본적으로 이승만-한민당과 더불어 극우적 성향을 지니고 있었고, 그의 행동반경은 이승만의 일정한 양보와 명분 제공에 긴밀히 연결되어 있었다. 김구는 1946년 12월 이승만의 도미외교를 지지하였고, 1947년에 들어와 단정노선을 보다 명확히 하였던 한민당에 대해서도 강한 통합의 의욕을 보였다. 특히 민족대표자대회는 출범 때부터 단정노선을 선명히 하였고, 그 후 남한총선거를 위한 선거대책위원회까지 구성하였는데, 김구는 이 조직을 국민의회에 통합시키고자 계속 노력하였다. 김구가 한국 문제의 유엔 이관을 적극 지지한 것은 이러한 각도에서도 검토가 되어야 할 것이다. 그러면서도 이 시기에 김구가 남북한 총선거를 주장하기도 한 것은 헤게모니 문제 외에도, 각정당협의회의 활동이 말해주듯, 항일독립투쟁을 해온, 그러므로 본질적으로 민족주의적이었던 한독당의 당내 분위기가 중도파의 노선으로 기울고 있었기 때문이었을 것이다. (『한국현대민족운동연구』, 546쪽)

1947. 11. 26.

허울이 벗겨진 '남조선과도정부'

38선 이북을 점령한 소련군이 최대한 서둘러 인민위원회에 업무를 넘겨줌으로써 '점령'의 의미를 최소화한 반면 이남의 미군은 군정부를 점령지역의 유일한 정부로 지키고 있었다. '민족자결'의 원리를 묵살하고 있었던 셈이다.

미군이 권력을 넘겨받을 주체를 찾지 못한 것을 큰 이유의 하나로 볼 수 있다. 이북에서는 민족주의자와 사회주의자들이 합작해서 인민위원회를 만들고 친일세력을 배제했다. 반면 미군은 처음부터 좌익의 득세를 꺼렸기 때문에 친일세력을 주축으로 한 친미세력을 키워냈으나 인민의 지지를 받을 수 없었다. 1946년 초여름 제1차 미소공위가 정회된 후에야 우익 중심의 좌우합작을 통해 주도세력 형성을 시도했지만 극우화한 친미세력을 억누르려는 성의는 보이지 않았다.

1946년 말에서 1947년 초에 걸쳐 미군은 군정부의 '조선인화(Koreanization)'를 시도했다. 남조선과도입법의원을 만들고 행정부에 남조선과도정부라는 이름을 붙였다. 조선인의 자치를 육성한다는 취지였지만, 허울뿐이었다. 입법의원의 의원 절반은 점령군사령관 임명의 관선의원이었고, 나머지 절반인 민선의원은 극우-친미파가 장악한 엉터리 선거로 선출되었다. 입법의원이 제정한 법률에 대한 거부권을 미군정 제2인자인 군정장관이 쥐고 있었다. 과도정부도 군정장관에게 예속되어 있었다.

입법의원과 과도정부 외에 사법부와 대법원을 조선인이 지휘함으로써 명목상의 '3부'는 갖춰졌다. 그러나 모든 궁극적 실권을 미군이 장악하고 있는 상황에서 3부가 제대로 기능을 발휘할 수는 없었다. 1947년 11월 들어 실상을 드러내는 사건이 속출한다. 11월 25일에 정윤환(鄭潤煥), 김우열(金又悅), 김윤근(金潤根) 3인의 고등심리원 심판관이 고등심리원장과 군정장관 앞으로 사표를 제출했는데, 이런 이유였다.

> "사법권 운용의 요체는 국가주권 보장에서 자주독립성을 확보 발휘함에 있는 것은 현대 법치국가의 국가이념인 줄 믿는다. 그런데 당면한 사태는 사법권 운용 기본이념에 상좌(相左)되어 사건처리상 간접 혹은 직접적인 외래세력의 견제로 인하여 사실상 도저히 직장을 수호치 못하게 됨을 자각할 때 국민에 대하여 심대한 죄과를 통탄할 뿐이다."
>
> (「3심판관 사표 제출, 외세로 직무 수행 불능이 원인」, 『조선일보』 1947년 11월 27일)

3인의 사표는 큰 파장을 불러일으켰고, 그들은 상황을 밝히기 위해 12월 2일에 성명서를 발표했다. 12월 4일자 『경향신문』 기사에 성명서 내용은 실지 않았지만 "대한민청 사건을 군정재판에 회부하라고 했다는 것은 너무나 독단적이고 진의와 배치되는 말이라고 지적하는 동시에 김 대법원장이 이 사건의 심리를 절대로 허락지 않았을 뿐 아니라 1심보다 중하게 할 수 없다고 사법부 미인 고문에게 언명하였다는 사실을 밝혔다."고 보도했다.

대한민주청년동맹(이하 '대한민청'으로 줄임) 사건에 대한 김용무(金用

茂, 1891~1950) 대법원장의 압력에 반발해서 사표를 제출했던 것이다. 대한민청 사건은 1947년 4월 20일 대한민청원들이 김두한(金斗漢, 1918~1972, 감찰부장)의 지휘 아래 좌익 행동대원들을 납치해서 참혹하게 폭행해 한 명을 죽이고 두 명에게 중상을 입힌 사건이다. 김두한의 잔인성이 평판을 얻은 사건의 하나다. 그런데 7월 3일 이 사건에 대한 1심 판결이 아주 가볍게 내려졌다. 총지휘자 김두한이 벌금만 내고 나온 것이다.

> 전 대한민청원 김두한 외 13명에 대한 상해치사죄에 관한 공판은 3일 오전 11시부터 심리원 대법정에서 신언한 검찰관 입회 아래 이필빈 심판관 주심으로 개정되어 각기 다음과 같은 언도가 있었다.
> 김영태 징역 7년(구형 5년), 신영균 징역 5년(구형 5년), 홍만길 징역 2년(구형 1년)
> 김두한, 김두윤, 이연근, 문화태, 고경주, 송기현 벌금 2만 원, 조희창 무죄, 기타 3명 1만 5,000원
>
> (「김두한 등 언도 최고 징역 7년」, 『조선일보』 1947년 7월 4일)

상고심에서 이 사건을 다루던 심판부의 심판관 3인이 1심보다 중형을 선고하지 말라는 대법원장의 압력에 반발해서 사표를 낸 것이다. 김용무 대법원장은 1946년 봄 판·검사단의 불신임을 받았다가 러치 군정장관의 재신임으로 유임된 인물이었다.

행정부인 과도정부는 11월 초부터 시국대책요강으로 몸살을 앓고 있었다. 시국대책요강은 8월 말 웨드마이어 특사의 방문 때 과도정부의 과제와 입장을 정리해서 정무회의(부처장회의)에서 채택, 제출했던 것이다. 안재홍과의 대담 때 내용을 소개했는데, 성격에 문제가 있는

우익 테러의 상징적 인물이었던 김두한. 그를 미화하는 드라마가 버젓이 방영되는 데 대한민국의 현주소가 있다.

문서다. 미국 대통령 특사에게 보고하는 위치에서 정무회의는 미군정 휘하의 실무진이었다. 이것은 '과도정부 내각'이란 허울과 맞지 않는 입장이다.

문제가 불거지자 입법의원에서 11월 7일 안재홍 민정장관과 부처장 몇 사람을 불러 과도정부가 민족주체성을 몰각한 문서를 작성했다고 질책했다. 정무위원회에서는 문제가 된 일부 내용을 수정해서 발표했지만, 그날 입법의원에서는 시국대책요강의 효력을 부정하고 이를 작성한 책임을 규명하기 위한 특별위원회를 구성하기로 의결했다.

여론이 비등하고 있는 과정(過政) 정무회의의 시국대책요강에 대한 입의(立議)의 태도가 자못 주목되던바 14일의 제169회 본회의에서 '남조선과도정부 정무위원회'가 작성한 소위 시국대책요강은 그 전체를 부인하고 우리 민족의 동통이 아닌 문서를 작성하여 비밀히 외국에 송치한 책임을 규탄하되 특별위원회를 조직하여 심사한 후 방침을 결정 보고케 할 것이라는 동의와 단지 "위원회만 구성하자."는 개의가 있었으나 결국 재석의원 69명중 38표 대 30표(기권 1)로 동의대로 가결하였다.

(「'시국요강' 입의서 부인」, 『서울신문』 1947년 11월 16일)

5인으로 구성된 특별위원회는 11월 25일 정무회의에 대한 불신임안 제출을 결정했으나 의장단의 요청에 따라 일단 보류하고 있다는 보도가 11월 28일자 『경향신문』에 나왔다.

시국대책요강에서 제일 문제된 내용이 38선 이남 조선의 '주권'을 미군이 갖고 있다고 한 대목인데, 실제 주권을 피차 갖지 않은 의회와 행정부 사이에 참 해결하기 어려운 문제다. 아무튼 이 문제를 놓고는 입법의원 쪽이 주체성을 내세워 과도정부를 몰아붙이고 있었는데, 그 와중에 입법의원의 체면이 참혹하게 구겨지는 사태가 발생했다. 4개월 전인 7월 20일에 입의를 통과한 '민족반역자 부일협력자 간상배에 대한 특별 법률조례'를 딘 군정장관이 거부한 것이다. 딘이 입법의원에 보낸 서한 요지는 이렇게 보도되었다.

1. 조선의 민족적 의식에 배치되는 반역적 의도로서 일본 정권을 지지한 자나 피치 못한 경우 이외에 협력을 한 자는 처벌하든가 적어도 조선국민으로서의 생활에 참여치 못하도록 제외해야 할 것은 의심할 바 없다.
2. 그러나 반역자 또는 협력자로서 규정받은 자가 누구인가를 확인하는 문제는 상당히 곤란하다.
3. 어떤 의미에 있어서는 모든 조선인은 살기 위하여 직접 일본인과 같이 일하지 않았다 하더라도 간접으로 그들에 협력하고 그 학정을

협조하였다. 전자는 진정한 의미에서 무고(無辜)나 후자는 모든 반역자에 부수되는 비난을 받아야 한다. 따라서 이 두 종류를 명백히 구별해야 한다.

4. 그리고 이 문제에 대한 법률은 극히 명백해야 하기 때문에 세계 다른 곳에서 발생하고 있는 것과 같이 개인적 보복의 도구가 되어서는 안 된다.

5. 원칙적으로는 이러한 종류의 법률이 필요는 하나 그것은 전 조선 민족의 의사가 명백히 될 때 즉 전 의원이 민선으로 된 의원에서 나와야 한다.

6. 또 반역자는 통일된 인민의 요청으로써 처벌되어야 하고 또 그 처벌은 조선 전국을 통하여 같은 표준으로 처벌되어야 한다.

7. 부일협력자를 처벌하는 법률은 그 목적에만 국한되어야 하고 간상배의 처단을 위한 규정과 혼합해서는 안 된다.

8. 하여간 상술한 제 점에서 본관은 당분간 현 법안대로는 인준을 거부할 수밖에 없다.

(「딘 장관의 서한 내용 요지」, 『경향신문』 1947년 11월 28일)

부일협력자 처리를 위한 입법은 1946년 12월 입법의원 개원 직후부터 중간파 관선의원을 중심으로 추진된 것이었다. 한민당, 독촉국민회 등 극우파 민선의원들이 이에 저항했기 때문에 시간도 오래 걸리고 내용도 많이 약화되었다. 게다가 도중에 러치 군정장관이 선거법 제정을 재촉하면서 다른 법안 심의를 중단하라고 요구하는 바람에 더욱 늦어진 것이었다.

그런데 어렵사리 입법의원을 통과하고도 4개월이나 지난 이제 딘 군정장관이 거부하고 나선 것이다. 일제 통치를 극복해야 할 민족에게 해방 후 2년 넘게 지난 이 시점까지 일제 협력집단에 대한 아무런 제재도 가하지 못하게 한다는 것이 참 어이가 없는 일이다. 학력과 재산에서 유리한 위치를 점하고 있는 그 집단이 미군정 체제 안에서 더욱 유리한 위치를 누려왔는데, 건국 과정에서도 아무런 제재가 없다면 그들이 새로 세워질 국가에서 지나치게 많은 권한을 장악할 것은 명약관화한 일이었다.

그런데 입법의원에 정작 큰 타격을 준 것은 그런 근본적 문제들보다도 위 제5항이었다. 지금의 입법의원은 완전 민선이 아니기 때문에 그런 법안을 제정할 자격이 없다는 것이다. 물론 당시 입법의원의 구성에는 문제가 많았다. 하지만 대표성을 미군정이 인정해줬기 때문에 지금까지 잘하든 못하든 일을 해온 것이다. 그런데 완전 민선이 아니라는 이유로 대표성을 부인하다니! 모처럼 입법의원 전체가 합심해서 항의할 일이 생긴 것이었다.

1947. 11. 28.

"의회 만드는 게 소꿉장난인 줄 아나?"

입법의원의 대표성과 권한을 제한적으로 보는 미군정의 시각은 부일 협력자 법안 거부 며칠 전 임시약헌 보류 통보에서 이미 나타나 있었다. 임시약헌은 1947년 3월 3일 의원 55인의 발의로 상정되어 곡절 끝에 7월 29일 입법의원 본회의를 통과한 것인데, 군정장관의 인준이 나오지 않고 있다가 11월 20일에 헬믹 군정장관의 보류 통보 서한이 입법의원에 전해졌다. 그 내용에 이런 대목이 있다.

> "1947년 8월 6일 입의 본회의에서 통과되고 제출된 임시조선헌장은 신중히 검토하였다. (…) 물론 이 제의된 헌장은 많은 장점을 가지고 있으나 관선의원이 반수고 민선의원이 반수인 입의가 이와 같은 근본적이고 엄중한 문서 즉 헌장을 제정하는 데 있어서 국민으로부터 위임을 받았다고 말하기는 어렵다는 것을 입의도 동의할 줄 믿는다. (…) 현재에 있어서는 이상 기술한 이유에 의하여 그 인준을 당분간 보류할 수밖에 없다. 그렇지마는 본인은 입의가 이 중대한 문제를 위하여 경주한 노력과 고려에 대하여 최대의 존경을 드린다. 그리고 입의는 장차 조선 통일의 영구한 헌장을 위하여 노력하기 바란다."

11월 27일 친일부역자 법안 거부 통보는 딘 군정장관 명의의 서한을 통해 전달되었고 보도된 요지 중 5항은 이런 내용이었다.

> "원칙적으로는 이러한 종류의 법률이 필요는 하나 그것은 전 조선민족의 의사가 명백히 될 때 즉 전 의원이 민선으로 된 의원에서 나와야 한다."

임시약헌 추진에는 사실 분단점령 상태에서 합당한 일인가 하는 논란의 여지가 있었고, 군정장관의 조치도 '보류'였기 때문에 즉각 반발을 일으키지 않았다. 보류라면 재론의 여지가 있기 때문이다. 그러나 부일협력자 법안의 '거부'는 속으로 그 법안을 싫어하고 법안 약화를 위해 애써 온 한민당–독촉국민회 의원들도 용납할 수 없는 것이었다.

딘 군정장관의 서한 내용이 발표되자 흥분한 의원들 사이에서는 입법의원의 즉시 해체 주장까지 나왔으나 김규식 의장의 제안에 따라 이튿날 회의에 군정장관이나 헬믹 대리를 출석시켜 질의를 하기로 결정했다. 28일에는 딘 장관이 제주도 시찰 중이었으므로 헬믹 대리가 참석했고, 이 문제는 딘 장관 부임 전부터 진행된 문제이므로 헬믹 대리가 책임지고 답변할 것이며 회의장에서 바로 답변하지 않고 후에 정리된 질문을 서면으로 받아 서면으로 응답하겠다고 했다.

입법의원에서는 12월 1일까지 의원들의 질의를 서면으로 모아 3일까지 영역해서 헬믹에게 보내고 5일까지 답변을 듣기로 했다. 12월 5일자 여러 신문 보도에 따르면 부일협력자 법안에 관한 질문 5개와 임시약헌에 관한 질문 4개가 헬믹에게 전해진 질문서에 들어 있었다고 한다.

1. 민반 부일협력자 등에 대한 인준보류 이유에 대해

(1) "일본의 점령이 장기였으므로 범죄의 종류를 명확히 구별하기 곤란한 것"

질문: 118호 법령 제7조 2항에 근거하여 제정하였는데 법령을 인준하지 않겠습니까? 또는 이 조문은 입의의원에게만 적용되고 관민에게는 불관(不關)이라고 해석하십니까?

(2) "당파적 · 개인적으로 보복의 도구가 될 것"

질문: 실시의 계선과 한도가 명확히 규정되어 있을뿐더러 법정에서 증거에 의하여 적용할 것임에도 불구하고 보복의 도구가 된다는 막연한 구실로 법률을 제정할 수 없다는 의도는 나변에 있습니까?

(3) "이런 법률이 필요하나 전 의원이 전 민족의 의사를 표현하는 민선이어야 될 것"

질문: 필요성을 자인하면서 일변으로 군정법령에 근거하여 조직된 본원의 권한을 부인하는 것이니 제118호 법령을 개정하기 전에 그 권한을 구속함은 법률에 배치되는 행정이 아닙니까? 본원 설립 당시에 조선 재건의 기초적 법률을 제정하라던 정신을 부인치 못함에도 불구하고 사실에 있어서 배치되는 해석의 답변이 무엇입니까? 이상과 같이 전체인민의 의사가 반영되지 않은 기관이라는 것은 본원의 체면을 손상시키어 권위를 타락시키는 것이니 이에 대한 명확한 답변을 요망합니다.

(4) "간상배에 대한 규정은 현재 행형법에서 취급할 수 있으므로 혼동되는 것"

질문: 전체를 보류할 이유는 없지 않습니까?

(5) "이 양법은 전체가 민선으로 된 입법기관에서 채용될 자료밖에 안 되는 것"

질문: 본원의 권한과 군정법령 제118호의 책임한도를 명백히 할 것.

2. 임시약헌의 인준을 보류한 이유에 대하여
(1) "과도입법기관은 국민 전체로부터 약헌과 같은 중대한 법안제정의 위임을 받았다고 말하기 어려운 것"
질문: 원래 기초의 의도가 본원에서 제정 실시될 제 법안의 기초로 삼자는 것이며 남북통일 시까지의 임시법안인데 제정할 수 없다는 이유는 어디 있습니까? 하지 중장과 귀하께서 남조선 민중을 대표하는 입의기관이라는 것을 공포하였고 민중도 승인한 바인데 지금에 와서 국민으로부터 법 제정을 위임받았다고 할 수 없다는 의사는 요해할 수 없습니다.
(2) "남조선에 국한 적용될 것이 아니므로 심심 고려하여야 할 것"
질문: 본원에서 제정된 법안은 남조선에만 실시될 것이니 약헌이라는 문구만 요시(要視)하지 말고 임시라는 문구도 참작하기 바랍니다.
(3) "완전한 민선 입의에서만 약헌안을 작성할 수 있는 것"
질문: 관선의원은 국민의 대표임을 부인한 것인즉 관선의원과 군정장관 간에 사무적 협조가 곤란하겠다고 생각되지 않습니까?
(4) "약헌을 인준하면 현 과도정부의 재조직이 요구되는데 정치적 유동상태에 있으므로 국내외로 진전되는 정세를 고려하여야 될 것"
질문: 현 행정부 기구개혁안을 추진하는 이유는 여하? 고 러치 장관이 행정권 이양에 약헌이 기초적으로 필요하다고 하였는데 이 점을 명백히 대답하여주시오.

(「인준보류 규탄 9개조 입의의 대헬믹 대장 질문서 내용」, 『조선일보』 1947년 12월 5일)

답변이 예정되어 있던 12월 5일 헬믹 군정장관대리는 신중한 답변을 위해 시간이 더 필요하다며 12월 9일 답변을 약속했다. 그런데 이 진행을 보도한 12월 7일자 『경향신문』 기사에서 입법의원 해산론의 배경에 조기총선론자들의 정치적 계산이 깔려 있지 않나 하는 관측이 흥미롭다.

임시약헌, 부일협력자민족반역자처단 법안에 대하여 군정장관이 확인을 보류한 것을 계기로 해산론까지 대두하고 있거니와 관·민선 양측의 이에 대한 기술적 방법이 구구하다. 즉 관선 측에서는 끝까지 인준보류의 이유를 규명한 후 태도를 결정하자는데 대하여 민선 측에서는 해명을 들어보았던들 만족할 것이 없으니 즉시 해산하자고 역설하고 있다. 여기에는 복선이 잠재해 있는 것같이 보인다. 즉 현 입의를 조속히 해산함으로써 총선거를 촉진하자는 정략이 내포되지 않았을까 하는 것이다.

그리고 입의 존속은 UN위원단의 내조 시에 중간층의 발언권을 강하게 하는 결과를 가져올 것이라 하여 약헌법 등 인준보류의 이유로 헬믹 대장이 민의를 반영한 입법원이 아니라고 과감히 지적한 것을 계기로 이것을 해체하여 새로운 민의기관을 설립하자는 의견이 유력하며 민선의원 대부분이 이에 찬동하고 있으며 이에 대한 최후적 태도 결정은 내 12일의 국의와 민대 합동회의에서 보게 될 것으로 관측된다.

하여간 현 입의는 UN위원회 내조 시에 대비하기 위하여 군정당국에서는 결코 해산시키지 않을 것으로 보이며 입의의원 측으로서는 의사를 진행하여도 하등의 실효를 얻기 곤란하니 해산 시까지 무기휴회할 것으로 관측된다.

입의에서 제정한 부일협력자 민족반역자처단법안 및 조선임시약헌에 대한 군정장관대리의 인준 보류가 도화선이 되어 입의는 방금 존폐의 기로에 서고 있는데 지난 3일 인준 보류에 대한 헬믹 대장의 명백한 이유를 규명코자 질의서를 제출하여 5일까지 회답을 요청하였던바 5일 헬믹 대장으로부터 회답을 연기하는 다음과 같은 서한이 전달되었다.

"입법의원 제씨의 질문서를 본즉 큰 오해가 있음을 알 수 있는바 확실치 못한 대답을 하여 새로운 오해를 일으키기 싫으며 중대한 문제를 대답함에는 신중하여야 할 것인즉 너무 시일이 촉박하여 5일까지는 도저히 협의하여 대답할 여유가 없으니 내 9일 본회의까지 서면으로 대답하겠다."

(「입의의 해산 여부 UN위원 내조 시에 결말?」, 『경향신문』 1947년 12월 7일)

12월 9일 헬믹은 대단히 긴 서한을 입법의원으로 보냈다. 내용 대부분은 입법의원을 존중한다는, 입법의원이 대단히 중요한 기구라는 하나마나한 소리였다. 임시약헌과 부일협력자 법안에 관해서는 아래와 같은 두 문단이 들어 있었다.

"연합국의 결의에 비추어 보아 임시약헌에 대하여 결정적 행동을 차제에 취하는 것은 부적당한 것이 명백하여 보입니다. 그러나 귀원에서 작성한 헌법은 연합국 계획하에 피선된 새 의원이 국가정부 수립에 착수할 때에 가장 적당하게 의원에 회부하여 고려하게 할 수 있을 것입니다. 본관은 부일협력자처벌안의 인준에 가장 적당한 시기는 지금이 아니라고 느꼈으나 해 법안의 인준을 연기한 결정을 재고하겠습니다.

조선인민은 그러한 중대한 관심을 가지고 있으며 입법의원은 이 중

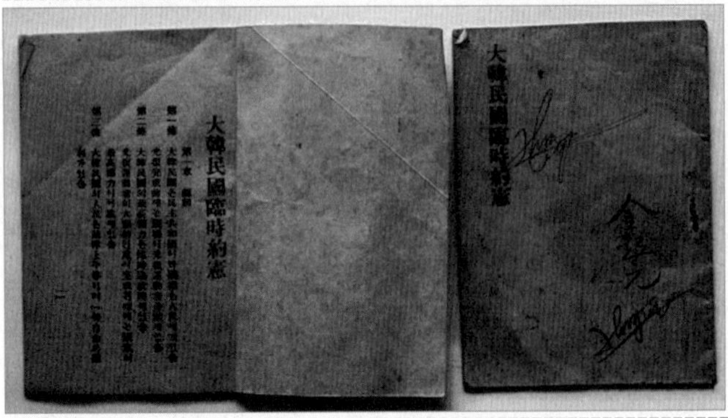
임시약헌

요한 사항에 인민의 의사를 표현할 적당한 기관인 것을 인정합니다. 해 법안을 계속하여 분석 연구한 후 법률의 보다 유효한 시행을 가능케 하기 위하여 미구에 동 법안을 귀원에 회부하겠습니다."

(「임시약헌은 보류, 부일법안은 재고려」, 『동아일보』 1947년 12월 10일)

입법의원은 헬믹의 서한에 만족하고 이 문제를 더 이상 추궁하지 않기로 결의했다. 김호(金乎) 의원의 "양 법안에 대하여 수정이나 개정할 점이 있다면 지적하여 다시 본원에 회부하여주면 재고려하겠고 그렇지 않으면 곧 인준하여주기를 요청하자."라는 동의가 있었으나 김약수(金若水) 의원의 "동건을 이 이상 추궁치 말고 일단락을 지을 것"이라는 개의가 재석의원 64인 중 40 대 9로 가결되었다(『경향신문』, 『서울신문』 1947년 12월 11일, 12일). 그리고 입법의원에서는 이날 시국대책요강과 관련하여 과도정부 정무회의 불신임안을 상정했다.

1947. 11. 30.

민족의 지도자는 어디에?

오기영의 수필 한 편을 소개한다.

「인도의 비극」

인도가 삼백여 년의 영국의 기반(羈絆)으로부터는 해방되었으나 그러나 종파의 상쟁으로부터는 해탈하지 못하였다. 힌두도 인도인이요 모슬렘도 인도인이다. 이들은 다 같이 영 제국주의와 싸웠고 다 같이 자유 인도를 위하여 싸웠다. 그러나 영 제국이 물러가매 이들은 갈렸다. 드디어 인도와 파키스탄의 두 나라로 쪼개진 것이다.

아무리 인도와 파키스탄이 우호의 인방(隣邦)이 된다 하여도 이것은 비극인 것을, 두 나라는 서로 피를 흘리며 싸움은 그칠 길이 없다. 서부 펀자브에서 피살된 힌두인과 시크인이 이십만 명이요, 동부 펀자브에서 피살된 모슬렘인이 십만 명이라 하니 이들의 종파상쟁이 얼마나 산비(酸鼻)할 참극인가를 짐작하고 남음이 있다.

보다 못해 간디 옹은 결사의 단식을 결행하였다. 영 제국과 싸우는 것까지도 이 외적과 싸우는 것까지도 무저항과 비폭력을 설한 이 성웅이 이제 자유로운 인도가 자유롭게 탄생하지 못하고 종파가 갈려 나라는 두 개로 쪼개져, 그리고 서로 치고 죽이는 양을 볼 때에 그 비통한 심경은 누구나 헤아릴 수 있는 바이거니와 싸움을 그치지 아니하면 죽을 것을 선언하고 옹이 단식을 결행한 보도는 확실히 20세기의 일대 비장한 사실이 아닐 수 없는 것이다.

다행히 인도 민중은 지도자를 아는 민중이다. 옹이 일단 단식을 결행하매 이들은 싸움을 그쳤다. "우리는 다시 싸우지 아니하리다." 하고 서로 무기를 거두어 옹의 무릎에 바치고 단식 중지를 청하였다. 인도 민중은 지도자의 뜻을 따를 줄 아는 민중이다.

하기는 세계의 많은 약소민족이 서로 두 개로 쪼개져서 싸우고 있다. 중국도 두 개요, 희랍도 두 개요, 서반아도 두 개요, 불행하거니와 우리 조선도 이 축에 들어 있다.

뭉치면 강하고 갈리면 약하다고 한다. 그런데 약한 자는 약할수록 더 잘 갈리는 습성이 있는 성싶기도 하니 이 습성을 어떻게 극복하느냐가 중대한 문제일 것이다. 모르거니와 만약 미국이 남북전쟁을 극복하고 통일하지 못하였다면 오늘의 번영은 없었을 것은 하나의 상식이다.

하지만 많은 약소민족들이 두 개로 쪼개져서 서로 싸우고 그래서 더욱더욱 약화해가고 있는 것이다. 서반아도 일찍은 세계의 최강대국이었다. 이 강자가 지체가 떨어져서 약화해진 뒤에 싸움이 잦으며 희랍은 민주주의의 발상지라 하건마는 이 나라의 좌·우파는 민주주의와는 너무나 동떨어진 폭력과 살상을 거듭하고 있다. 좌는 우의 목을 잘라서 노상에 진열하고 우는 좌의 목을 잘라다가 노상에 진열하는—마적시대 만주의 풍경을 오늘 희랍에서 찍어온 사진으로 볼 수 있을 때에 오늘날 약소민족들의 골육상쟁의 참상은 실로 언어에 절한다.

불행히 조선도 약소민족이다. 불행히 남북에 갈리고 좌우가 갈려서 싸우고 있다. 서로 죽일 계획까지는 유무 간에 간간이 죽이는 일이 있고 서로 죽여야 할 놈이라는 주장쯤은 아무 거리낌 없이 주저 없이 주장하는 것이 오늘의 조선이다.

오늘의 희랍은 결단코 평화스러운 자유의 희랍이 아니다. 아무리 좌우가 서로 목을 잘라도 이건 자꾸만 목을 잘라야 할 조건과 필요를 더욱 양성시키고 조장하는 결과가 될 뿐이지 자유를 획득하는 방법이 아닐 것쯤을 모를 리 없다.

민주주의 연합국의 일원이라는 중국도 결단코 평화스러운 자유의 중국이 아니다. 지금 조선의 남북과 좌우가 몽상하는 소위 타력의존(他力依存)의 현상을 우리는 중국에서 보고 있다. 국민정부가 미국의 원조를 받고 공산군이 소련의 원조를 받는다. 그래 중국에 무슨 다행이 있는가 말이다.

그래도 인도에는 민중이 말을 듣는 지도자가 있다. 칠십팔 세나 된 노옹이 한 번 단식으로서 그 비통한 심정을 표시하였을 때에 아무리 오늘날 나라는 두 개로 쪼개서 세웠다 하더라도 그들의 가슴속에는 다 같이 유혈상쟁을 그쳐야 할 것을 깨달아 참극은 중지되었다. 그런데 조선은 어떤가? (『신천지』 제2권 제10호(1947년 11월); 『진짜 무궁화』, 176~179쪽)

제목에는 '비극'이라고 했지만 오기영은 인도를 부러워한다. 간디(Mahatma Gandhi, 1869~1948)라는 지도자의 존재 때문이다. 제한된 범위에서 지도력을 발휘하는 기능적 지도자가 아니라 사회의 통합성을 보장하는 강력한 전인격적 지도자를 말하는 것이다.

"시대가 영웅을 만든다."는 말이 있다. 안정된 사회에는 영웅이 필요하지 않다. 영웅의 자질을 갖춘 사람도 태평한 시대에는 두각을 나타날 기회를 얻기 힘들다. 영웅을 찾고, 지도자를 찾고, 메시아를 찾는 것은 현존하는 질서에 만족할 수 없는 사회이기 때문이다.

해방된 조선에는 지도자가 필요했다. 일본 지배자들이 물러갔지만 다른 외국군이 진주했고, 그들이 말로는 조선의 독립을 도와주러 왔다고 하지만 실제 행동은 그 명분에 어긋나는 것이 많았다. 일본 지배자들보다 의도가 불분명한 외국군이 현실의 중요한 조건들을 장악하고 있는 상황에서 조선인은 모든 일에 어떻게 대응할지 알 수 없는 상황이었다. 『논어』에 "이름이 바르지 않으면 말이 통하지 않는다(名不正言不順)."고 한 귀결은 "백성이 어찌할 바를 모른다(民無所措手足)."는 것 아닌가.

지도자 숭배를 자기 책임을 회피하는 자세로 보아 비판하기도 하지만, 해방 조선의 상황은 지도자의 역할이 필요한 것이 분명했다. 안정된 정치제도가 갖춰져 있는 사회에서는 구성원 각자가 자기 가치관에 따라 자기 판단을 내리면 그 판단이 제도장치에 수렴되어 대다수가 승복할 만한 결론을 얻을 수 있다. 그런데 해방 조선에는 가장 초보적 장치인 투표제도조차 마련되어 있지 않았다.

거의 모든 것을 새로 결정해야 하는 상황에서 인민이 지도자를 필요로 한 것은 각자의 요구를 충족해주기 이전에 배가 산으로 가는 것을 막기 위해서였다. 강력한 민족주의 지도자가 있다면 투철한 사회주의자라도 그 권위를 받들어야 할 형편이었다. 지금 당장 질서가 세워질 필요에 비하면 사회주의 원리 실현이 조금 늦고 빠른 것은 대수로운 일이 아니었다.

헤쳐나가야 할 상황이 복잡하고 과제가 다양한 만큼 해방 조선은 기능적 지도자가 아닌 인격적 지도자를 필요로 했다. 인격적 지도자의 가장 손쉬운 판별 기준은 장기간의 자기희생적 투쟁경력이었다. 공산

간디는 인도인의 자치권 확대보다 인도인 사이의 계급차별 철폐가 더 중요한 일이라는 주장으로 한때 민족주의자들의 배척을 받기도 했다. 드러나 있는 인민의 요구에 영합하는 것을 넘어 더 나은 사회를 이루기 위해 필요한 일을 인민에게 깨우쳐주는 것이 진정한 지도자의 역할이라는 생각을 하게 된다.

주의자들이 박헌영(朴憲永, 1900~1955)을 지도자로 받든 것도 이 기준에 따라서였다. 1920년대에 공산당 책임비서를 지냈던 김철수(金綴洙, 1893~1986)도 이렇게 말했다.

> 감옥에서 가만히 살면서 보니까 박헌영파(경성콤그룹)만 잡혀와. (공산당) 재건운동하다가 잡혀온 것이야. 자꾸 잡혀와. 우리 파(서울상해 합동파)는, 말을 들으니까 이권운동이야. 양조업도 하고, 정미업도 하고, 뭐 그런 거 저런 거 모두 직업을 얻어가지고, 왜놈한테 얻어서, 아쉬운 소리 하고, (운동 일선에서) 딱 떨어져버려. 박헌영파가 재건운동하다가 자꾸 잡혀와. 그걸 보고 감옥에서, 내가 양심적으로 아무래도 박헌영을 (지도자로) 내세워야지(라고 생각했어.) (임경석, 『이정 박헌영 일대기』, 역사비평사 2004, 198쪽에서 재인용)

그러나 박헌영의 지도자 자격은 좌익 안에서만 통하는 것이었다. 이북에서 김일성이 투쟁경력을 갖춘 집단의 승인을 받아 지도자로 나선 것은 그의 경력이 항일무장투쟁이었기 때문에 민족주의자들도 수긍할 수 있었기 때문이다.

이남에서는 두 민족주의자가 주목받았다. 하나는 해방 당시까지 임정 주석 자리에 있던 김구고, 또 하나는 미국에서 돌아온 이승만이었다. 민족주의 지도자로서 이승만의 실제 경력에는 의문점이 많았지만 임정 초대 대통령을 지냈다는 경력이 있었고 '미국통'인 그가 미군 점령하의 이남에서는 유리한 위치를 누릴 수 있었다.

민족주의 지도자로서 이승만의 문제점들은 귀국 후 2년 동안 드러날 만큼 드러났다. 그런데 김구마저 완고한 반탁운동으로 권위가 크게 손상된데다가 조직 확보를 위해 명분을 쉽게 버리고 이승만과 손을 잡는 모습을 보이고 있었다. 그래서 오기영은 존경받는 지도자를 가진 인도를 부러워하고 있었던 것이다.

"군정 연장을 획책하셨다고요?"

김기협 | 과도정부 정무위원회에서 작성한 '시국대책요강'으로 요즘 무척 시끄럽습니다. 11월 4일자와 5일자 여러 신문에 대한독립촉성국민회, 조선민주당, 서북청년회, 대한독립촉성애국부인회, 여자국민당, 대한독립촉성노총연맹, 민통, 대동청년단, 대한농민총연맹, 한민당, 청년조선총동맹, 전국학생총연맹, 건국독립당, 국민회청년대 등 극우 정당 단체의 공동성명이 보도되었는데, 그 핵심 내용이 이런 것이었죠.

> "지난 9월 25일부로 서명되어 있던 소위 '남조선 현 정세에 대처할 조치요강'이라는 괴문서를 보건대 남조선과도정부 정무위원회에서 일치 가결되고 또 도지사와 부처장의 합동회의에서 이의 없이 통과된 것이라는 첨서(添書)가 있어서 효과적으로 사용할 목적하에 차가 작성되었음을 가히 추지할 수 있으며, 기후 상당한 시일이 경과된 금일까지에 공표되지 않았으므로 인하여 항간에 군정연장청원설 등이 전파되었다는 것을 수긍할 수 있다. 더욱이 그 내용에는 우리 민족의사에 배치되는 몇 가지 조목이 있으니 (…)"

그들은 이 문서 내용이 민족정기를 훼손하는 것이며 군정 연장을 획책하는 것이라고 주장하고 있습니다. 물의가 일자 공보부에서 그 내용을 발표했죠. 제1장 "서론"과 제2장 "신정책 수립의 기본이론"만을 옮겨놓습니다.

一. 서론

국제정세의 부조에 기한 자주독립의 지연으로 인한 국내 상태는 혼란의 극에 달하여 민중은 정치적 실망과 경제적 핍박에 시달리어 그 귀추를 판단하지 못할 경우에 처하였다.
이때야말로 남조선 위정당국은 정부의 기본정책 및 그에 따른 시책을 수립하여 그 통치에 임함으로써 남조선에 부여된 건국도상의 임무를 완수하여야 한다.

二. 신정책 수립의 기본이론

1. 남조선의 3대 목표
(1) 민족적 자주독립의 완성이 지상명령이다.
공막(空漠)한 국제주의에 반대한다. 민족국가의 형성 및 민족적 건설을 통하여 세계평화와 문화의 건설에 기여하여야 한다.
(2) 진정한 민주주의의 확립이 그 둘째 목표다.
소위 진보적 민주주의란 간판적·사기적 민주주의를 배격한다. 진정한 민주주의란 개성의 존중 및 의사표시의 자유, 양대 원칙에 입각하고 그 내포로서는 사회의 전체 이익을 방해하지 않는 범위 내 사권(私權) 및 사유재산권을 인정하면서 인류의 경험과 지식의 시사로써 다수결에 의하여 점진적으로 사회를 개량하는 주의이다. 그러므로 사유재산의 전면적 폐지 및 혁명적 방법은 거부한다. 따라서 봉건적 제도와 독재는 개인 혹은 계급적 종류 여하를 불문하고 이를 배제한다.

(3) 정부는 민생문제를 해결하여야 한다.

정치적 민주주의는 궁극 경제적 민주주의에 의거하여야 한다. 경제적 자유가 없는 정치적 자유는 공허물이다. 독점적 자본과 대지주 발호를 배제하고 다대수의 민중의 경제상 복리를 증진하는 진보적인 경제적 사회적 입법으로 정비하여야 한다.

2. 남조선과도정부의 성격

(1) 공산계열의 단체들은 미국을 제국주의와 자본주의 국가로 규정하면서 남조선과도정부는 미국의 착취식민지화 기관이라고 계속적으로 악선전하여왔다.

(2) 남조선과도정부는 조선건국과정에 역사적으로 규정된 자유 독립의 준비 완성 수단과 기관이다. 남북통일은 결국 그 노력과 세력으로 완성될 것이다.

(3) 그러므로 우리 3,000만 민중은 남조선과도정부를 실질상 우리 정부로 인식하고 그에 충실히 협력하고 애무 육성하여 하루바삐 환골탈태시켜서 명실상부하는 우리 정부로 만들어야 한다.

3. 주권은 조선민족의 민족적 입장에서 운용하여야 한다.

(1) 미주둔군사령관은 남조선 통치의 주권을 장악하고 있다. 그러나 주권운용은 제3자의 입장에서 할 것이 아니요 민족적 입장에서 그 주권이 운용되기를 기대한다.

(2) 과거 3년간의 정치운동을 검토하건대 정치 사회단체는 2대 진영으로 대립되어 있다.

제1부류는 애국적이고 군정과 협력하는 친미적인 건설적 정사(政社)들이다.
제2부류는 반민족적·반군정적·반미적·파괴적 단체들이다.
이 대립의 사실은 경찰 사법 군율 및 군정재판의 기록이 역연(歷然)하게 증명한다.
(3) 그러므로 과거 관민 간에 유포된 불편부당, 중립중간, 좌우합작의 술어로써 정사에 임한 이론과 태도는 방금 재검토와 재수정을 요한다. 전항의 대립은 불상용(不相容)의 것이므로 정치적 숙청을 통한 정치운동의 정상상태로 복귀된 후에야 비로소 자주독립의 지상명령하에 좌우중간의 노선이 정당하게 구획될 것이다.

4. 남조선 통치의 신국면
(1) 자주독립 완성의 첩경은 미·소 협조에 있다는 것은 상식이었다.
(2) 그래서 모스크바협정의 체결 및 그 실천기관인 미소공동위원회의 구성을 본 것이다.
(3) 과거 미국 국무성 및 조선주둔미군사령관은 전기 첩경론에 의거하여 남조선 통치에 임하였다.
(4) 우리 정무회는 신탁 문제 및 미소공위 협력 여부에 관한 정책에 논증됨과 같이 이 첩경론에 의하여 행정을 부담하여왔다.
(5) 그러나 작금 양년의 미소공위의 실적을 보건대 소련은 조선을 제2 몽골 및 제2 폴란드화하려는 의도가 명백하다.
(6) 더구나 북조선에는 소수 독재제의 공산주의체제의 수립으로 강행하고 무력의 발동으로써 남조선을 그 세력 범위에 예속하려 함이 역시 명백하다.
(7) 그러므로 진정한 통일은 국제적 감시하에 남북을 통한 공정한 총

선거로써야 달성할 것이다.

(8) 따라서 남조선의 국력을 충실히 하여야 한다.

'과도정부 백서'라 할 만큼 과도정부의 성격과 과제, 노선을 포괄적으로 밝힌 문서군요. 그런데 이런 방대한 문서가 정무위원회를 통과한 후 한 달이 넘도록 공표되지 않고 있었다는 사실이 이상하네요. 내용을 보면 남조선인민에게 정치적 지표를 제시하는 것인데요.

안재홍 | 9월 들어 미소공위의 실패가 분명해지면서 건국 방략이 바뀌지 않을 수 없는 상황에서 인민이 시국에 임하는 자세를 새로 가다듬을 필요가 절실하게 되었습니다. 시국대책요강은 이 필요에 부응하기 위해 작성된 것인데, 과도정부는 주둔군의 통제 아래 있으므로 그 승인이 있어야 공표의 효과가 있죠. 정무위원회 통과 후 바로 주둔군 수뇌부에 제출했는데, 여태 승인이 나오지 못하고 있었습니다.

김기협 | 러치 장관의 죽음 때문에 늦어진 문제도 있었겠군요. 그런데 二-3-(1)에서 "미주둔군사령관은 남조선 통치의 주권을 장악"하고 있다는 구절을 놓고 반민족적 태도라는 비판이 많습니다. 애초 문제를 제기했던 극우세력만이 아니라 중도적 인사들도 여기에 "주권"이란 말을 쓴 데는 불만을 표합니다. 미군정이 '통치권'을 장악하고 있는 것은 어쩔 수 없는 일이지만 '주권'까지 인정할 수는 없다는 것이지요.

안재홍 | '주권'과 '통치권'을 굳이 구별한다면 나도 '통치권'이란 말을 고르겠습니다. 하지만 "통치의 주권"이란 표현은 궁극적 의미

의 '주권'을 뜻하는 것이 아니라는 사실이 너무 분명하지 않습니까?
그건 문제의 본질이 아니죠.

중요한 뜻은 미주둔군사령관이 통치의 주권을 갖고 있더라도 그 운용이 제3자의 기준 아닌 조선민족의 기준에 따를 것을 "기대"한다는 데 있습니다. 하지 사령관이 미국 육군 중장으로서 그 지휘계통에 묶여 있는 것은 어쩔 수 없는 일이죠. 하지만 조선민족의 복리를 목적으로 삼아야 한다는 사실을 분명히 표현해놓는 것은 의미 있는 일이라고 생각합니다.

김기협 | 시국대책요강에 대한 비판이 선생님에 대한 공격으로 귀착되고 있습니다. 그런데 이 문서의 내용이 평소 선생님의 생각과 맞지 않는 점이 꽤 있는데요. 예컨대 二-3-(2)에서 기존의 양대 진영을 "애국적이고 군정과 협력하는 친미적인 건설적" 부류와 "반민족적 · 반군정적 · 반미적 · 파괴적" 부류로 가른 것은 극우파의 반공주의 그대로입니다. 정무위원회 결정을 선생님 혼자 내리는 것은 물론 아니지만, 이런 편파적 결정을 내리는 회의를 선생님이 주재하실 수 있는 것인지 이해가 잘 안 됩니다.

안재홍 | 그런 표현이 과도정부의 공식 의견으로 나오는 현실이 안타깝기는 하지만 과도정부로서는 어쩔 수 없는 일이라고 인정합니다. 내가 민정장관으로 과도정부에 참여하고 있는 한 과도정부에 필요한 어떤 일에도 참여하지 않을 수 없지요.

앞서도 말한 것처럼 과도정부는 미주둔군의 통제 아래 있습니다. 미주둔군이 명확히 표방하는 방침에 어긋나는 방향으로는 과도정부의 권한 자체가 성립되지 않아요. 개인 안재홍은 애국적이면서 반미적인 입장이 있을 수 있다고 보더라도 민정장관으로서는 그런 입장을 인정할 수 없습니다.

김기협 | 二-3-(3)에는 "불편부당, 중립중간, 좌우합작의 술어로써 정사에 임한 이론과 태도는 방금 재검토와 재수정을 요한다."고 했습니다. 선생님이 성심으로 임해온 좌우합작위의 입장을 정면으로 부정하는 주장 아닌가요? 좌우합작이 더 이상 타당성을 가질 수 없는 상황에 와 있다고 생각하시는 건가요?

안재홍 | 합작의 정신은 어떤 방법으로든 살려나가야겠지만, 지금까지 합작위의 이름으로 추진해온 사업은 한계에 도달했다고 봅니다. 좌우합작으로 시작해 남북합작을 바라보면서 미소공위의 성공으로부터 좋은 결과를 도출하는 것이 합작위의 목적입니다. 그런데 이제 미소공위가 문을 닫게 되었으니 합작위의 구체적 목표가 사라져버린 것입니다.

이 새로운 상황에서는 좌우합작을 둘러싼 우익 내부의 갈등을 지양하고 우익이 단결해 이남의 현실상황을 개선하기 위한 실현가능한 목표에 눈을 돌릴 필요가 있습니다. 합작노선의 포기를 그렇게까지 명시하지 않았으면 하는 것이 개인적 바람이지만, 혼란을 줄이고 과도정부의 역할을 잘 키워나가기 위해 필요하다면 어쩔 수 없는 일이죠.

김기협 | 二-4 "남조선 통치의 신국면"에서 미소공위 좌초에 따른 상황 변화를 밝혀놓았습니다. 그 과정에서 소련과 이북 지도집단의 책임을 지적한 것이 좀 지나치다는 생각도 들지만 역시 과도정부로서는 어쩔 수 없는 태도라고 이해합니다. 결국 (7), (8)목에서 "남북을

통한 공정한 총선거"와 "남조선의 국력을 충실히" 할 필요를 강조하는 데 이 시국대책요강의 목적이 있는 것이라고 볼 수 있겠군요.

안재홍 | 2년간 미군정의 남조선 통치에는 잘못된 정책이 많았습니다. 나는 그것이 일부러 조선과 조선인에게 해를 끼치려고 한 것이 아니라 사정을 잘 몰라서 판단을 잘못한 것이라고 생각합니다. 좌익에서는 미국이 조선을 식민지로 만들려 한다고 비난하지만, 세계정세의 변화 방향으로 보아 있을 수 없는 일입니다.

독립된 뒤에는 사정을 몰라서 저지르는 잘못은 물론 줄어들겠지요. 그러나 그때까지도 인민의 고통을 줄이고 국력을 발전시키기 위한 최선의 노력이 계속되어야 합니다. 그것이 누구보다 과도정부가 할 일입니다. 그 노력이 미흡해서 사회적 · 경제적 상황이 악화되어 있게 된다면 아무리 건국을 잘하더라도 현실문제에 어려움을 겪지 않을 수 없습니다.

총선거에 대해서도 분단건국의 음모를 말하며 냉소적인 태도를 취하는 이들이 많습니다. 그런 음모를 마음에 품은 사람들이 있을 겁니다. 그렇다면 총선거 반대가 그 음모를 분쇄하는 효과적인 길일까요? 1년 전 입법의원 선거를 외면한 사람들이 많았죠. 그렇게 해서 입법의원 설치를 막을 수 있었나요? 오히려 좋은 분들이 입법의원에 들어오기가 더 어렵게 만들고 말았습니다.

총선거는 매우 중요한 일입니다. 그리고 시행되지 않을 수 없는 일입니다. 여건의 불비를 탓하며 외면하기보다 여건이 잘 갖춰지도록 모두가 노력해야 할 일입니다. 남북을 통한 선거가 되도록, 그리고 자유롭고 공정한 선거가 되도록 모두 함께 힘써야 합니다.

김기협 | 시국대책요강에 선생님 생각도 반영된 것이라면 지금까지 좌우합작에 임하던 자세에 비해 오른쪽으로 많이 옮겨오신 겁니다. 친미·반공을 애국적·건설적이라 내세우며 좌익을 반민족적·파괴적이라 내친 것은 극우세력의 주장 그대로예요. 그런데도 극우세력이 나서서 시국대책요강을 미군정 연장 획책이라고 비난하는 이유가 무엇일까요?

안재홍 | 후세 사람들 눈에는 반탁운동에 나선 세력이 모두 극우로 보이겠지만 뚜렷이 다른 두 집단이 그 안에 있습니다. 임정·한독당 세력은 민족주의자들입니다. 그들이 미소공위에 반대하고 좌익에 맞서는 것은 민족주의 입장입니다.

또 하나의 집단은 친일파 세력이라고 할 수 있습니다. 그들은 처단을 모면하고 기득권을 지키기 위해 민족국가 건설을 방해하려 합니다. 그들이 신탁통치를 반대하는 것은 미소공위를 통한 민족국가 건설을 막기 위한 것입니다. 친미를 하는 것도 미국의 잘못된 정책을 유도해서 이용하기 위한 것이지, 진정한 친미가 아닙니다. 이번에 시비를 걸고 나온 10여 개 단체는 대개 친일파 세력에 조종받는 단체로 보여서 나로서는 그들의 비난을 오히려 영광으로 생각합니다.

일지로 보는 1947년 11월

11월

- **1일** 여객열차 일부 석탄 부족으로 운휴
- **3일** 시국대책요강에 대한 각계의 반향 공개
- **5일** 체신부, 공중전화 설치 결정
- **7일** 전국연극예술협회 결성
- **12일** 재일동포로 등록된 수 50만여 명으로 집계
- **13일** 마셜의 소총회안과 조선 문제 해결안 유엔총회에 상정 토의
- **15일** 개천절 봉축기념식 거행
- **17일** 인천 좌익사범 30여 명 포고령 위반으로 검거
- **18일** 북한의 송전 단절로 남조선 일대 정전사태
- **19일** 서울시 인구 160만 돌파
- **21일** 서울시 학무국, 학생 풍기 단속기관 설치계획
- **26일** 민정장관 안재홍, 당면문제 기자회견
- **27일** 마약범 만연에 엄중 단속 시급히 요청됨
- **29일** 전국애국여성연맹, 생활보장과 총선촉진을 위한 여성대회 개최
- **30일** 이승만과 김구, 독립정부 수립에 의견 일치

4

어지러워진 김구의 행보

1947년 12월 2 ~ 31일

원산조선소의 스쿠너 진수.

1947. 12. 2.

장덕수의 암살, 배후는 역시 김구?

12월 2일 오후 6시 50분이면 캄캄한 시간이다. 이 시간에 한민당 정치부장 장덕수(張德秀, 1894~1947)의 제기동 집에 두 청년이 찾아왔다. 한 청년은 경관 제복을 입고 있었다. 장덕수는 한민당 간부 몇 사람과 식사 중이었다. 장덕수가 마루로 나와 청년들과 몇 마디 나누고 방으로 돌아서려는 참에 경관 차림의 청년이 어깨에 걸쳤던 소총을 벗어 두 발 발사했다. 청년들은 바로 사라지고, 장덕수는 병원으로 옮기는 중 숨졌다(이경남, 『설산 장덕수』, 동아일보사 1981, 402~403쪽).

송진우(宋鎭禹, 1889~1945, 1945년 12월 30일), 여운형(呂運亨, 1886~1947, 1947년 7월 19일)에 이어 이남 해방공간에서 세 번째 정계 요인 암살이었다. 커밍스는 장덕수를 한민당을 이끌던 두 사람 중 하나로 지목했다(『The Origins of the Korean War 2』, 187쪽). 또 한 사람은 물론 김성수였다. 장덕수의 직책은 일개 부장이었지만 실제 영향력을 크게 본 것이다.

장덕수는 어떤 인물이었나? 1912~1916년 일본 유학 중 김성수와 인연을 맺어 1920년 이후 계속 '김성수 맨'으로 활동한 사람이다. 김성수는 일본 유학 중(1908~1914) 풍부한 재력으로 후일의 '김성수 맨'을 여럿 포섭했는데, 와세다대학교 2년 후배인 장덕수도 그중 하나였

서울 성북구 제기동 149의 4번지. 1947년 12월 2일 오후 7시경 장덕수가 피격 당해 숨진 집.

다. 장덕수를 찬양한 전기에 이런 대목이 있다.

이 무렵의 대학생 학비는 월 25원 정도가 있어야 했다. 수업료 4원50전, 교통비 2원 내외, 하숙비 12원, 그 밖에 책값, 단체 활동비, 용돈까지를 충당하려면 최소한 25원은 마련되어야 하는 것이다. (…)
그는〔장덕수는〕 값싼 하숙방을 구했다. (…) 그는 학비를 벌기 위해 닥치는 대로 일을 했다. 빌딩 창문도 닦고, 음식점 접시도 닦았다. 미국 선교사들의 정원 손질과 우유 배달도 서슴지 않았다. (…)
장덕수가 이처럼 패각(貝殼)의 껍질을 벗기고 현장세계로 뛰쳐나오기 시작했을 때 그는 '운명의 사람'을 만났다. 인촌 김성수였다. (…)
인촌은 장덕수의 명석한 두뇌와 열화 같은 의기, 그리고 꺾일 줄 모르는 투지를 새삼 확인하였다. 먼발치에서 덤덤히 바라볼 때에는 재(才)와 변(辯)만이 승한 것처럼 비쳐왔었는데 무릎을 맞대고 체온을 짚어보니 정은 뜨겁고 성품은 진솔하며 허식을 모르는 순박 소탈한 젊은이임을 알 수 있었다.
고하〔송진우〕의 날카로운 안광에도 장덕수의 인상은 인촌이 생각한 것과 똑같이 비쳤다. 중천에 떠 있는 해는 동산에서 쳐다봐도 태양이요 서산에서 바라봐도 태양이 아니겠는가.

이날 밤의 정담이 있음으로 해서 인촌과 고하는 흑기사(黑騎士)와 같이 비쳐 있던 장덕수를 사랑하는 의제(義弟)요 미더운 동지로 삼게 되었고 장덕수는 인촌이 형성해가는 자장(磁場) 속으로 한 걸음 두 걸음씩 흡입되기 시작했다.

특히 인촌은 장래가 촉망되며 그럴수록 학업과 학우회 사업에 정진해야 할 장덕수가 학비를 벌기 위해 많은 시간을 잡역에 빼앗기는 것이 안쓰러워 달마다 학비를 보태주었다. 이렇게 학비를 보조해줌에 있어서 인촌은 장덕수의 자존심이 상하지 않도록 의형으로서의 따뜻한 정으로 이를 감싸주었다. 왼손이 한 일을 바른손이 모르도록, 유학생 동료들의 화젯거리에 오르지 않도록 은근 세심한 신경을 쓴 것이다. (같은 책, 63~67쪽)

장덕수는 1918년 봄 상하이에 가서 여운형과 잠깐 함께 활동하다가 1919년 초 일본을 거쳐 귀국하던 길에 체포되었다. 그해 말 여운형이 일본 당국의 요청으로 일본에 갈 때 장덕수를 통역으로 지명해서 석방되었다고 한다. 여운형과 함께 일본에 다녀온 직후 『동아일보』 창간에 참여, 초대 주간을 맡으면서 '김성수 맨'으로서 경력을 시작했다.

장덕수의 경력 중 확연히 이해하기 힘든 것 하나가 1923~1936년의 장기간 미국 체류(그중 3년간은 영국)다. 『동아일보』 초창기의 3년 동안 그가 너무 의욕적으로 다방면의 일을 벌이다가 물의를 많이 일으켜 '자의 반 타의 반의 외유'에 나서게 된 경위는 대충 이해할 수 있다. 그러나 박사학위 받는 데 13년이나? 『설산 장덕수』에는 그가 『동아일보』 부사장 직함을 그대로 갖고 특파원 노릇을 한 것처럼 설명되어 있

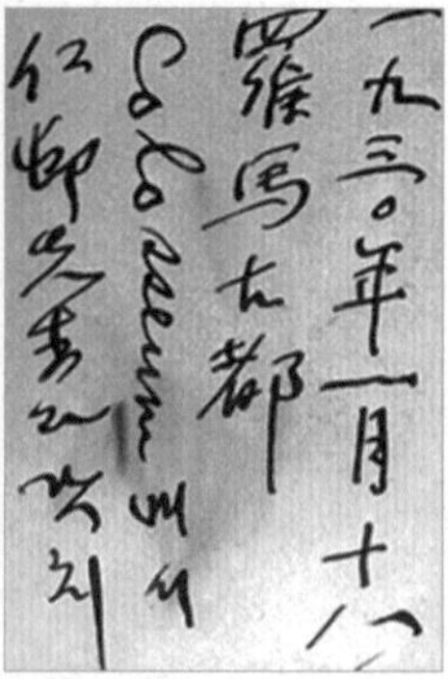

1930년 로마에서 김성수와 장덕수. 장덕수의 자필 사진 설명. 와세다대학교 유학 시절 장덕수가 김성수에게서 많은 경제적 도움을 얻은 사실이 두 사람의 전기에 드러나 보인다.

지만, 『네이버 뉴스 라이브러리』로 검색해보면 이 기간 중 '장덕수' 이름이 『동아일보』 지면에 나타난 것은 1년에 고작 한두 차례가 보통이다. 이 긴 기간 김성수가 월급 주고, 비용 대주고, 심지어 어머니 회갑연까지 대신 차려드린 정성이 무엇 때문인지도 이해하기 힘들다.

1936년 귀국 후 장덕수는 동아일보사와 보성전문학교에서 해방 때까지 일하는데, 김성수 친일활동의 대리인 노릇이었다고 할 수 있다. '민족언론'과 '민족교육'을 표방하는 김성수가 친일활동에 직접 나서기 껄끄러운 측면을 대신 맡아준 것이다. 해방 후 한민당 인사 중에서도 친일행적이 가장 뚜렷한 사람이 장덕수였는데, 그의 친일행위가 극명했던 큰 까닭이 김성수를 감싸주는 대리인 역할에 있었다고 보인다.

미군정하에서 장덕수는 김성수의 친미활동을 위한 대리인 역할을 다시 맡았다. 한민당 창당 때 그는 외무부장을 맡았는데, 『설산 장덕수』에 그 역할이 그려져 있다.

> 설산이 담당한 외무부에는 구미유학을 마친 제제다사가 망라되어 있어 한민당 내에서는 '해외유학부'라는 별명을 들을 정도였다. 윤보선, 윤치영, 이활, 구자옥, 문장욱, 박용하, 최순주, 윤홍섭, 이상은 등 거의 모두가 해외유학 출신이므로 외국어에 능통했고, 또한 설산과 의기상통하는 동지들이었다.
>
> 구성인원이 이러하였으므로 미군이 진주하여 총독부 청사에 군정청을 개설함에 따라 이들의 할 일은 아연 활기를 띠게 되었다. 그런 가운데서도 설산은 민족진영의 간판 격이요 한국민주당 대표인 고하 송진우를 하지 사령관이나 아놀드 군정장관과 긴밀히 연계시켜야 하는 중요한 임무를 수행하게 되었다. (…)
>
> 설산으로부터 미군정의 허상을 전해들은 고하는 "그렇다면 그들을 깨우쳐줘야겠군. 알아야 면장도 한다고 한국 실정에 까막눈이 돼서야 군정이 잘될 리 없지!" 그는 외무부장 장덕수에게 미군사령관 및 군정청 고급장교들과 긴밀히 접촉하여 한국민주당과의 대화 루트를 마련해보도록 당부했다. (…) 설산의 하루 일과 중에는 미군정과의 연계 절충역을 수행하는 것이 중요한 과제가 되었다. (같은 책, 308~312쪽)

이승만 다음으로 미국 경험이 많은데다가 활동력이 뛰어난 그가 미군정과의 관계에서 얼마나 중요한 역할을 맡았는지 가히 짐작할 수 있는 일이다. 그러나 커밍스가 그를 김성수와 함께 한민당의 두 지도자로 꼽은 이유는 그것만이 아니었다. 이승만과 김구가 귀국하자 한민당과 그들 사이의 관계에서 장덕수의 역할이 더욱 부각되었다. 그래서 직책도 외무부장에서 정치부장으로 바꾸게 된 것이었다.

이 무렵, 인촌과 고하는 이승만이 적수공권으로 귀국하였으며 그에게는 경제력을 가진 친척도 전혀 없다는 점에 유의하여 설산에게 무거운 짐 하나를 떠맡겼다. "설산, 이 박사가 적수공권이라는 것은 천하가 아는 일이요. 그 어른의 정치자금은 우리가 어떻게 해결할 테니까 설산은 숙소 마련에 힘써주오. 조선호텔에 언제까지나 유하실 형편도 못 되니 말이요."

설산은 돈을 직접 마련하거나 돈을 주무르는 일은 질색이었다. 그러나 육신을 움직이고 설득을 벌여 무엇인가를 주선하는 일에는 남다른 열의와 솜씨가 있었다.

그는 돈암동에 있는 장진섭을 찾아갔다. 역시 한민당원이며 같은 황해도 출신이므로 이야기를 꺼내기가 쉬웠다. "민족의 영웅 되시는 분이 여관방 신세를 져서야 되겠소? 더욱이 이 박사께서는 건국사업을 위해 많은 사람들과 만나셔야 하고, 때로는 조용히 구상도 하시고, 또 밀담도 나누실 일이 자주 있을 텐데 도떼기시장 같은 호텔에서는 아무래도 불편해서……."

장진섭은 설산의 말이 채 끝나기 전에 내의(來意)를 알아차리고 이승만의 거처를 제공하겠노라고 쾌락하였다. 이 거처가 세칭 '돈암장'이다. 이승만은 돈암장을 주선해준 사람이 설산이라는 것을 알고 설산에 대한 정의(情誼)를 더욱 뜨겁게 하였다. 그리고 이러한 사사로운 정분뿐만이 아니라 자주 접촉하는 동안 설산이 정치이론가로서도 출중한 인물임을 확인하게 되었다.

설산은 한민당 중진간부로서는 가장 빈번하게 돈암장을 드나들었다. 이승만이 설산의 명석한 두뇌를 빌리기 위하여 자주 부르기도 하였고, 국내정치 현실에 좀 어두운 편인 이승만에게 정국의 실상을 알려주며 그의 정치적 구상을 적극 피력함으로써 이승만을 그의 노선 쪽으로 유도하기 위하여 능동적으로 찾아가기도 했다. (같은 책, 319~320쪽)

설산은 돈암장 못지않게 경교장도 자주 찾아 김구에게 국내 정치정세의 동향이며 민족진영의 진로에 관하여 정력적으로 설명하였다. 김구 역시 30여 년 전 재령 나무리벌 보강학교에서 장덕준-덕수 형제를 만났던 일을 회상하고, 또한 설산의 형과 아우가 모두 광복전선에서 순의한 것을 상기하며 설산을 대견스러워했고, 설산의 높은 정치적 식견과 유창한 말솜씨에 귀를 기울이기도 했다.

김구는 환국 후 얼마 안 되어 설산의 모친을 수은동 댁으로 찾아가 큰절을 하며 목 메인 소리로 인사를 드렸다. "두 아드님을 나라에 바치신 어머님을 이렇게 뵈오니 그 아드님들을 제가 죽게 한 것 같아 면목이 없습니다. 그렇지만 가운데 아들 덕수가 훌륭한 일을 하고 있으므로 위안을 삼으시며 여생을 편히 쉬십시오." (…)

임정 요인들이 환국한 지 겨우 한 달, 그동안 설산은 김구의 부름을 받거나 자진해서 여러 번 경교장을 방문했었다. 그는 김구에게 국내 정세를 조리 있게 설명해주었고, 김구는 설산의 정치적 식견과 뛰어난 웅변을 대견스럽게 보아왔다. 그렇지만 김구를 둘러싼 임정의 젊은 층 요인들은 설산을 흰 눈으로 보기 시작했다. 식견으로는 당할 수 없고, 이론으로 맞설 수 없으며, 언변으로도 대적할 수 없음을 알게 된 것이다. 더욱이 설산의 뒤에는 인촌과 고하라는 민족진영의 국내 거성이 후광처럼 버티고 있으며 한국민주당은 설산을 정치이론의 기수로 내세우고 있는 것이 아닌가. 미군정과의 관계에 있어서도 설산은 이미 든든한 통로를 열어놓고 있는 것이다. (같은 책, 325~332쪽)

인용한 끝 문단에서 임정 세력과의 갈등이 언급되었다. 김구와 장덕수의 사이는 좋았는데 김구의 아랫사람들이 장덕수를 적대한 것처럼 서술했다. 한민당은 공식적으로 김구를 적대시하지 않았다. 그래서 모든 갈등을 국부적이고 우발적인 것처럼 얼버무렸는데, 이 전기 작가도 그 관점을 이어받은 것이다. 그러나 장덕수와 김구의 관계가 악화되는 장면을 끝내 피할 수는 없다. 1946년 봄 국민당, 신한민족당, 한민당과 한독당의 통합 논의 중 한 장면이 이 전기에는 이렇게 그려져 있다.

> 한독당의 당명과 당시를 계승하고, 김구를 중앙집행위원장으로 추대하며 14개의 부서 중 핵심이라 할 총무, 재정, 선전, 조직은 한독당 측이 맡고, 나머지 10개 부서를 한민, 국민, 신한민족당의 3개 정당 출신이 나누어 맡는다는 결론에 도달했다. 누가 보아도 대등한 입장에서의 합당이 아니라 한독당에의 흡수통합을 의미했다.
> 인촌은 그렇게 해서라도 범민족정당의 출범을 보려고 했던 것이다. 그러나 4월 9일에 개최된 한민당 중앙집행위원회는 이 '합당안'을 부결시켜버렸다. "그것은 합당이 아니라 헌당이오!" 집행위원들은 거의 이구동성으로 한독당의 독존을 성토했다.
> "설산이 교섭위원으로 갔으면서도 인촌의 지나친 아량을 제지하지 못했다니 참 모를 일이야!" 설산의 두뇌와 언변을 잘 아는 동지들은 이렇게 아쉬워했다.
> 한편 한독당 측에서는 색다른 반응을 나타냈다. "인촌은 백의종군이라도 하실 분인데 설산이 뒤에 돌아가서 부결공작을 꾸민 게 틀림없다. 합당을 깬 장본인은 장덕수다!"
> 김구는 이런 말을 믿으려 하지 않았으며, 설산은 자기 결백을 위해 변명을 하지 않았으나 결과적으로 백범과 설산은 일월 같은 사이면서도 월식현상을 일으키게 되었다. (같은 책, 351쪽)

아무리 장덕수를 추어올리기 위해 쓴 책이라지만, "백범과 설산은 일월 같은 사이?" 심했다. 그래도 여기까지는 김구와 장덕수 사이의 대립관계를 얼버무려 표현하고 있다. 그러나 1947년 2월 김구가 한민당 통합을 다시 시도했을 때 장덕수가 합당 반대에 앞장선 사실은 마치 부득이한 것처럼 그리면서도 아주 감출 수는 없었다.

> 인촌, 설산, 백남훈이 경교장 회담실을 막 나오려고 하는데 한독당에 먼저 흡수된 신한민족당 계열의 모 인사가 뛰어들면서 폭언을 퍼부었다. "백범 선생, 한민당과의 합당은 마음대로 못하십니다. 그들은 일본놈들에게 아부하고, 미국놈이 들어오니 또 미국놈에게 아부하고……."
> 듣다 못한 설산이 벌떡 일어섰다. "여보시오! 말을 삼가시오. 무슨 욕이든지 외국놈과 갖다 붙이면 다 정당한 소리가 되는 줄 아시오?"
> 험악해진 자리는 김구의 만류로 겨우 진정되었다. 그래도 설산은 분을 참지 못하여 "고약한 놈들 같으니. 지금 백범 선생님 앞만 아니라면 너희 놈들을 그냥 두지 않을 것인데……." 그는 인촌과 백남훈을 호위하듯 하고 경교장을 나와버렸다.
> 인촌의 계동 댁에 돌아와서 설산은 말했다. "백범 선생의 애국심은 의심할 여지가 없지만 한독당과의 합당은 단념합시다. 지금의 한독당은 백범 선생의 재래파와 국민당, 신한민족당 계열들이 서로 의견 충돌을 일으켜 당론도 통일시키지 못하고 있습니다. 더욱이 국민당, 신한민족당 계열 사람들은 우리 한민당이 들어가면 자기들의 설 자리를 잃을까 해서 앞질러 훼방을 하고 있으니 우리가 합당에 응하면 그 분란이 더 커집니다." 인촌은 설산의 말에 고개를 끄덕이었다. 임시정부와 한민당, 한국독립당과 인촌, 그리고 백범과 설산 사이의 숙명적이었던 친화력은 날이 갈수록 감모(減耗)되어갔다.

이 불행이 설산의 인간적 비극을 배태하고 있었다. (같은 책, 352~353쪽)

마지막 문장은 김구를 장덕수의 암살 배후로 보는 시각이 적용된 것이다. 김구에 대한 장덕수의 존경심은 한결같은데도 김구가 장덕수를 죽였다는 의미에서 저자는 '비극'이란 표현을 썼다.

장덕수가 정말로 한결같이 김구를 존경했을까? 그 무렵에 실제로 일어난 일들을 알고 있는 사람은 인용된 장덕수의 주장에 거짓이 있음을 알아보지 못할 수 없다. 파탄의 원인을 국민당계와 신한민족당계의 질투심으로 돌린 말인데, 그들은 한민당이 친일파 지주정당이기 때문에 합당을 반대한 것이지, 지분이 줄어들까봐 반대한 것이 아니었다. 한민당과의 합당이 실패했음에도 그들은 노선 차이 때문에 한독당과 곧 결별하게 되지 않는가.

송진우와 여운형의 암살 때도 김구가 배후라는 이야기가 유력하게 떠돌았다. 나는 그것을 믿고 싶지 않았다. 그러나 장덕수의 암살에 대해서는 김구의 역할을 믿지 않을 수 없다.

1947. 12. 7.

김구의 '남조선 총선거' 지지, 너무 빠른 표변

12월 2일에 국민의회와 민대 대표들이 모여 두 기구의 통합 방침을 의논하고 이튿날 아래와 같은 내용의 '협상서'를 공동으로 발표했다.

"본인 등은 이승만 박사와 김구 선생 양 영수의 의도를 받들어 국민의회와 한국민족대표자대회를 대표하여 대한민국 29년 12월 2일 민족통일총본부 회의실에서 국민의회에의 민대(입의 측을 포함함) 연립에 관하여 협상한 결과 좌기 원칙에 의하여 원만 타결을 득함.

1. 우리는 국민의회 의원선거법에 의하여 조속한 기한 내에 자율적으로 총선거를 단행함. 단 UN감시 선거가 우리의 기도에 일치할 시는 우리는 차에 협조할 것이다.

2. 제44차 국민의회 임시의회(완전합동회의)는 12월 12일 오후 1시에 속개할 것.

3. 전항 회의에 부의사항을 재심하기 위하여 국민의회 한국민족대표자대회에서 각 3명씩 위원을 좌와 여히 선정함.

국민의회 측: 최석봉, 조상항, 신일준

한국민족대표자대회 측: 명제세, 강인순, 최규설

4. 우를 증하기 위하여 협상서를 2통을 작성하고 기 1통씩을 보관함

대한민국 29년 12월 2일
국민의회대표: 최석봉, 조상항, 조대연, 이단, 이운, 신일준, 박윤진
한국민족대표자대회대표: 명제세, 이윤영, 신익희, 박순천, 강인순, 최규설"

(「합동회의개최 등 민대 국의 공동협상서 발표」, 『경향신문』 1947년 12월 4일)

국민의회는 충칭 임정 의정원의 전통을 이어받은 기구였다. 1946년 2월 1일 결성된 비상국민의회는 신탁통치 문제를 둘러싼 좌우대립의 심화 과정에서 임정 세력을 중심으로 우익을 결집시킨 기구로서 임정 헌장의 계승을 표방했다. 그러나 2월 14일 김구와 이승만이 지명한 28인으로 구성한 그 최고정무위원회가 출범과 동시에 군정사령관 자문기구인 '남조선국민대표민주의원(민주의원)'의 간판을 달면서 성격이 애매하게 되었다. 그러다가 1947년 2월 중순 비상국민의회 대의원대회에서 기구 명칭을 '국민의회'로 바꾼 것은 우익의 재결집을 노린 조직 강화 시도였다.

국민의회 출범 때 가장 중요한 포섭 대상이 독촉국민회와 민통이었다. 두 기구는 이승만의 조직이었는데 이승만의 미국 체류 동안 국민의회 측에서 반탁운동을 명분으로 통합을 시도한 것이었다. 이 통합은 될 듯 말 듯하다가 안 되고 말았고, 이승만은 4월 하순 귀국 후 자기 조직을 민대로 정비했다.

국민의회 측이 이승만의 조직을 통합(흡수)하려고 애쓴 것은 김구의 의지였다. 김구는 한 살 연상이고 임정 선배인 이승만을 "형님"이라 부르며 공식적으로 앞세우는 일방 실제 조직을 장악함으로써 실력 확장을 시도한 것이었다. 자기 조직이라 할 수 있는 국민의회 주석으로 이승만을 추대함으로써 조직 통합의 계기를 만들려고 했다. 그러나 이

승만은 1947년 9월 16일 국민의회 주석 취임 거부를 성명으로 발표했다. 그에 앞서 있었던 국민의회와 민대의 통합 시도도 물론 수포로 돌아갔다.

이승만이 9월 16일 성명에서 주석 취임 거부와 함께 남조선 총선거를 주장한 점이 눈에 띈다. 국민의회의 남조선 총선거 반대 노선이 취임 거부 이유라는 사실을 명시한 것이다.

> "지난 3월에 조직되었다는 정부에 내가 주석 책임을 감당할 수 없는 형편이니 나의 고충을 여러분이 양해해주기 바란다. 나는 남한만으로라도 총선거를 행하여 국회를 세워야 국권 회복의 토대가 생겨서 남북통일을 역도(力圖)할 수 있을 유일한 방식으로 믿는 터이므로 누구나 이 주의와 위반되시는 이가 있다면 나는 합동만을 위하여 이 주의를 포기할 수 없을 것이다. 김 주석은 이에 대하여 이의가 별로 없을 줄을 내가 믿는 터이나 임정을 지켜오던 몇몇 동지와 갈리기를 차마 못하는 관계로 심리상 고통을 받으시는 중이니 일반 동포는 오해가 없기를 바란다.
>
> 내가 총선거를 주장하는 것은 남북을 영영 나누자는 것이 아니요 남한만이라도 정부를 세워서 국제상에 발언권을 얻어 우리의 힘으로 통일을 촉성할 문로를 열자는 것이며 만일 이보다 더 나은 방식이 있다면 우리가 다시 생각해볼 여지가 있을 것이지마는 아무 다른 방식이 없는 경우에는 이것이 유일한 방식이니 전 민족이 다 합심해서 이것을 촉진하는 것이 가능할 것입니다. 총선거에 대하여 나는 개인적 무슨 욕망을 두지 않는 터이요 또한 나는 자초(自初)로 평민의 권위를 존중히 여기므로 정부 밖에서 정부를 옹호하는 책임을 자담(自擔)하는 것이 나의 원하는 바이니 일반 동포는 나의 고충을 양해하기

바란다."

(「국민의회 주석을 거부, 남조선 총선거를 주장-이 박사 선언발표」, 『경향신문』 1947년 9월 17일)

원래 민대가 국민의회와 통합을 꺼린 가장 큰 이유는 국민의회의 임정 법통 주장에 있었다. 그런데 1947년 7월 중순의 민대 회의에서 통합 논의가 큰 진전을 본 것은 "이승만 박사의 임정추진 지지의 표명을 계기로 의견 상위는 일소"되었기 때문이라고 한다. 이에 따라 7월 15일 국민의회 상무위원회와 민대 교섭위원회가 나란히 열려 합동 방식을 국민의회 강화 쪽으로 결정해가고 있다는 보도가 나왔다(『경향신문』 1947년 7월 16일).

이승만이 임정 법통을 지지한다는 것은 김구에 대한 큰 양보였다. 그에 대한 반대급부는 기사에 나타나지 않았다. 그러나 이 통합 교섭이 결국 좌초되고, 바로 이어 이승만이 주석 취임 거부 성명에서 남조선 총선거 주장에 동의하지 않는 자와는 합동할 수 없다고 한 것을 보면 그의 요구가 무엇이었는지는 자명하다.

11월 30일과 12월 1일, 김구는 연일 이승만을 찾아가 만났고, 만난 뒤에는 이승만의 남조선 총선거 주장을 지지하는 담화를 발표했다. 12월 1일에는 이승만이 그동안 참석하지 않던 국민의회 회의장을 찾아갔고, 김구는 그 자리에서도 이승만의 남조선 총선거 주장에 화답했다.

이승만 박사와 김구 씨는 1일 국의 제14차 회의에서 다음과 같은 치사를 하였다.

이 박사 치사: "우리 민족은 일심이 되어서 국권을 회복하여야 된다. 과거의 모든 관념적 의사는 막론하고 주저 없이 일단(一團)이 되어 우

리 힘으로 총선거에 임하기 위하여 제공은 강력하고 철저하게 나가라. 우리 민족 간에 외방세력을 이용하여 분열을 일삼는 자가 있는데 배격하고 단결해야 된다. 우리에게 지금까지 온 기회를 잘 포착해서 독립정권을 쥐도록 힘쓰면 우리 두 사람도 그 일을 담보할 터이니 취대사소(取大捨小)하는 정신으로 매진하자."

김구 씨 치사: "이 주석 말씀은 나하고 같은 것이다. 외간에는 주석과 나와 사이를 격리시키려는 분자들이 농간을 하고 있는 것을 잘 안다. 이것은 위선 일소시켜야 한다. 말인즉 이 주석은 민대(民代)를 가지고 고집한다고 하나 우리 양인은 절대 합일로 나가는 것이니 민대도 국의도 독립정부가 설 때에는 처소를 가릴 바 아니다. 이 주석은 남조선 단정을, 나는 남북통일을 각기 주장한다고 선전하는 자가 있으나 이것은 상위된 선전이다. 이 주석도 '정부가 설 때에는 남북을 합한 정치를 위한 일이 어찌 남한만 가질 것인가' 하고 말씀했다. 여기에 본의 아닌 선전이 외국까지 전파되어 있음은 유감이다."

(「우리 양인은 동상동몽(同床同夢)-국의서 이·김 두 영수 치사 교환」, 『경향신문』 1947년 12월 3일)

이 치사 교환이 있은 다음 날 국민의회와 민대 대표들이 모여 통합을 위한 협상서를 작성한 것이다. 노골적인 거래였다. 이승만은 이 거래를 통해 종래 반탁세력 중 남조선 단독선거에 반대해오던 김구 세력을 잠재웠다. 김구의 '투항'에 내부 반발이 있었던 사실은 며칠 후 한독당이 성락훈(成樂勳), 정형택(鄭亨澤), 김경태(金京泰) 3인을 제명한 조치에서 알아볼 수 있다(『서울신문』 1947년 12월 9일). 세 사람은 정협의 한독당 대표로 참석하던 사람들이었다.

김구는 이 거래에서 무엇을 얻었을까? 두고 보겠지만 민대 통합은 쉽게 진행되지 않는다. 지난 초여름에도 한독당은 미소공위에 대한 경직된 자세 때문에 국민당과 신한민족당 출신 당원들을 잃었다. 이번에도 민대 통합에 대한 집착 때문에 '민족주의의 보루'로서 김구의 상징성이 큰 손상을 입었을 것으로 보인다. 10여 일 전까지 정협을 통해 남북총선거를 주장하던 김구의 변신이 이번에는 너무 빨랐다.

1947. 12. 10.

김구가 돌아서고 중간파만 남아서……

12월 10일 민련에서 남북총선거를 통한 통일정부 수립을 주장하는 담화가 나왔다. 민련은 아직 정식 출범을 하지 않은 상태였으므로 엄밀히 말하자면 그 준비위원회에서 나온 것이었다.

> 민족자주연맹 선전부에서는 10일 기자단정례회견석상에서 "남북통일정부 수립에 대한 동 연맹의 주장은 누차 천명한 바와 같으며 UN위원단도 총회결의 그대로 남북을 통한 총선거로 통일정부 수립을 위하여 노력할 것을 확신한다."는 요지의 담화를 발표하였다.
>
> (「통일정부에 노력—민련서 담화 발표」, 『서울신문』 1947년 12월 11일)

제2차 미소공위가 아직 진행되고 있는 동안 중간파의 조직 정비를 향한 움직임이 김규식을 중심으로 나타났다. 이 움직임이 '민족자주연맹'이라는 이름을 내걸고 구체화된 것은 10월 1일의 일이었다.

> 2삭여 전부터 김규식 박사를 중심으로 태동된 4단체(좌우합작위원회, 민주주의독립전선, 시국대책협의회, 미소공위대책각정당사회단체협의회) 통합 문제는 1일 오후 1시부터 중앙청 제1회의실에서 관계 각 정당 및 사회단

체 대표자 참석하에 민족자주연맹으로 발족하기로 되어 그 결성준비 대회를 개최하였다.

(「취지로는 좋으나 통일정권이 선행조건」, 『경향신문』 1947년 10월 2일)

이 대회 개회사에서 김규식은 이렇게 말했다.

"나는 작년 9월부터 고 여운형 씨와 협력하여 좌우합작을 기도하여 왔었는데, 이는 미소공위의 속개와 남북통일 임시정부 수립을 촉진시키기 위함이었다. 그러나 우리 민족은 현재 어떤 정세하에 처해 있는가? 지난 5월 공위는 재개되었으나 상금 아무런 성과도 얻지 못하고 정돈상태에 있으며, 좌·우의 분열은 날로 커져가고 있으며, 그리고 남·북은 점점 더 멀어지고 있다.

이러한 정형 아래 중간진영은 무엇을 할 것인가? 좌·우익의 합작도 중하거니와, 이보다 긴급히 요청되는 것은 우선 중간진영의 단결이라고 생각한다. 중간진영의 단결조차 얻지 못하면서 어찌 좌우합작을 바랄 수 있으랴. 그러므로 좌우합작은 제2의 과제이고, 우중좌(右中左)의 각층은 각기 진영의 결속을 성취한 후에 이 3자가 한데 뭉치어 숙망의 민족통일을 기하고자 한다." (서중석, 『남북협상-김규식의 길, 김구의 길』, 한울 2000, 72쪽)

중앙청 회의실을 이용했다는 사실로 보아 미군정 고위층의 어느 정도 지지를 받은 움직임으로 추정된다.(심지연, 『송남헌 회고록: 김규식과 함께한 길』, 한울 2000, 95~96쪽에는 헬믹 군정장관대리가 을지로 입구의 조선화약 건물(지금 을지서적 자리)을 민련 사무실로 제공한 사실이 적혀 있다.) 좌익은 이남에서 극심한 탄압의 대상이 되어 있었고, 이승만이 이끄는 우익의 기세가 등등한 상황이었다. 이승만의 우익은 유엔위원단이 오기 전에 남조선 총선거를 시행하라고 미군정을 들볶고 있었다. 극우파의 세력 독점을 견제하기 위해서라도 미군정이 중간파 조직을 지원할 필요를 느꼈을 것이다.

그런데 민련의 추진은 빠르지 않았다. 결성준비대회 후 40여 일이 지난 11월 12일에야 선언 규약 등 초안을 마련했다(『조선일보』 1947년 11월 14일). 그러고도 결성식 일정은 이듬해 1월 17~18일로 늦춰 잡았다(『조선일보』 1947년 11월 28일).

민련 결성은 남북지도자회의 추진과 유엔위원회의 활동 대응에 1차 목적을 둔 것이었는데, 유엔위원회 도착이 연초로 예정되어가고 있던 상황에서 이해하기 힘든 일이다. 한독당이 정협을 통해 중간파와 함께 남북총선거를 주장하고 나오려는 상황이었기 때문에 민련에 동조하는 중간파 정당, 단체들이 한독당 중심의 정협 쪽을 바라보고 있었던 것이 아닌가 짐작된다.

12월로 접어드는 시점에서 김구가 이승만의 남조선 총선거 지지로 돌아서자 민련 추진 움직임이 빨라진 사실도 이 추측을 뒷받침해준다. 12월 2일 민련 준비위원회 정치위원회에서 '유엔위원회 대책위원회' 구성을 결정했다(『조선일보』 1947년 12월 4일). 그리고 뒤이어 결성식을 12월 20일로 앞당기는 결정이 나왔다(『조선일보』 1947년 12월 6일).

민련 출범을 앞둔 12월 15일 그동안 중간파의 거점이던 합작위가 해체되었고, 12월 20일 예정대로 민련 결성식이 경운동 천도교강당에서 열렸다. 김규식의 개회사 요지는 1947년 12월 23일자 『경향신문』에 이렇게 보도되었다.

「민족적 자주정신으로」

> "우리는 정권 쟁탈이나 지위 획득이나 당파적 싸움이나 사대 맹종을 떠나서 어디까지나 민족자주적 입장에서 링컨이 말한바 인민의, 인민을 위한, 인민으로써의 정부를 수립하는 데 전심전력을 경주하여야 할 것이며 문맹 퇴치와 계몽사업은 본맹의 가장 중요한 사업의 하나이다. 책임감과 양심이 풍부한 민족자주적 정신으로 동아 일우에 일개 아름답고 평화스러운 국가를 건설함에 이바지함이 최대 목적이다. 미·소의 불화나 세계전쟁을 통하여 조선의 출로를 구하려는 것은 가장 위험한 경향이며 민족 분열을 초래하는 결과를 가져올 것이다."

서중석은 민련 결성을 중간파의 확고한 세력화로 해석한다. 1946년 초 반탁운동을 둘러싸고 이남 정치세력은 민주의원 중심의 우익과 민전 중심의 좌익으로 갈라졌는데, 그해 10월 좌우합작 7원칙 발표를 계기로 중간파가 형성되기 시작한 것으로 그는 본다. 1947년 들어 중간파의 존재가 분명해지는 과정을 그는 이렇게 설명한다.

> 좌익과 우익, 중도 좌·우파로의 분립은 1947년에 들어와 확연해졌다. 이승만-한민당은 단정 운동을, 김구는 충칭 임시정부 추대운동을 펴면서 양 세력이 합작위원회를 맹렬히 공격하고 '임시정부 국무위원' 구성에서 김규식 등 합작파가 제외되었다. 더구나 제2차 미소공동위원회가 열렸을 때 김규식 등의 합작파와 김구-이승만의 반탁운동파는 심한 갈등을 가졌고, 평소 김규식과 함께 미소공위를 지지하였던 안재홍-국민당계와 권태석-신한민족당계가 한독당을 탈당하여 신한국민당, 민주한독당을 만듦으로써 우익의 극우와 중도우파로의 분리는 완성된 감이 있었다. 이와 같이 우익 합작파는 1946년 하반

홍명희. 그의 명망과 역량에 비해 해방공간에서 그의 역할은 크지 않았다. 그의 역할이 크지 않았다는 사실이 당시의 시대적 상황을 보여주는 것이기도 하다.

기 이후 김규식을 중심으로 하나의 정치세력을 형성하고 있었기 때문에 1947년 하반기에 이들이 중도우파 중심의 통합적 정치조직으로 민련을 만들려고 한 것은 그간의 과정을 볼 때 당연한 귀결이었다. (같은 책, 74~75쪽)

민련이 정당 형태를 취하지 않은 것은 김규식이 정당 활동을 거부했기 때문이라고 한다. 민련과 같은 시기에 중간파의 통합정당도 만들어졌다. 1947년 10월 19일 결성된 민독당이다. 홍명희가 준비위원장을 맡고 있다가 대표로 선출된 민독당에 안재홍·김병로·김호·박용희·이극로·김원용 등이 참여한 것을 보면 중간파를 망라한 정당이었다. 홍명희의 창당대회 개회사를 실은 『서울신문』 1947년 10월 21일자를 구해보지 못했으므로 강영주, 『벽초 홍명희 연구』, 창작과비평사 1999, 473쪽에 일부 발췌된 내용을 옮겨놓는다.

"지금 조선 사람으로 독립을 바라지 않는 사람은 없을 것이다. 그러면 독립을 하되 대다수는 민주를 원하고 있으니 민주가 건국이념이 아닐 수 없다. (…) 그러면 민주는 미국식 민주냐 소련식 민주냐? 우리는 다대수가 노동계급의 독재나 자본가의 발호를 원치 않는다. 만인이 다 자유롭고 조선 현실에 맞는 적당한 민주주의를 취할 수밖에 없지 않은가."

강영주는 민독당 창당이 당시 사람들에게 어떻게 받아들여졌는지도 설명했다.

민주독립당의 창당에 대해 당시 중도적 성향의 신문들은 "해방 이후 국내 정계의 거대한 숙제가 실현되었다"든가, 앞으로 우익 정계에는 한국독립당-한국민주당-민주독립당의 "3각전"이 벌어질 것이라고 하는 등, 그 의의를 높이 평가하면서 큰 기대를 표명하였다. 반면 좌익 측의 민주주의민족전선에서는 "민주독립당은 중간정당 기치하에 발족한 모양이나 원래 조선과 같은 정세에서는 중간당의 존재를 의심하지 않을 수 없다."고 비판적인 논평을 가하였다. (같은 책, 471쪽)

민독당은 민련에 참여한 20여 정당·단체 중 주축이 되었으니, 정당으로서 민독당과 협의체로서 민련이 중간파를 나란히 대표한 것이라 할 수 있다. 그러나 이후 상황 전개에서 민독당은 큰 역할을 맡지 못했다. 당시 『조선연감』에서 "종래 비조직적이며 지리산만하던 이 층이 과연 얼마나 역량을 발휘할는지는 전혀 미지수"라 한 논평(『벽초 홍명희 연구』, 471쪽)에도 얼마간 타당성이 있었겠지만, 단정 반대와 남북협상을 둘러싼 김구와 한독당의 거취에 중간파가 말려든 상황에 더 큰 이유가 있었던 듯하다.

1947. 12. 13.

전력 운용 하나도 감당 못하던 '과도정부'

이북으로 전기요금을 보낸 데 관한 기사 하나가 나왔다.

> 1945년 8월부터 1947년 5월 말까지 남조선이 사용한 북조선 전력대금 계산 1억 4,000만 원에 해당하는 제 물자는 미주둔군의 책임으로 지불하기로 되어 있던바 지난 7일부터 13일까지에 제4차로 수송한 물품을 도합하여 지불액은 그 반수에 미급하다 한다. 현재 이 사무를 담당한 미인관계에서는 일본, 미국 등지에 출장원을 파견하여 물자 수집에 노력 중이라 하며 제5차 공급은 1948년 1월 3일부터 개시하게 되었다 한다. 제4차로 북조선에 지불된 물자는 다음과 같다.
>
> 전구 26만 7,888개. 전동기 59대. 나(裸)전선 33톤 366킬로. 피복전선 29만 1,646미터. 전력케이블 4,827미터. 트럭타이어 265개. 변압기 108개. 휘발유 740드럼. 기관차용 윤활유 583드럼. 터빈유 339드럼.
>
> (「전력대상물 4차 반출 대부분이 전기용품」, 『동아일보』 1947년 12월 25일)

1947년 11월 5일 일기에서 전기 사정을 이야기하던 중 1947년 11월 9일자 『동아일보』 기사의 한 대목에 대해 의아한 생각을 적은 일이 있었다. 이런 대목이었다.

> 그리하여 1945년 8월 15일부터 1947년 5월 31일까지 사이의 사용 전기요금 총액은 1억 6,000만 원으로 계산되며 그 금액 중의 일부(전액의 약 1할)는 지난 9월 하순에 지불되었는데 숫자는 1938년의 통화 가치를 기준한 액수이기 때문에 현재의 통화가치로 환산하면 실로 750억 원이라는 방대한 금액인데 게다가 전기 관계 부속품의 가격으로 따지면 1938년과 현재와의 사이에는 물품에 있어서는 2,000배 이상의 시세의 차를 내고 있는 것도 있다는 사실에 우리는 유의할 필요가 있다.

750억 원! 황당한 액수다. 이남의 통화량이 1947년 가을 중 약 2,000억 원에서 3,000억 원으로 늘어나고 있었는데 그 3분의 1 내지 4분의 1이 21.5개월 전기값이라니! 앞에 올린 기사를 보더라도 그 기간 전기 대금은 1억 4,000만 원으로 표시되어 있지 않은가.

『동아일보』가 한민당 기관지로서 반공 반북에 앞장서는 상황에서 이북과의 관계라면 무조건 나쁘고 힘든 쪽으로 선전하려는 뜻 때문에 750억 원이라는 황당한 숫자를 만들어낸 것 같다. 하지 사령관을 용공주의자로 몰아붙이는 이승만을 뒷받침해주기 위해 미군정의 '퍼주기'로 비난하려는 뜻이었을까? 같은 기사에 이 금액을 만들어낸 근거로 이런 대목이 있었다.

> 대가 지불은 1945년 8월 16일부터 1947년 5월 31일까지 사이의 사용 전량에 대해서는 1킬로와트당 2전5리(1938년 물가 기준)씩 지불하되 현금 지불이 아니고 반드시 전력시설에 속하는 기재로서 지불하기로

되었으며 1947년 6월 1일부터의 사용량에 대하여는 1킬로와트당 15전(1941년 물가 기준에 의해서 환산)씩 지불하되 역시 전기 물자로서 주기로 남조선과도정부 상무부장 오정수는 지난 5월 17일 평양에서 북조선 당국과 협정하였으며 이의 유효기간은 1개년 간으로 정하고 쌍방에서 하등의 이의가 제출되지 않을 시는 동 협정은 그대로 연장하여 다시 1년간 효력을 발생하는 것으로 상호 간주할 것을 규정하였다.

여기서 단위 '킬로와트'는 '킬로와트시'의 혼동인 것 같고 두 번째 괄호 속의 "1941년 물가 기준"은 1947년의 오기인 것 같다. 그리고 협정 날짜 5월 17일도 6월 17일의 착오인 것 같다. 전력공급 협정 직후의 기사로 내용을 확인해본다.

북조선으로부터 남조선에 공급된 전력 대가에 대한 대금지불에 관하여는 6월 13일부터 18일까지 평양에서 남북 양 대표자가 회합하여 상호간의 협정을 보았다고 한다. 상무부장이 발표한 바에는 동 회합에서 미군 당국은 이 기간에 공급된 전력에 대하여는 기계와 물자로 지불하기로 합의를 보았는데 이 기계는 일본으로부터 배상을 받게 될 물건으로 지불하게 될 것이라 한다. 그리고 17일 회합에서 양 대표들은 남조선에 8만 킬로와트까지 증가 공급하는 데도 합의를 보았고 장차 북조선의 발전시설이 지불된 물자로 복구되는 때에는 10만 킬로와트까지 전력을 증가할 수 있을 것이라고 한다.

1945년 8월 16일부터 1947년 5월 31일까지 북조선에서는 남조선에 8억 3,767만 8,737킬로와트를 공급하였는데 그 전력비는 1,633만 4,735원으로 추산되는데 약 6개월 후에 지불될 것이다. 제1차 지불은 8월에 이행하게 될 것으로 그 기계와 기타 물자 중 최소한도 10퍼센트를 교부하게 될 것이다. 1947년 6월 1일부터 1948년 5월 31일까지의 기간 중에 북조선에서 남조선으로 공급할 전력에 대한 협정에 있어서는 매달 1개월을 기준으로 전력을 공급할 것과 남조선 측은 북조선 측의 계산서를 받은 후 1개월 이내에 매달의 전력비를 지불하기로 하였으며 협정이 만기되기 1개월 전에 그 갱신에 대하여 쌍방에서 다른 제의가 없는 한 협정의 기간은 자동적으로 1948년 5월 31일부터 1개년간 연장될 것이라고 한다.

(「기계물자로 지불」, 『경향신문』 1947년 6월 22일)

이 기사 아래 문단의 '킬로와트'도 역시 '킬로와트시'로 이해해야 할 것이다. 21개월 반의 기간은 1만 5,000여 시간이므로 위 기사의 8억 3,000여만 킬로와트시를 이것으로 나누면 평균 약 4만 5,000킬로와트가 된다. 평균 송전량으로 보기에 합당한 분량이다.

그 대금이 1,600여 만 원이라면 1킬로와트시에 약 2전씩이다. 11월 9일자 『동아일보』 기사에서 말한 2전5리와 큰 차이 없다. 그런데 실제 지불액은 12월 25일자 『동아일보』 기사에 1억 4,000만 원으로 나와 있다. 1,600여 만 원을 물가상승에 따라 조정한 금액이 1억 4,000만 원이었던 것으로 이해된다. 11월 9일은 대금 지불이 진행 중일 때인데 그 시점에서 "750억 원"을 떠들어댄 『동아일보』의 산수 실력은 정말 대단하다.

11월 18일 아침에 약 1시간 반 동안 북쪽으로부터의 송전 중단 사태가 일어났다. 재개 후에도 송전량을 1만 5,000킬로와트로 줄이고 있다가 이틀 후에야 정상화되었다. 그러나 송전 상황은 금세 다시 불안하게 되었다. 남쪽에서 통제할 수 없는 상황으로 송전량이 줄어들 수도 있고 끊길 수도 있다는 사실이 큰 불안감을 불러일으켰다.

요즈음 경향각지를 통하여 초저녁과 새벽에 걸쳐 전기가 꺼지어 많은 불편을 느끼고 있는데 이러한 정전은 북조선의 송전이 반감한 관계로 중요 공업지대와 긴급한 여러 곳에 전력을 집중하기 위하여 전기회사 측에서 부득이 정전하고 있는 때문이다. 즉 18일 정전되었다가 21일에 원상회복한 북조선으로부터 남조선에 대한 송전은 그 후 3일 후인 25일부터 다시금 송전량이 반감하여 이래 매일 평균 5만 킬로 정도를 오르내리고 있는데 이 때문에 경전 관내에 최대 5,000 킬로 남전 관내에 제한배전하고 있던바 부족한 전력을 보충키 위하여 영월발전소와 청평수력전기발전소로부터 약 1만 7,000킬로를 돌리고 있으나 일반의 전력 절약에 대한 인식이 박약한 관계로 12만 킬로면 족할 전력이 이미 5할이나 더 소비하고 있어 이상과 같이 부득이 지역적으로 정전하고 있는 것이라고 한다. 그런데 문제는 금후 북조선으로부터 지금과 같이 종전의 최대 10만 킬로가 반감한 5만 킬로 송전이 계속될 여부인데 관계방면에 들어온 정보에 의하면 자재 기술관계로 북조선의 발전력이 최대 130만 킬로로부터 현재에는 반감하여 70만 킬로 내외로 감소하고 또한 북조선에서도 남조선 모양으로 전력소비량이 굉장히 많아져 금후의 송전량 증대가 그리 믿어지지 않다고 하는 바 이러한 현상에 대한 남조선 당국의 근본적 대책 즉 전원(電源)의 신속한 개발과 엄중한 소비규정이 요청되고 있다.

(「이북 송전 반감, 근본 대책은 전원 개발」, 『조선일보』 1947년 11월 30일)

이 불안한 상황에 대한 반응이 두 갈래로 나온 것은 자연스러운 일이다. 조선상공회의소는 발전소 건설 등 전력 증산 건의서를 12월 3일 하지 사령관과 딘 군정장관에게 제출했고(『동아일보』 1947년 12월 7일) 군정당국은 절전을 위한 '전력소비규칙'을 12월 6일 발표했다. 네온

(공동표지용은 제외), 전식등(電飾燈), 광고등(간판등은 제외), 옥외등(공동 교통 작업용은 제외), 전기 목욕탕, 가정용 전열기 일체(병원용은 제외), 가정용 전기냉장고, 가정용 양수펌프 등의 사용을 금지한다는 이 규칙에 "이 규칙은 외국인을 포함한 전 수요가에 적용함"이란 항목이 붙어 있어 이채롭다(『경향신문』 1947년 12월 6일). 국민정서를 생각해서 붙인 항목이었을까?

전력소비규칙은 민정장관의 행정명령 형식으로 발포할 예정이었다. 그러나 강력한 소비규제가(미국인에게까지 적용되는) 민정장관의 권위로 부족할 것으로 판단했는지 하지 사령관이 직접 나선다.

> 미군 사령관 하지 중장은 남조선에 전력의 부족이 극심하고 이 상태가 계속될 상태임을 인정하며 따라서 전력의 공정 적당한 분배의 필요를 인정하여 비상시기 중의 전력사용과 분배를 관리할 권한을 가진 비상시 전력위원회를 설치하도록 지령하였는데 이에 관한 행정명령 제9호가 16일 공보부를 통하여 발표되었다. 그 내용을 보면 이 위원회는 일곱 사람으로 구성되었는데 이들에게는 남조선 각인(개인, 단체, 정부를 포함)에 대하여 전력의 생산, 분배, 사용에 관계된 일반적·특정적 명령 지시 우선순위와 제한을 발령할 권한을 가지고 있다.
>
> (「전력의 공정분배를 조처」, 『경향신문』 1947년 12월 17일)

비상시전력위원회는 바로 이튿날 비상시전력명령 제1호를 발표하였다.

> 전력 문제를 해결하기 위하여 행정명령 제9호로 비상시전력위원회를 설치하였다 함은 기보한 바와 같은데 17일 동 위원회 위원장 A.

C. 워커 씨는 비상시전력명령 제1호를 다음과 같이 발령하였는데 이에 의하면 19일부터는 시내에 평균 8시간의 계획송전을 하기로 되었으며 일반 전력 사용금지 범위도 발표되었다.

1. 전력 사용을 금지하는 범위는 (가) 사무소, 공공건축, 가정, 요리점, 기타 건물에서 전열의 근원으로 사용, (나) 요리목적으로 사용, (다) 장식 또는 광고용 전광으로 사용 등이고,

2. 가정 전광(電光)용 전력은 오전 5~8시 및 오후 5~10시에 한하여 사용하는데 공업전력은 오전 8시부터 오후 5시까지, 오후 10시부터 오전 6시까지에 한하여 사용할 수 있다.

3. 각 경찰서장, 정부부서 장관, 시장, 군수, 부윤, 도사, 읍장 및 면장은 소관 인민 전체에게 본령을 즉시 전달해야 된다.

4. 이 명령은 1947년 12월 19일부터 시행되는데 위반자는 처벌한다.

(「평균 8시간의 계획송전, 비상시전력명령 1호 발동」, 『경향신문』 1947년 12월 19일)

가정용 전기는 전등이 꼭 필요한 아침저녁 시간대에만 보내고 그 밖의 시간에는 산업용 전기 공급에 주력하겠다는 '계획송전' 정책이다. 그러나 산업용과 가정용 배전시설이 따로 되어 있지 않은 형편에서 실시에 어려움이 있었을 것을 경전 업무부장 오기영의 시민에 대한 당부 말씀에서 알아볼 수 있다.

"그동안 전력문제에 대하여 많은 연구를 하여왔는데 드디어 19일 오전 0시부터 계획 송전을 실시하기로 되었다. 송전시간은 시내 일반 가정에는 매일 평균 8시간을 보내는데 동리에 따라서는 배전시간 즉 아침 5시부터 8시까지 오후 5시부터 10시까지 보내는 곳도 있을 것이고, 또 어느 동리에는 아침 6시부터 9시까지 오후 8시부터 10시까

지 이렇게 구역에 따라 보내는 시간이 다른 곳도 있을 것이다. 그리고 서울 시내에는 낮 전기는 일체 안 보내나 영등포, 인천 등 공업지대에는 낮 전기를 보내기로 되었는데 낮 전기의 혜택을 입는 일반가정에서는 적극 협력하는 뜻에서 꺼주기 바란다. 이는 오로지 생산부흥을 위하여 공장지대에 송전하는 것이라는 것을 잘 인식하여주기 바란다. 그리고 영등포에서는 각 동리마다 자치반을 조직하여 절전에 협력하리라는 말을 들었다."

(「시내 전기 없고 영등포, 인천 공업지 송전」, 『경향신문』 1947년 12월 18일)

비상시전력위원회는 12월 17일의 명령 제1호에 이어 이튿날은 명령 제2호를 발표했다. 전력 공급이 평시보다도 줄어들 때 우선 공급 대상을 정한 것이다.

전기 사용에 관한 중앙청 비상전력위원회의 명령 제1호는 기보한 바와 같거니와 동 위원회에서는 18일 다음과 같이 명령 제2호를 발령하였다.

1. 제한운영을 위하여 전력의 필수사용 우선순위를 좌와 여히 선정함.

(가) 제1위 수도, 통신, 탄광, 연탄공장, 병원, 철도, 형무소, 유치장.

(나) 제2위 정미정곡소, 와사(가스)공장, 필수 군용, 경찰용, 해안경비대, 국방경비대용 시설 및 필수 정부활동에 의한 사용.

(다) 제3위 필수 공장, 기업체 및 시설체에 의한 사용, 필수 가정 및 숙사 전광용.

2. 하기 시설 운용에 필수한 전력은 시간제한 없이 이를 허가함.

수도, 통신, 탄광, 병원, 형무소, 전광신호 스위치, 흡수기 및 필수전광을 위한 철도용, 와사공장, 군사본부 및 운영시설, 경찰, 국방경비대, 해안경비대용.

(「전력의 우선 사용, 명령 2호로 순위 결정」, 『경향신문』 1947년 12월 19일)

발전선 도입 계획도 나왔다.

심각한 현 남조선 일대의 전력기근을 타개하기 위하여 군정당국에서는 이번 부산, 군산, 인천 등 3항에 2만 킬로 발전선 1척씩을 배치할 계획을 세우고 있다 하는바, 17일 미인 기사와 남전 기술자 수 명이 군산에 도착하여 이에 관한 상세한 조사를 하는 한편 남선전기회사 지점에서도 관계서류를 작성하여 가지고 지난 19일 상경하였다 하는데 이 시설이 예정대로 실시되면 남조선의 전력문제는 상당히 완화될 것으로 보인다고 한다.

(「2만 킬로 발전선 부산, 인천, 군산에 배치」, 『조선일보』 1947년 12월 23일)

대중이 불편과 불안을 느끼는 문제를 놓고 반공·반북 세력에서 이것이 공산주의자들 소행인 양 선전하고 나오지 않을 리가 없다. 12월 9일 조선민주당 담화문의 아래 내용이 대표적인 것이었다.

"북조선 수력전기는 총발전량이 140만 킬로와트인데(현재 20만 킬로는 휴전) 그중 수풍댐의 60만 킬로 중 30만 킬로의 발전기는 소련군이 반출해갔다. 현재의 북조선 총발전력은 90만 킬로인데 그중 15만 킬로를 만주에 보내고 북조선에서 30만 킬로를 소비하므로 45만 킬로의 남은 전력이 있음에도 불구하고 정치적 대립으로 남조선에 송전력을 감전하고 있다.

(「불공평한 송전량 부당한 군표사용」, 『동아일보』 1947년 12월 10일)

그러나 당국자들은 이북 측이 고의로 송전을 제한하는 것이 아니라 생산 조건과 시설 상태 때문에 부득이한 것이라고 거듭거듭 확인했다. 사실 이남의 발전용량도 최대 20만 킬로와트였지만 실제 생산은 그 절반에도 미치지 못하고 있었다. 이북에서는 안정된 대남 송전을 위해 최선을 다한 것으로 보인다.

최선을 다해 전기를 보내주는데도 이남에서는 전기 때문에 난리가 날 지경이었다. 남조선과도정부 역량으로는 감당할 수 없어서 주둔군 사령관의 명령이 나와야 했다. 이북 당국자들이 이남을 적대하고 있었다면 전기 하나만 해도 매우 강력한 무기였다. 그러나 이북에서는 전기를 무기화할 뜻을 보이지 않고 있었다. 아직은.

1947. 12. 14.

장덕수 암살로 궁지에 몰린 김구

장덕수 살해범은 범행 후 38시간 만인 12월 4일 오전에 체포되었다. 주범은 종로서 소속 경관 23세 박광옥이었고 공범은 연희대 학생인 20세 배희범이었다. 그들은 체포 직후 범행 일체를 자백했다고 한다(『동아일보』 1947년 12월 5일). 이들의 배후가 금세 명확하게 거론되기 시작한 사실을 12월 7일자 『경향신문』 사설에서 알아볼 수 있다.

> 「테러 방지의 과제」
> 송진우 씨, 여운형 씨 암살 동기의 시비는 차치하더라도 이해는 할 수 있었다. 그러나 이번 장덕수 씨의 암살 동기는 이해하기 곤란하다.
> 한편으로 송진우 씨, 여운형 씨 암살의 배후관계는 아직도 일반에게는 분명하지 못한 채 장차 마땅히 규명되어야 하겠거니와 이번의 장덕수 씨 암살에는 배후의 교사(敎唆)관계가 확실한 것같이 보도되는 것만은 오인으로 하여금 주목케 한다. 그러나 그 배후관계가 명백해지더라도 그 동기는 역시 이해하기 곤란할 것이다. (…)
> 장〔택상〕 총감은 장덕수 씨가 보호경관을 두지 못하였기 때문에 죽었다는 뜻을 발표하였으나 이번의 범인 박광옥은 한민당의 총무 김성수의 소개로 경관이 되었고 장덕수 씨는 동 당의 정치부장이요 정

계요로이니 신변을 보호하는 데 있어서는 박광옥 경관이 최적임자라 고 장덕수 씨 자신이 직접 청원하였더라면 박광옥은 장덕수 씨를 암살하지 않았을 뻔하였을까. 현직 경관이 테러를 감행하는 현황으로서는 억만금이 있다 하더라도 보호경관을 청원할 수 없는 치안의 정도로서는 경찰을 경찰하는 방침이 필요하게끔 되지 않았을까. (…)

조병옥 경무부장은 12월 10일 장덕수 암살사건에 관한 담화문을 발표하고 기자회견을 열었다. 담화문에서 그는 범인 2명과 배후 관계자 5명을 체포했다는 사실과 이 사건 처리를 위한 수사위원회를 구성했다는 사실을 밝혔다. 장택상 수도청장을 위원장으로 하고 경무부 수사국장 조병설(趙炳契)과 부국장 이만종(李萬鍾), 수도청 수사과장 노덕술(盧德述, 1899~1968)과 사찰과장 최운하(崔雲霞)를 위원으로 하는 위원회였다. 이런 위원회가 만들어졌다는 사실만으로도 배후를 철저하게 파헤치려는 강력한 의지를 알아볼 수 있고, 친일경찰의 대표 격인 노덕술과 최운하가 나선 데서 임정 세력이 표적임을 눈치챌 수 있다.

기자회견에서는 이런 문답이 오갔다.

(문) 장덕수 살해범에 대한 배후관계가 발표되지 않는 이유는?

(답) 동 씨 살해계획의 전위단체 8명 중 1명이 미체포이고 배후관계는 4단계로 나누어져 있는데 제1계단이 미체포 중에 있으므로 그 전모를 발표치 못하고 있다. 그러나 이들의 체포는 오직 시간문제이니 궁금하겠지만 조금만 더 기다리면 발표하겠다.

(문) 장 씨 살해범 박은 제3관구 경찰청에서 무기 은닉죄로 파면당한 자를 신원조사도 하지 않고 등용하였다 하며 경찰관 채용에 있어서 왕왕 파면하였던 자를 다시 등용하는 일이 있는데 파면의 의의가 없

지 아니한가?

(답) 박의 채용절차에 불미한 점이 있었다는 점은 미안하게 되었다. 그리고 파면경찰 재등용에 대한 것은 파면대장을 정비하여 유감이 없도록 하겠다.

(문) 암살범에 대한 형벌이 너무나 현 사회 조치에 맞지 아니한다고 보는데 부장의 견해는?

(답) 지난 사건에 대한 사법당국의 처단을 보면 동기론과 증거론에 치중하는 까닭에 현 사회 조리에 맞지 아니한 점이 없지 아니하다. 그리고 이번 사건은 특별재판에나 그렇지 아니하면 군정재판에 넘길 계획도 가지고 있다.

(「수사위원회 구성 장 씨 사건 배후 추궁」, 『동아일보』 1947년 12월 11일)

8명 가운데 체포되지 않고 있다던 마지막 1명 김석황(金錫璜, 1894~1950)은 그로부터 한 달 남짓 지난 1948년 1월 16일에 체포되었다. 김석황은 와세다대학교에서 수학하고 상하이 임정에 참여했는데 무장항쟁에 힘을 쏟고 군자금 조달 활동을 많이 벌였다. 1920년 말 일경에 체포되어 10년간 투옥되었다. 해방 후 한독당 중앙위원과 국민의회 동원부장으로 활동했고 1946년 6월 23일의 반탁시위를 배후교사한 혐의로 엄항섭(嚴恒燮, 1898~1962)과 함께 체포된 일이 있었다.

경찰이 한독당·국민의회 쪽을 배후로 보고 있던 사실은 12월 12일로 예정되어 있던 국민의회와 민대의 통합대회 개최가 허가받지 못한 데서도 드러났다. 장택상 수도청장은 기자회견에서 "민대와 국의 합동대회를 허가치 않는 이유는?" 하는 질문에 "국민의회 간부 중에는 이번 사건 관계자가 섞여 있어서 경찰로서는 시에 대하여 동 대회 집합을 추천하지 않을 방침"이라고 밝혔다(『경향신문』 1947년 12월 12일).

[illegible]에서 데려올때에 金[illegible]
[illegible]은朴[illegible]과 孫[illegible]秀와本
人에게하는말이
「그것보서요 金
九氏의意見이張德
秀를 죽여야만되
다고 그러지않었
소」
하였읍니다 네그렇읍니다
라고本人은[illegible]하였읍니다
問=그다음에 어떻게行動을
取하였읍니까
答=그날바로 金[illegible]과나는
경원[illegible]館十五號室에가서孫
[illegible]秀、[illegible]석봉、朴[illegible]、金
[illegible]을만났읍니다
問=거기서무엇을하였읍니까
答=나는그사람들에게 張德
秀를죽여야만한다는것을金
九氏가 우리게게말하였다

[illegible]이바[illegible]에서 그[illegible]
어[illegible]하고쓴血[illegible]는 어찌
되었는가
答=自己가 [illegible]와 孫[illegible]
秀를대리고 金九氏에게갓
다가 주었다고 金[illegible]에
게그랬읍니다
問=웨金九氏에 갖다가주었
소
答=張德秀 죽이라는
指令이 金九氏께
서나왔고 그團員
들이 그團이 進行
하는것을 金九氏
에게 알리고 싶은
까닭입니다
問=이殺害事件計劃에對하여
金[illegible]은 무슨일을 맡어
봤는가 그사람은 누구이

『동아일보』 1948년 3월 9일자 2~3면은 장덕수 살해사건의 피고진 진술서로 가득 채워져 있다. 진술서 내용 중 김구와 관련된 대목은 제목급의 큰 활자로 찍혀 있어서 『동아일보』가 이 재판을 대서특필하는 동기를 드러내 보여준다.

한독당·국민의회 방면이 배후 수사의 대상이 된 사실은 분명하다. 『자료대한민국사』에는 1947년 12월 16일자 『경향신문』 보도라 하여 조소앙과 엄항섭이 조사를 받고 있다는 기사가 등재되어 있다(이 기사가 『네이버 뉴스 라이브러리』에는 나타나지 않는다).

12월 20일 조소앙의 정계 은퇴 성명 기사를 보면 그가 조사받은 사실을 알 수 있다(『서울신문』, 『조선일보』 1947년 12월 23일). 기사에는 그가 정협의 좌절에 실망한 위에 장덕수 사건으로 조사받으면서 상심한 결과 은퇴를 결심했다고 한다.

12월 12일의 국민의회·민대 합동대회 불발이 당국의 불허 때문인 것으로 공식적으로는 밝혀졌지만, 실제로는 이승만 휘하의 민대 쪽이 은근히 틀어버린 게 아닌가 하는 의심이 든다. 합동대회가 불발되자 민대 측은 바로 합동 보류를 결정하고 이튿날 민대 대회를 열기로 했다(『동아일보』 1947년 12월 14일). 12월 13일 대회의 결의사항은 이런 것이었다.

● 결의 제1호

1. 본회에 출석한 각대의원은 폐회 후 즉시 총선거대책위원회 정비 운동을 개시하여 소관구역 내 하급위원회 조직을 완료하는 동시에 미조직 인접 부군구(府郡區)에 대하여 조직을 책임적으로 촉진함으로써 금년 내에 남한 각지의 전 조직을 완료할 것.
2. 본회 대의원은 총선거대책위원회 전 조직을 동원하여 각 지방에 단기 4281년 1월 15일까지에 국민등록에 의거하여 총선거유권자 명부를 작성할 것.
3. 총선거를 자율적으로 진행하려는 우리의 독립운동을 완수하기 위하여 민대로서의 선거법을 확정하기로 하고 제정위원 7명을 선정할 것.

● 결의 제2호

본회가 민주방식에 의하여 선출한 대의원으로써 조직된 본래의 성격에 입각하여 다시 중요정당 사회단체를 포섭함으로써 유엔한국임시위원단에 협력할 민족대표단을 구성하되 대표단은 전원 50명으로 하고 상임위원회에서 전형할 것.

(「유엔 선거에 대비 민대 대회에서 결의」, 『동아일보』 1947년 12월 16일)

민대가 독자적으로 활동할 방향을 담은 결의사항이었다. 국민의회와의 통합 가능성을 배제한 결의사항이 곧바로 나온 데서 민대 측의 뜻을 읽을 수 있다. 국민의회 의장을 맡고 있던 조소앙의 은퇴 결정에 민대 측의 통합 결정 번복도 작용한 것이 아닐까 생각된다.

국민의회·민대 통합은 김구의 이승만 노선 지지에 대한 보상이 분명했다. 그런데 김구 측이 장덕수 사건으로 불리한 위치에 몰린 것을 기화로 이승만이 '먹튀' 작전에 나선 것이 아닐지. 12월 9일 한독당의 정협 대표단 3인 제명도 이승만 측을 만족시키기 위한 것으로 보인다.

이승만 측을 만족시키려는 김구 측의 노력은 계속되었다. 12월 15일 한독당 중앙집행위원회에서는 총선거 참가를 결의했다.

> 국의, 민대 합동문제 재대두로 세간의 이목을 끌고 있던 한국독립당에서는 15일 상오 10시부터 동 당 회의실에서 제6회 제3차 중앙집행위원회를 개최하였는데 주로 UN위원단 입국 후에 실시될 남북통일 총선거에 관한 건이 토의되었는바 동 총선거 참가와 그에 대비하여 시국대책위원회를 특설할 것이 가결되었다 한다.
>
> 한편 동 중앙집행위원회에서는 고 장덕수 사건에 관련된 한독계 요인 검속 건에 관하여 공식·비공식으로 많은 논의가 있었다 하며 동 사건에 대하여 신중한 대책을 고구(考究)하여오던 동 당에서는 16일 드디어 조각산, 강거복, 김의한, 민결, 기성도 5씨를 하지 중장에게 대표로 파견하여 현 사태에 대한 성명을 요청하였다 한다.
>
> 그리고 측문한 바에 의하면 지난 14일 김구는 이화장으로 이승만을 방문하여 장시간에 긍하여 이 문제에 관한 요담이 있었다는바 수일 내로 김구의 중대성명이 발표되리라 한다.
>
> (「총선거에 참가, 한독당 태도 결정」, 『서울신문』 1947년 12월 17일)

한독당에서는 뒤이어 담화문을 발표했다. 궁지에 몰린 모습이 역연하다.

> 고 장덕수의 살해사건에 혁명 선배들이 다수 검거되어 있다 하여 그 진상을 타진하고 책임당국의 답변을 듣고자 지난 15일 개최된 한독당 중앙상위에서 조각산 외 4명을 선출하여 하지 중장과 교섭하기로 되었다 하는데 동 당 선전부장은 16일 대략 다음과 같은 담화를 발표

하였다.

1. 혁명 대선배를 반동, 파괴, 분열, 모략, 암살범과 관련 있는 듯이 문초 운운은 절대로 관련 없는 명백한 사실이 판명될 것이다.

1. 애국지도자에게 체포령을 발하여 국민의 신뢰를 감하게 하던 당국은 전과를 거듭하지 않기를 바란다.

1. 국민의회가 암살을 결의하지 아니한 이상 국민의회를 중지케 함은 언론 집회 자유란 기본 권리를 약탈한 것이니 민주주의의 모독이다. 책임당국의 답변을 요구한다.

(「혁명 선배들 검거에 대해」, 『경향신문』 1947년 12월 17일)

같은 날 이승만은 총선거 조기 실시를 재촉하는 담화문을 내놓고 있었다. 그에게는 득의의 상황이었다.

본월 8일 하지 중장의 성명을 보면 우리가 한 말은 부분적 언론으로 허언이요 오해이니 자기의 말대로만 신종(信從)하라는 것이다. 의지(意旨)가 반대되는 경우에 처하여 이와 같이 말할 수밖에 없을 것이다. 우리가 기왕에 성명한 글에 두 가지 의문되는 것을 명백히 대답한 것은 없으나 은연중 그 주의(主意)가 어디 있는 것은 우리가 추측으로 알 수 있게 되었다.

1년 전부터 언약하고 이때까지 준비하여 일변으로는 최촉하며 일변으로는 연타(延惰)하여 오던 총선거를 지금에 와서는 다 폐지라 하며 유엔 처분만 기다리라 하며 또 소위 입의의 보선법이라는 것은 일변으로 독촉하며 일변으로 장애하여 미루어오다가 마지막 통과가 되매 그제는 공포했다, 서명이 되었다 반포된 지 며칠 안으로 실행한다는 등 언론으로 지재지삼 연타하여오다가 지금은 다 잘못되었다 하기에 이르니 이는 일국 민중을 대우하는 도리도 아니요 자체의 위신을 보호하는 신의도 아닐뿐더러 총선거로 국회가 성립된다면 통치권을 행할 수 없을 터이므로 백방으로 천연하여 못하게 하는 것이니 유엔 대표단이 도착한 후에 사실을 묻고자 하거나 민의를 알고자 하면 누가 대답하며 설명할 것인가? 그분들이 와서 선거만 감시한다고 하나 사람 하나를 만나지 않고 의논도 없이 가만히 앉아서 구경만 하다가 가리라고는 믿을 수 없나니 우리를 도우러 오는 손님들을 우리가 주인으로 접대와 협조하는 것이 절대 필요하므로 하루바삐 총선거를 행하여야 될 것이다.

국회나 정부를 건설 후에라도 사령장관이 거부권을 가진다는 그 문제를 우리는 오랫동안 거론치 않고 국회만 건설하면 이것이 다 자연 해결될 것을 기다려온 것인데 총선거를 장애하여 이에까지 이른 형편에서 이 문제를 잠복시켜둘 수 없는 경우이므로 우리가 공개로 선언한 것이요, 이대로 된다면 미국에 신탁이 될 것이라는 사실을 언명하였으며 따라서 미국 민중이 이것을 찬성치 아니하므로 비밀리에 주선하여 완성된 후에 공포하려는 것이라고 설명한 것이다.

우리는 하지 중장이 이 문제를 사실 아니라고 성명하기를 속으로 바랐었나니 이때에 이런 성명이 있으면 많은 의혹이 타파되기를 위함이었으나, 하지 중장의 성명에 보면 확실한 언명이 없고 오직 유엔의 감시로 총선거를 하여 정부수립만 하면 점령군이 철퇴될 것이니 무슨 점령군의 간섭이 있겠느냐는 의미로 막고 말았으니 이런 주의가 내막에 잠복되어 있는 것을 우리가 추측할 수 있는 것이다.

유엔위원단이 오면 태산 같은 장애가 다 빙소설해(氷消雪解)가 될 줄로 믿으나 소련은 벌써 보이콧한다고 성명하였는데 어떻게 한다는 방식은 없고 그저 기다리면 다 된다는 것과 같은 것이 아닌가? 유엔위원단이 남북총선거를 못하게 되면 세월만 허비하고 앉은 중에 우리는 또 아무것도 못하고 사령장관 통치하에서 죽으나 사나 기다리고 있을 뿐이다. 민족자결주의라는 것은 우리는 언제나 사용할 수 있을 것이냐.

우리 사활에 관계한 이런 중대한 문제를 몇몇 당국들만 알고 속에서 작정하여 행한다는 것은 심히 위험하고 또는 민주정체에 합리가 아니고 공개로 토의하여 다수 민의대로 귀정(歸正)하려는 터이므로 누구에게나 악감과 온의(慍意)를 품을 것은 조금도 없는 것이다. 이에 관계된 민중은 각각 자각으로 자결주의를 표시하여 정당히 해결되기를 역도할 것이요 지금에 등한히 보고 앉았다가 일이 잘못된 뒤에는 숙원숙우(孰怨孰尤)하여도 소용이 없을 것이다."

(「과거의 약속 불이행으로 유엔선거도 보장 난(難), 자주선거 단행이 긴급—이 박사 담」, 『동아일보』 1947년 12월 17일)

1947. 12. 17.

동력 꺼진 기계와 같은 남조선 경제

배급 쌀값이 12월 15일부터 소두 한 말에 120원에서 140원으로 올랐다(『경향신문』 1947년 12월 11일). 『경향신문』 1947년 3월 22일자 기사 「쌀값은 저락되어 좋으나 올라만 가는 찬값에 두통」에서 "최근 원활히 배급이 계속됨에 따라 600원이나 하던 쌀이 소두 한 말에 450원 정도로 폭락되고 있"다고 한 데 비춰보면 서민생활의 배급에 대한 의존도를 알아볼 수 있다. 시중 가격은 배급 가격의 4~5배에 달하고 있었던 것이다.

그런데 배급 분량이 적은데다 그 분량이나마 지속될 수 있는 것인지 사람들은 마음을 놓을 수 없었다. 5월 중순에 배급이 1작 줄어들자 시중 쌀값이 도로 600원대로 뛰었다.

> 한동안 잠잠하던 시장의 쌀값은 불과 수삼일 동안에 백 원이나 껑충 뛰어올라 또다시 봉급자와 일반 세궁민을 위협하고 있다. 그런데 이러한 이면에는 악질모리배, 간상배들이 식량 배급량이 1작(勺) 줄어든 것을 기화로 허무맹랑한 풍설을 고의적으로 유포하며 한편으로 쌀 시세를 조종하고 있는 것이다. 이에 당국은 이렇게 국민생활을 좀먹고 위협하는 무리들에 과감한 철퇴를 내리기를 바라거니와 생필품

관리원(구 식량영단)에서는 일반 시민에게 신곡기(新穀期)까지 충분히 배급할 식량이 확보되었다고 (…)

(「모리배 말 듣지 마라, 신곡기까지 배급 쌀 확보, 생필품관리원서 일반에 주의」, 『동아일보』 1947년 5월 17일)

가을이 되어 미곡수집이 시작될 때 군정청은 그때까지 용인되어오던 쌀의 소량반입까지 일체 금지하는 명령을 내렸다. 이로 빚어진 사태를 보도한 『경향신문』 1947년 10월 19일 기사에서 당시 식량 배급의 상황을 알아볼 수 있다.

「식생활의 안정감을 줘야 곡류의 수집 완수도 용이, 반입과 매매 금지로 쌀값이 폭동」

미곡수집을 완수하기 위하여 지금까지 묵인해오던 묵은쌀 소두 한 말까지도 가져올 수 없음은 물론 수집이 끝날 때까지는 일체의 신구곡 반입과 매매를 금지한다는 헬믹 군정장관대리의 성명이 발표되자 쌀값은 600원대에서 700원대로 뛰어오른 동시에 거리에서 그림자조차 감추고 말았다.

지금까지 시민들이 배급을 받아온 양은 쌀이 7작에 콩가루를 섞어서 잡곡 1홉8작이었는데 이 배급량을 가지고는 어느 가정을 물론하고 태반이 부족하기 때문에 비밀시장에서 쌀을 사거나 촌에 가서 가져다 보태어가며 겨우 끼니를 이어왔었던 것이다. 그런데다 눈치 빠른 모리배는 어디서 정보를 얻었는지 당국의 발표가 나오기도 전부터 쌀값을 올려 순량한 시민들의 고혈을 빨아먹고 있는 것이 지금까지의 실정이었다.

그나마 월급쟁이들은 대돈변을 내서라도 사먹을 수 있었으나 이제부터는 일체의 반입과 매매를 금지하였으니 쌀 7작과 잡곡 1홉8작을 가지고는 도저히 다음 배급날까지 지탱 못하는 사람은 앞으로 수집이 끝날 때까지 서너 달 동안을 장차 무엇으로 식량을 보충해야 옳을는지 앞길이 막연타 아니할 수 없는 터로 당국은 모름지기 수집에만 치중하지 말고 시민으로 하여금 식생활의 안정감을 줄 수 있는 대책을 세워놓은 다음에야 국민도 안심하고 수집 완수에 협력할 수 있을 것이라는 세론이 높아가고 있다.

1인 1일의 표준 2홉5작 배급량 자체가 작은 것인데 그중 쌀은 7작밖에 안 된다. 같은 분량의 잡곡은 쌀에 비해 열량이 적다. 게다가 배급이 며칠씩 늦어지는 일은 다반사였다. 배급만 갖고는 식생활에 부족했던 것이다. 정말 배급이 충분했다면 배급가보다 몇 배 비싼 값으로 시장이 형성될 리가 없다. 생존을 위해 시골 친척에게 얻어오거나 비싼 쌀이라도 조금씩 사먹지 않을 수 없는 사정인데 개인적 소량반입까지 봉쇄하다니…….

쌀 반입과 매매를 완전히 금지한 행정명령 제8호에 대한 항의가 빗발쳤다. 정치적 입장에 관계없이 모든 방면에서 반대했다. 10월 23일 입법의원에서 지용은(池鎔殷) 식량행정처장을 출석시켜 질의를 벌였는데, 문답 내용 일부를 소개한다.

홍성하 의원: 행정명령 제8호를 시행하는 이유와 소량반입을 금지함에 따르는 영향을 조사했는가?

지 처장: 자기는 상부 명령에 의하여 시행할 뿐이고 책임자는 아니니 자세히 설명할 수 없다.

김규식 의장: 그 말은 실언이니 취소하라. 식량행정처는 단순한 사무

기관이 아니고 책임기관이다. 그러니 실언을 취소 않으면 더 질문할 필요가 없다.

지 처장: 아까 말은 자기가 최고책임자가 아니라는 말이고 전연 책임이 없다는 말은 아니다.

여운홍 의원: 소량반입을 허가함이 어떤가.

지 처장: 지난 12일 하루 동안 서울역에만 4,189가마가 반입되었는데 이와 같은 실정에 비추어 반입을 금지치 않을 수 없게 된 것이다.

홍성하 의원: 금지 전에는 400~500원 하던 것이 금지 발표로 800원까지 갔으니 일반 시민의 곤란이 극심하다.

지 처장: 650원밖에 안 갔다고 생각한다.

(「쌀 반입 금지문제로 입의 본회의서 지 식량처장과 격론」, 『경향신문』 1947년 10월 25일)

겨울을 앞두고 미곡수집과 식량배급이 중대 과제로 떠올라 10월 29일부터 입법의원과 군정청이 함께 긴급식량회의를 몇 차례 열고, 미국인 고문들이 참여하는 식량소위원회도 운영했다. 11월 21일 제6차 소위원회 뒤에는 쌀 소량반입 금지 해제 전망이 보도되었다.

(…) 최초 미인 고문 측에서는 소량반입이 수집에 많은 지장을 줄 것이라 하여 반입 금지를 고수하는 편이었으나 입의 측 위원이 2홉5작 배급이 확보되지 못한 현상에 있어서 소량반입 금지는 도시인의 소동을 유발할 우려까지도 있다고 말하고 충북에서는 벌써 100퍼센트를 수집하였다고 하니 소량반입이 수집에 큰 지장을 줄 것이 아니라고 말한바 미인 측에서도 그 뜻을 양해하고 헬믹 대장과 상의하여 반드시 소량반입을 허용하도록 노력하겠다고 언약하였는데 불일간 이

에 관한 성명서나 혹은 담화가 발표될 것이라 한다.

(「금지 중이던 쌀 소량반입 불일 내로 용인될 듯」, 『경향신문』 1947년 11월 23일)

소량반입 허용에는 모든 조선인이 찬성하고 있었으니 지용은 처장을 비롯한 조선인 관리들이 이에 반대했을 리는 만무하다. 그리고 번스(Arthur Burns, 1904~1987)와 힐 등 미국인 고문들도 그 뜻을 양해했다고 한다. 그런데 헬믹 군정장관대리나 그 윗선에서 꿈쩍 않고 있었던 것이다. 12월 17일에 이르러 안재홍 민정장관이 기자회견에서 미곡수집의 순조로움을 발표하고 며칠 내에 소량반입이 풀릴 것이라는 보도가 나왔다(『경향신문』 1947년 12월 18일).

그러나 민정장관까지 나서도 조선인의 의견은 통할 수 없었다. 딘 군정장관이 연말 기자회견에서 이렇게 말했다.

"식량 소량반입 해금 문제에 대해서는 나로서는 반입하게 허가해서 일반의 환심을 사고 싶은 마음은 간절하다. 그러나 나로서는 어떠한 행동을 취할 때에도 조선인의 대다수의 이익을 위해서 할 수 있는가 하는 것을 관점에 두고 생각한다. 지금 조선에는 소량의 미곡밖에 없다. 이번 연말연시에 반입을 허락하면 비싼 값으로 살 수 있는 사람만이 사서 소비하게 되고 보릿고개에는 더 곤란을 받게 될 것이다. 여러 가지로 신중 조사 고려한 결과 될 수 있는 대로 보류하고 완전 수집이 되어 식량정책에 과오 없도록 하는 것이 좋다고 믿었다.

어린애가 좋아한다고 마취제 같은 것을 준다면 부모 된 사람은 맘 놓고 밤잠을 잘 수 없을 것이다. 내가 구라파에 있을 때도 같은 경험을 한 일이 있는데 자유매매를 허락하면 식량기근이 올 것 같아서 통제한 일이 있다. 무기 화약 같은 것도 같은 입장에서 통제했다. 식량은 우리 입장에서 보면 한 무기이다. 100퍼센트 수집되기 전에는 허가 할 수 없다는 것을 실례를 들어 말한 것이다."

(「수집완료까지 반곡 보류」, 『경향신문』 1947년 12월 28일)

그런데 같은 날 『동아일보』 기사를 보면 12월 26일 현재 미곡수집량은 474만 석으로 목표의 92퍼센트에 도달해 있었다. 수집 기간은 1월 말까지이므로 수집이 대단히 순조로웠던 것이다. 그런데도 미군정 고위층은 '완전수집'이 될 때까지 미곡의 소량반입까지 불허하는 방침을 고집하고 있었다.

진주 첫해 겨울에 미곡정책의 착오로 엄청난 고생을 했던 때문일까? 사실 고생은 조선 백성들이 하지 사령관보다 더 했는데, 지금 배급량도 부족한 채로 미곡반입을 이토록 엄격하게 봉쇄하고 있다는 것은 이해하기 힘든 일이다. 조선인 관리들을 벌세우기 위해 정책을 운용하고 있었던 것이 아닐까 하는 생각까지 든다. '남조선과도정부'란 이름을 붙여놓고 '조선인화'를 했다고 하면서 그 실상이 어떤 것이었는지 극명하게 보여주는 사례의 하나다.

위에 인용한 몇몇 기사로 1947년 여름 시중 쌀값은 한 가마에 5,000~6,000원이었음을 알 수 있다. 그런데 쌀을 공출한 농민에게 정부는 어떤 값을 주고 있었는가.

민정장관 안재홍 씨는 10월 20일부로써 미곡 수집과 운반에 관한 행정명령 제8호를 공포하였다. 이 행정명령 제8호는 중앙식량규칙 제6호의 규정을 수행하고 석명하며 미곡의 무허가 불법 운반과 매매를 방지하기 위하여 공포된 것으로 불법으로 운반한 미곡이나 배급소 이외에서 판매하는 미곡은 압수하여 도 식량사무소에 넘기게 되었으며 또 식량규칙 제6호에 저촉되는 지금까지의 미곡 운반 또는 매매 허가는 그 양 또는 조건 여하를 막론하고 취소하여 강력한 수집을 기하게 된 것이다.

정부 수집의 미곡 가격은 정조 한 가마 660원으로 결정되어 입의에서는 생산비보다 싼 수집가격에 대하여 물의가 많아 그간 물가대책위원회에서 신중 조사 연구하여 오던바 정조 한 가마 660원을 800원으로 함이 적당하다는 것을 결정하고 23일의 본회의에 이를 보고하였다 한다.

(「쌀 수집을 강력추진, 불법 운반과 매매면 압수」, 『경향신문』 1947년 10월 24일)

같은 날 『경향신문』에 그 전날 헬믹 군정장관대리가 기자회견에서 미곡수집 자금에 관한 이야기를 한 내용이 보도되었다.

미곡 한 가마 640원씩 지불하면 539만 2,000석에 127억 6,825만 6,000원이 필요하다. 또 정미, 운반, 불가피한 손실 등의 비용 19억 6,268만 8,000원도 고려하여 총액 147억 3,894만 4,000원에 달하는 자금이 필요하다. 현재 배급가격은 소두 한 말에 120원인데 정부 수집하는 이것을 배급하여 모두 129억 4,080만 원을 거두어야 된다. 미곡대금과 비용의 합계와 배급한 판매대금의 차이는 17억 9,814만 4,000원이다. 이 부족은 정부의 보조금으로 혹은 배급가격을 올림으로써 충당될 것이다.

(「수집자금은 147억 원」, 『경향신문』 1947년 10월 24일)

덧셈에서 800만 원의 착오가 있는데 어디에 있는 것인지 알 수 없으나 윤곽을 살피는 데는 지장이 없으니 차치해두고…… 1석을 두 가마,

즉 소두 20말로 본다면 539만 2,000석의 판매가격은 129억 4,080만 원이 맞다. 그런데 매입자금 127억 6,825만 6,000원을 539만 2,000석으로 나누면 1석에 약 2,368원이다. 한 가마에 640원이라면 1석 1,280원인데 갑절 가까운 차이가 무엇인지 이해가 가지 않는다. 도정하지 않은 벼를 수집한다 하더라도 그렇게 큰 차이는 생길 수 없다. 아무튼 수매가격이 가마에 640원이었다는 사실만 확인해둔다.

『동아일보』 1945년 12월 22일자에 경기도 재무부 조사라 하여 해방 직후의 물가 변화를 보도한 기사가 있다(「해방 후 서울 물가 평균 30배로 폭등」). 백미 1등 100킬로그램당 8월 15일 32.70원에서 11월 말 910.1원으로 올라 약 28배를 기록했다는 사실이 들어 있다. 해방 시점에서는 한 가마에 20여 원이었는데, 2년 후에는 6,000원을 넘기고 있다.

세계 각국의 물가지수와 임금지수를 제시한 1947년 12월 9일자 『조선일보』와 『서울신문』 기사가 『자료대한민국사』에 소개되어 있다. 조사기관이 어디인지도 밝혀져 있지 않지만, 대략의 상황에 맞는 것 같다. 이 기사에 따르면 1937년도를 100으로 한 도매물가지수가 미국 171, 영국 178, 프랑스 881, 일본 2,141인데 남조선은 68,641로 이탈리아의 1,911,000에 이어 세계 제2위라고 한다. 한편 임금지수는 미국 210, 영국 166, 프랑스 490, 일본 2,600으로 물가지수와 큰 차이를 보이지 않는데 남조선은 16,730으로 물가지수의 4분의 1에 불과하여 극심한 민생고를 보여준다.

1937년을 기준으로 한다고 했는데 1945년까지는 물가지수가 두 배까지 올라가지 않았을 것이고 해방 후에만 몇백 배로 올라간 것이다. 쌀값이 300배가량 오른 사실과 맞는다. 해방 후 28개월 동안 통화량은 6배밖에 늘어나지 않았는데 도매물가지수가 이렇게 크게 올라간 까닭이 무엇일까? 해방 당시 통화량은 50억 원을 조금 넘는 정도였는데 1947년 12월 15일까지 325억 원을 넘어섰다는 기사가 있다.

> 15일 현재 조선은행권 발행고는 드디어 325억 원을 초과하게 되었다. 이를 전월 15일에 비하면 65억 원이 증발되며 2개월 전인 10월 15일에 비하면 120억 원이라는 광대한 증발을 시현한 것인데, 작년 연말의 통화동태는 11월과 12월의 차액이 불과 29억 원밖에 안 되었던 사실에 비추어 최근의 통화사정은 실로 우려하지 않을 수 없는 사태라 하겠다. 이상과 같은 통화팽창은 추곡수집자금 방출에 기인하고 있는바 동 자금방출 예정액은 당초 총액의 반액인 60억으로 계정되어 있었으나 금융기능의 가속적 둔화로 인하여 방출자금의 환류가 순조롭지 못한 탓으로 예정 방출액보다 40억 원이나 초과방출하게 된 것이다.
>
> 작년도 추곡수집자금 방출은 수집자금 총액(80억)의 반액인 40억이었으며 잔액 40억 원은 환류한 예금으로서 조변되었던 것인데 금년도 추곡수집에 있어서는 예금으로 환류한 자금이 전무함으로 인해서 이에 수매대금은 전액 신권발행에 의존하게 되었다. 이리하여 방출된 100억 원은 상금 농가에 지불되어 있지 않고 대부분 각 금융기관에 머물러 있으며 아직 구매화하지 않고 있어 최근의 물가폭등은 세말에는 해마다 생기는 계절적인 현상인데 한편 북조선의 통화개혁의 영향을 받아 환물(換物)운동이 성행하고 있어 계절적인 물가등세를 더욱더 박차하게 되었다.
>
> (「조은권 300억 돌파, 환류자금 전무(全無)에 기인」, 『동아일보』 1947년 12월 26일)

추곡자금 120억여 원을 풀었는데 그 돈이 예금 등 경로를 통해 금융기관으로 돌아오는 것이 거의 없어서 방출액 전액을 통화증가로 메우게 되었다는 것이다. 뭔가 심각한 문제가 있다는 사실은 알 것 같다. 남조선 경제가 마치 동력이 꺼져버린 기계 같다. 언제고 경제학자의 도움을 얻어 더 파헤쳐보겠다.

1947. 12. 21.

김구의 오락가락 행보, "조직이 뭐길래……"

한독당 부위원장과 국민의회 의장직을 맡고 있던 조소앙이 12월 20일 정계 은퇴를 선언했다. 한독당 제2인자 조소앙은 지난달 정협 움직임을 주도하면서 세간의 주목을 받았다. 그런데 12월로 접어들며 김구가 이승만 노선 지지를 선언하고 국민의회와 민대의 통합 방침이 다시 세워지면서 정협 활동이 중단되었다. 이 중단이 한독당 내에 상당한 갈등을 몰고 왔으리라는 것을 정협의 한독당 대표 3인이 12월 9일 당에서 제명된 일로 짐작할 수 있다.

게다가 조소앙이 의장을 맡고 있던 국민의회와 민대의 통합마저 중순에 들어 난관에 봉착했다. 국민의회와 한독당이 장덕수 암살의 배후로 군정청의 의심을 받는 상황에서 민대 측이 독자행보로 나선 것이었다. 국민의회·민대 통합은 한독당의 정협 포기와 이승만 노선 지지에 대한 보상인데, 이승만 측이 상황 변화를 빌미로 배신을 때린 것이다. 조소앙의 은퇴 선언에는 상심과 울분의 기색이 엿보인다.

> 1. 나는 남북회의의 진행에도, 남한정당회담에도 국의 민대와의 단결에도 실패된 데 상심한다.
> 2. 나는 민족적 주관관념과 국제적 객관정세로 하여금 서로 절충 조

한국독립당의 최고 이론가 조소앙. 그마저 품고 가지 못한 사실이 김구 지도력의 한계를 여실히 보여준다.

화케 하여 곤란과 지장을 소제하자는 노력에도 실망하게 되었다.

3. 무력과 테러로써 정권을 찬탈하는 것은 벌써 고대의 누습이었다. 좌우를 막론하고 암투와 중상으로 정쟁을 도발코자 하는 자가 있다면 이는 현대국가로서 용인할 수 없고 분열과 소란은 국제협조를 받을 수 없는 것이다.

4. 3,000만 동포 총의에 의한 총선거는 민주주의와 민족자결을 발휘하는 개막이므로 경선의 내용 및 형식이 군자국 공민의 체면을 유지키 위하여 공민들은 양심과 도덕으로써 투표하기를 요구한다.

5. 입국할 UN위원단 소속국은 수십 년래 우리 독립을 위하여 물심양방의 협조국이었다. 동포는 주인 된 민족의 예모 있는 외교가의 태도로 영접하기를 바란다. 그네들은 협조자요 명령자가 아닌 것이다. 주권독립과 통일정부의 수립을 위하여 주객의 타협을 힘써야 할 것이다.

6. 나는 이에 각 사회단체기관 신문 및 정당의 간부와 명예직을 사퇴

한다.

(「조소앙 씨 은퇴 성명 발표」, 『경향신문』 1947년 12월 21일)

조소앙의 은퇴 성명 직후 김구가 이승만 노선에 저항하는 움직임을 보였다. 김구는 21일과 22일 연거푸 민대 쪽에서 구성하고 있던 민족대표단에 자신이 관여한 바 없음을 성명으로 발표했다.

김구는 성탄절을 앞두고 22일 당면문제에 관한 요지 다음과 같은 담화를 발표하였다.

"우리는 미구에 내조할 UN위원단을 충심으로 환영하는 동시 그들로 하여금 우리에 대한 정당한 인식을 가지고 우리가 원하는 자주독립의 통일정부를 수립하는 임무를 완수하도록 우리의 최선을 다하여야 할 것이다. 우리가 원하는 바도 자주통일정부요, 그들이 우리를 위하여 독립하여주겠다는 정부도 남북을 통한 총선거에 의한 자주독립의 통일정부다. 그러므로 우리는 여하한 경우에든지 단독정부는 절대 반대할 것이다. UN위원단의 임무는 남북총선거를 감시하는 데 있다. 그 감시는 외력의 간섭을 방지하는 것만이 아니라 내부의 여하한 간섭이라도 방지할 것이다.

그러므로 일반 동포는 절대로 자유의사에 의하여 투표를 행할 수 있을 것이다. 우리가 국제적 귀빈을 맞이함에 있어 우리 민족의 통일적 의사를 표현하여야 할 것이니 국의와 민대의 합동에 있어 일시적 외부의 장해로써 완료하지 못하였을지라도 합동에 대한 결의는 의연히 유효한 것이다. 그런데 일전에 수모(誰某)의 소위인지 민대의 부서며 또 무슨 보조위원단 운운과 수백인의 명단까지 발표한 것을 보았다. 이것은 통일에 방해가 될 뿐 아니라 사전 사후에 본인으로서는 주지

한 바 없으니 그 현상 위에서는 여하한 책임도 본인은 질 수 없다."

(「목표는 통일정부-국제연합위와 김구 씨 담」, 『조선일보』 1947년 12월 23일)

UN위원단의 내조(來朝)에 대비하고자 민대와 국의의 합동 문제는 그 세부문제에까지 완전 합의를 보았으나 집회금지로 인하여 동 대회는 일시 보류되어왔었는데 민대에서는 일방적으로 민족대표단 구성을 추진하여 지난 19일 민족대표단의 부서를 결정 발표하였다.

이에 대하여는 민족진영 내부에 다대한 의구를 사고 오던 중 지난 21·22 양일 동안 김구의 이화장 방문과 동 대표단에 관여한 사실을 부인한 동 씨의 22일부 성명을 비롯하여 민의, 한민, 한독 등 민족진영 중요 정당의 미온적 태도로 인하여 동 대표단은 다소의 동요를 보이고 있을 뿐 아니라 간부급의 사표문제까지 대두하고 있어 그 귀추가 자못 주목되고 있다.

그런데 이 난국을 타개하고자 23일 오전 10시 이화장에서 이승만과 김구의 입회하에 국의 측 대표 박원달 외 5씨와 민대 측 대표 이윤영 외 4씨가 일당에 모여 회의하였으나 대표 자격문제로 일단 산회하였는데 26일에는 오후 1시부터 이화장에서 양측 대표 각 15명이 출석하여 최후 결정을 짓기로 되었다 한다.

(「민족대표단 구성 주목, 오는 26일에 최후 결정」, 『경향신문』 1947년 12월 25일)

"남북을 통한 총선거에 의한 자주독립의 통일정부"가 우리의 목표라며 "여하한 경우에든지 단독정부는 절대 반대할 것"이라고 했다. 12월 1일의 성명서에서 했던 아래 말과 비교해보자.

"불행히 소련의 방해로 인하여 북한의 선거만은 실시하지 못할지라도 추후 하시에든지 그 방해가 제거되는 대로 북한이 참가할 수 있게 하는 것을 조건으로 하고 의연히 총선거의 방식으로서 정부를 수립하여야 한다. 그것은 남한이 단독정부와 같이 보일 것이나 좀 더 명백히 규정한다면 그것도 법리상으로나 국제관계상으로 보아 통일정부일 것이요 단독정부는 아닐 것이다." (1947년 12월 23일자 일기)

1947년 12월 중순에서 하순에 걸친 10여 일간이 김구와 이승만이 제일 격렬하게 충돌한 기간이었을 것 같다. "영어도 못하는 무식한 놈이……" 욕을 했다든지 흥분해서 멱살을 잡았다든지 하는 일화도 아마 이때의 것이었으리라고 짐작된다. 그러나 이 싸움도 며칠 못 갔다. 둘은 다시 의기투합했다. 민대 통합을 이승만이 다시 승인한 것이다.

유엔위원단의 내조 결정과 소 측의 1948년 초기 미·소 양군 동시철퇴 제안이 있은 후 국내 정계는 유엔위원단의 내조 찬부 양파와 소 측의 양군 동시철퇴 제안의 찬부 양파로 분열되어 양파의 암투가 은연히 계속 중에 있다.

즉 남북요인회담과 양군 동시철퇴를 주장하던 소위 각정당협의회로 말미암아 민족진영 내에서는 김구 씨와 조소앙 씨의 관계는 물론 이승만 박사와 김구 씨의 관계도 미묘하게 되어 있었던바 과반 국의 제44차 회의에서 국의와 민대 합동문제에 원칙적으로 합의를 보자 김구 씨의 수차에 긍한 성명으로 양 영수의 관계는 조금도 변동이 없음이 세인에 확인되었던 것이다.

그 후 변천된 국내정세에 따라 지난 12일 개최 예정이던 국의와 민대 합동대회는 집회허가문제로 보류되고 지난 13일의 민대 측 제25차 회의에서 구성된 유엔위원단에 협조할 민족대표단과 동 보조위원회에 대하여 김구 씨는 22일 돌연 그 구성경위가 기개인의 행동이라 하여 이와의 무관련성을 표시한 성명을 발표한 바 있었거니와, 이승만 박사와 기타 동 기구 부서에 관계된 일부 위원들조차 동 기구의 협애성을 지적하고 이에 불만의 뜻을 표하고 있던 중 김구 씨는 연일 이승만 박사를 방문하고 국의 민대 합동문제, 민족대표단의 재검토 문제에 관하여 구수협의한 바 원만한 의견일치를 보았다 하며, 또 지난 23일 김구 씨를 위시하여 국의 측 대표 박윤진 씨 외 5인, 민대 측 대표 이윤영·명제세 외 3씨는 이화장으로 이승만 박사를 방문하고 국의 민대 합동문제를 토의한 결과 양측 간에 타협점이 발견되어 금 26일 다시 이·김 양 영수 주도하에 민대 국의 양측 상무위원 각 16명씩 참석하에(장소 미정) 국의 민대 합동문제와 최근 물의가 자자한 민족대표단 재검토문제 등을 구체적으로 토의하리라 하는데, 금반 이·김 양 영수의 원만한 합의로 말미암아 종래 민족진영 내부에서 보이던 약간의 의견대립과 모략적 언행 등은 일소될 것으로 보이며, 금후 민족진영은 대의무규(大義無規)의 입장에서 독립투쟁에 매진할 태세에 있어 금반 회의의 귀추가 자못 주목된다.

(「이, 김 양 영수 주도하 민족진 대동단결, 민대 국의 또다시 합동 교섭」, 『동아일보』 1947년 12월 26일)

두 기구는 12월 26일 상임위원 연석회의를 열어 이듬해 1월 8일에 합동대회를 열 것을 결정하고 이것을 공동성명으로 발표했다(『경향신문』 1947년 12월 28일). 그리고 통합의 구체적 방법을 의논하기 위해 28일과 29일 계속 회의를 열었다.

국의와 민대 합동문제에 있어서 지난 26일 연석회의를 열고 의견일치를 보았거니와 다시 구체적 합동절차를 결정키 위하여 28일 상오 10시부터 밤늦도록 경교장에서 국의 측 김여식 외 2명, 민대 측 명제세 외 2명이 계속하여 회의를 열고 토의한 결과, 부서문제는 민대 측 주장인 의장은 조소앙을 유임시키고 부의장에 민대 측에서 1명 보완하기로 하고 양측 상임위원의 비율은 반반씩으로 결의가 되었으며, 선거법 문제는 국의에서 작성한 원안에 민대도 찬동하였으며 법통계승의 원칙적 문제에까지 진전을 보았다 한다. 그리고 29일에도 상오 10시부터 동 장소에서 이승만, 김구 양 영수 출석하에 양측 대표 30명이 회합하여 작일 결의한 원안을 보고 토의하고 대회준비 절차 문제를 최후적으로 결정하여 1월 8일 대회에 제출키로 되었다 한다.

(「민대 국의 8일 합동대회, 법통 계승의 원칙문제도 진전」,
『경향신문』 1947년 12월 30일)

이승만 세력이 조직한 민대가 말인즉 '합동'이지만 실질적으로 김구 세력이 국민의회에 흡수되어 들어오는 것이다. 임정 법통 문제까지 동의한다고 하니 김구 측의 큰 성공이라 할 수 있다. 그러나 그 과정에서 조소앙은 은퇴 성명 10여 일 만에 복귀하는 모습을 보이고 김구는 남조선 총선거와 남북총선거 사이에서 갈지자 행보를 보였다. 두 사람의 위신 손상은 본인들에게만이 아니라 민족사회를 위해 아쉬운 일이었다. 1월 8일 계획했던 성대한 합동대회가 군정청의 집회 불허로 무산되고 초라한 '서면합동' 형식을 취하게 된 것도 두 사람의 정치적 몰락을 상징한 것 같다.

오랫동안 일반의 주목을 끌어오던 국의와 민대 합동대회는 작 8일 개최할 예정이었으나 당국의 집회불허가로 대회는 중지되었다. 그런데 이에 앞서 7일 석각(夕刻) 김구 씨는 이 박사를 방문하여 합동대회 문제로 숙의하였다는데 동 석상에서 합동은 형식보다 정신적 문제가 더 긴요함을 강조하였다 한다. 그러나 합동문제를 위요하여 양측 공히 내부에 물의가 분분하였으나 결국 형식적으로라도 합동하기로 되었다 한다. 그리고 대회 중지의 편법으로 8일 하오 2시 반에 독촉국민회 회의실에 양측 준비위원, 상임위원, 각도 대표 등이 모여 축소대회를 열고 사무적으로 서면합동을 하였다.

(「국의 민대 서면으로 합동」, 『경향신문』 1948년 1월 9일)

1947. 12. 24.

남조선의 도깨비방망이, 군정재판

몇 달을 사이에 둔 여운형 암살과 장덕수 암살 중 어느 쪽이 사회에 더 큰 충격을 주었을까? 여운형은 백주대로상에서 저격당한 반면 장덕수는 해 저문 뒤 찾아온 암살범에게 집에서 총을 맞았다. 그리고 여운형은 전 조선의 좌익 인물 중 가장 비중이 큰 사람의 하나였던 반면 장덕수는 우익의 한 계파인 한민당의 간부일 뿐이었다. 여운형 암살의 충격이 훨씬 더 컸을 것 같다.

그런데 당시 더 큰 파장을 일으킨 것은 장덕수 암살이었다. 적어도 경찰과 『동아일보』의 반응은 그랬다. 『동아일보』는 12월 10일 「극형으로 테러 처단에 임하라」라는 제목의 사설을 내보냈다. 그 끝부분을 일부 옮겨놓는다.

> (…) 방금 여론은 이 테러에 대하여 엄벌할 것을 절규하고 있다. 지난 사건의 처결을 들어 특히 사법당국을 논란할 바는 아니라 하지만 (…) 물론 일반적으로는 중형을 하는 것만으로 그 목적을 달할 것은 못 된다 하리라. 그러나 판결의 사회적 작용이라는 점에 상도(想到)하여 볼 때 테러 심리를 억압하는 준엄한 판결의 강행이 절망(切望)되는 바 이 사회적 현실을 파악하고 일반적 사회 심의(心意)를 이해하여 테

> 러 처단에 있어 극형주의로 임할 뿐 아니라 배후관계를 철저히 구명하여 발본색원할 조치가 절대로 필요하다는 것을 다시금 강조하는 바이다.

암살 후 1주일이 지난 이 시점에서 김구 세력이 암살의 배후로 떠올라 있었던 모양이다. 12월 10일 한민당에서는 '민족자멸행위 배후대책위원회'를 열었다. "금후 이 같은 망국적 행위를 근절시키고자 각 애국단체 정당 등의 협조로" 열었다는 것이다(『동아일보』 1947년 12월 11일). 위 사설에서도, 이 회의에서도 '배후'에 큰 중점을 둔 것이 김구 세력을 겨냥한 것으로 읽힌다. 같은 날 경찰에서는 장택상 수도청장을 위원장으로 하는 수사위원회 구성을 발표하고 있었다. 그리고 12월 12일에 예정되어 있던 국민의회·민대 합동대회도 허가를 받지 못한 까닭이 "국민의회 간부 중에는 이번 사건 관계자가 섞여 있어서 경찰로서는 시에 대하여 동 대회 집합을 추천하지 않을 방침"이라고 장택상이 밝혔다.

경찰과 『동아일보』가 호들갑을 떤 것은 피해자가 자기편 사람이었기 때문이었다. 그래서 "금후 이 같은 망국적 행위를 근절"시킬 필요가 절실했던 것이다. 한민당은 김성수 다음으로 중요한 인물인 송진우와 장덕수를 암살로 잃었다. 송진우가 죽을 때는 한민당 세력이 확고하지 못했지만, 이제 이승만과 손잡고 단독정부 수립의 주도권을 바라보고 있는 상황에서 민족주의 세력의 폭력 행사를 더 이상 좌시하지 않겠다는 의지를 분명히 한 것이다.

이 사건의 배후 추궁 과정은 해가 바뀐 뒤 계속 살펴보겠거니와, 김구 세력의 혐의는 분명했다. 한민당을 공격할 동기는 민족주의 세력만이 아니라 좌익에서도 갖고 있던 것이지만 장덕수라는 특정인을 제거할 동기가 좌익 쪽은 크지 않았다. 현직 경관을 범행에 동원할 형편도 되지 못했다. 민족주의 세력이라면 친일파로 명성 높은 장덕수의 암살이 여론의 지지를 받을 수 있을 것이라고 판단할 수도 있는 상황이었다.

그런데 범인을 극형에 처해야 한다는 주장 속에 재판 관할권 문제가 묻어 나온다. 12월 10일 조병옥 경무부장이 수사위원회 구성을 발표한 기자회견에서 이런 문답이 있었다.

> (문) 암살범에 대한 형벌이 너무나 현 사회 조리에 맞지 아니한다고 보는데 부장의 견해는?
>
> (답) 지난 사건에 대한 사법당국의 처단을 보면 동기론과 증거론에 치중하는 까닭에 현 사회 조리에 맞지 아니한 점이 없지 아니하다. 그리고 이번 사건은 특별재판에나 그렇지 아니하면 군정재판에 넘길 계획도 가지고 있다.
>
> (「수사위원회 구성 장 씨 사건 배후 추궁」, 『동아일보』 1947년 12월 11일)

한 달 전 일기에서(1947년 11월 26일) 심판관(판사) 세 사람이 사법권의 자주성에 대한 외부의 침해에 항의하여 사표를 낸 일을 얘기했다. 김두한 등 대한민청원들의 납치살인 혐의에 법원이 경미한 판결을 내리자 군정 수뇌부는 이 사건을 군정재판으로 옮겨 재심케 했는데 이 과정에서 김용무 대법원장의 압력에 반발한 것이었다.

미군정은 진주 후 군정재판으로 사법제도를 운영하기 시작했다. 그러다가 1947년 4월부터 조선인의 사법주권을 존중한다는 취지로 특별한 경우 이외의 모든 조선인 재판을 조선인 사법부장이 주관하는 군정청 사법부로 넘겼다. 그런데 "특별한 경우"의 대표적인 예가 '포고령 위반'이어서 많은 사건이 코에 걸면 코걸이, 귀에 걸면 귀걸이가 되는 형편이었다. 남조선의 사법제도는 2중체제로 되어 자의적으로 운영되고 있었다. 대한민청 사건을 우익 판사들이 너무 기볍게 처리한다고 판단되면 군정재판으로 넘기는, 그런 식이었다.

그런데 조병옥이 특별재판 또는 군정재판에 넘길 계획을 갖고 있다고 나서는 것은 어찌된 일인가? 경찰 수장인 경무부장은 사건을 어느 법정에서 다룰지 결정하는 위치가 아니다. 사법부 내에서 처리할 경우 사법부장이 결정할 것이고, 사법부 밖의 군정재판으로 가져가는 것은 주둔군사령관이나 군정장관이 결정할 일이었다.

조병옥의 군정재판 발언은 하지 사령관의 의중을 대신 표현한 것이었다. 하지가 가까이 대해온 조선인의 하나였던 장덕수의 죽음에 그가 대단히 분노하고 있음을 조병옥이 포착한 것이었다. '통역정치'의 한 모습이라고 볼 수 있다. 하지는 12월 27일 이 사건을 엄중히 다루겠다는 뜻을 특별성명으로 발표했다.

> 장덕수 암살사건이 있은 지 1삭이 지낸 금일에 이르기까지 범행의 전모가 발표되지 않을뿐더러 동 사건에 대한 기사 게재까지 금지하고 있는 당국의 태도에 대하여 일반은 초조한 마음을 금치 못하고 있던바, 하지 중장은 27일 공보부를 통하여 테러사건의 책임자는 물론 공범자 선동자는 군율재판에 회부하여 극형에 처하겠다는 요지 다음과 같은 특별성명을 발표하였다.
>
> "전 세계의 침착하고 평화를 사랑하는 사람들은 1947년 12월 2일에 장덕수 씨가 잔인하고 냉혹하게 암살당한 것으로 말미암아 대단한 충격을 받았다. 그가 이 중요한 시기에 자기나라 사람의 손에 살해를 당하였다는 사실은 본관은 물론이요 진실로 조선의 장래에 희망을

가지고 있는 조선국민에게는 특별히 슬픈 일이다.

이 비열하고 흉악한 행위와 그 배후관계는 특히 본관의 관심되는 문제였다. 평화와 사회질서를 파괴하여 이때까지 정성스럽게 육성하여 온 민주주의의 질서 있는 과정을 파괴하는 이러한 행위는 묵인하지 않을 것이다. 이러한 경우에 있어 정치적 압력과 조선경찰 및 조선인 검찰관 및 재판관에게 생명까지 위협하면서 정당한 판결을 내리지 못하도록 책동하고 있는 것도 본관이 잘 알고 있다.

그러므로 금차 사건에 있어서나 또는 장래 이러한 모든 종류의 사건에 있어서 그것이 어떠한 정당에 소속하든지 또는 그의 사회적 지위가 여하하던지 불문하고 테러 공범자, 선동자는 군율재판에 회부하여 신속하고 완전한 재판을 받아야 할 것이며 그 범죄의 정도에 따라서는 극형에 처하게 될 것이다."

(「군율재판으로 테러범과 배후선동자는 극형에 처할 터-장씨 암살사건에 하 중장 성명」, 『동아일보』 1947년 12월 28일)

조선인 경찰관, 검찰관, 재판관들이 이 사건을 제대로 다루지 못하도록 위협을 가하는 세력이 존재한다고 하지는 인식하고 있었던 것이다. 그래서 이 사건을 '군율재판'에 회부할 것이라고 언명했다.

하지가 말한 '군율재판'이란 어떤 법정을 말한 것이었을까? 조병옥은 기자회견에서 이렇게 해설했다.

(문) 특별위원회까지 조직하고 수사 중이라는 설산 장덕수 씨 사건의 배후관계를 비롯한 사건 전모가 발표되지 못하고 과세하는 것은 유감으로 생각되는데.

(답) 수사상 시일이 걸려서 아직 발표되지 못하고 있는데 명년 초에

는 그 전모가 발표될 것이다. 군율재판소라는 것은 알기 쉽게 말하면 종로경찰서 내에 있는 군정재판소와는 달라서 영남폭동사건을 처결한 특별재판소와 같은 것을 말하는 것이다.

(「장 씨 살해전모 명년 초 발표 예정」, 『동아일보』 1947년 12월 28일)

실제로 이 사건의 수사는 군정청 사법부가 아니라 미군사령부 직속 군사위원회가 맡았고, 재판은 1948년 3월 2일부터 중앙청 제2회의실에 개설된 특별군사법정에서 진행되었다. 조병옥은 하지의 뜻을 정확히 전달한 것이다. 경무부장 역할은 몰라도 통역 역할은 매우 훌륭히 수행한 것이다.

여운형 암살사건은 군정청 사법부에서 처리하고 장덕수 암살사건은 미군사령부에서 처리하는 차이가 하지 사령관의 자의적 결정에 달린 것이었다. 그런데 사령관까지 나서지 않고도 자의적으로 관할권이 좌우되는 사례가 적지 않았다는 사실을 12월 26일 검찰관 일동이 하지 사령관에게 제출한 건의서에서 확인할 수 있다.

외부세력의 간섭으로 직장을 지킬 수가 없다는 것을 이유로 재판소 검찰관 일동은 26일 하지 사령관에게 다음 요지의 건의서를 제출하였다.

"귀국 장교들이 사건의 이해 관계자들 측의 일방적인 의견만을 오신하고 정당한 이유도 없이 간섭을 함은 참으로 우리 검찰관으로 하여금 불쾌하게 생각하는 바입니다. 우리 민족은 이조 말엽에 일부 간신들이 왕명을 이용하여 왕과 인민을 이간케 하여 관리와 선량한 인민들에 고초를 주었으며, 그 결과로 일본 침략에 유린되었고 다시 일본의 폭정이 시작되자 악질적인 통역관 때문에 무고한 양민이 무실한 죄로 투옥되고 또 악질 통역자를 매수하여 범죄를 하고도 면죄케 한 일이 허다하므로 양민은 쓰라린 고통을 받아온 것입니다.

각하께서는 민주이념을 실천하는 이상 전기 왕명과는 천양의 차이가 있는 만큼 각하와 조선 민중 사이에는 통역자의 악질적인 감관(感官)이 게재되어 있는 까닭에 우리의 진의가 각하에게 전달 못 되는 것이 조선 민중 전체가 두려워하고 있는 것입니다. 그러므로 각하께서는 일방적인 의견보다는 쌍방의 의견을 들으신 후 처단을 내리시며 더욱 민주주의 건설의 지상명령으로 시민과 관리에 대하여도 삼권분립 제도를 골자로 법치주의 원칙하에서 처결하여주시기를 바라는 바입니다.

그리고 형사사건의 수사 또는 그 재판에 관하여 비상조치적인 명령을 발하실 때에는 반드시 그 명령을 발하기 전에 당로 책임자의 의견을 청취하실 것이며, 그리고 그 명령은 이유를 명시하여서 직접 당로자에게 명령하여주시는 동시에 각하의 부하장교에게도 그 취지를 전하여 그 실행의 철저를 기하도록 하여주시기를 바라는 바입니다. 그리고 검찰 또는 재판사무에 대한 미군 당국의 이유로 인한 간섭 때문에 조선민중이 가지고 있는 의심을 해소시키기 위하여 금후에는 그러한 일이 없도록 하겠다는 각하의 성명서를 급속히 발표하는 동시에 이해성을 비롯한 송재숭, 최희춘 등의 사건은 신속히 조선인재판에 회부케 하여줄 것을 건의하는 바입니다."

(「부당한 외부간섭과 악질적 통역 발호 배격-검찰관 일동 건의서 제출」, 『동아일보』 1947년 12월 27일)

이 사태는 12월 19일 두 검찰관의 사표 제출로 촉발된 것이었다.

지난 19일 돌연 지방검찰청 김준식, 선우종원 등 양 검찰관이 사표를 제출하여 일반의 주목을 받고 있다. 사표 제출 원인은 단순한 개인 사정이 아니라 하며 일전에 담당 문초하여 오던 성북서 순경 이해성을 수회죄로 기소한 사실이 있었다 하는데 그 사건이 군정재판으로 이관되어 종로서에서 무죄 선고를 받았다 하는바 그와 관련된 것이 아닌가 하여 그 귀추가 주목된다.

(「두 검찰관 돌연 사임」, 『경향신문』 1947년 12월 23일)

이해성(李海星)과 송재숭(宋在崇) 사건은 11월 28일 서울지방심리원에서 군정재판으로 이관된 것이었다.

사법권 내의 외래세력의 견제로 말미암아 급기야 서울고등심리원 3심판관이 사표를 제출한 것을 계기로 동요되고 있는 사법부 내에서는 26일 검찰청 측의 긴급회의가 있었고 27일 오후부터는 또 심리원 측의 회의가 열리고 있어 회의 결과는 그동안의 외래간섭 사건을 조사하여 상부에 진정키로 되었는데 이 문제가 해결은 되지 않고 그간 서울지방심리원에서 공판에 회부되고 있던 사기한 송재숭 사건과 성북서 경사 이해성의 수회사건 등이 28일 도리어 군정재판으로 이관되어 사법권의 독립자주성 확보를 기하고자 동요된 요즈음 이와 같은 결과에 이르러 금번 발생된 외래세력 문제의 귀추는 자못 주목된다.

(「외래세력 문제로 사법부의 공기 거익심각(去益深刻)」,
『경향신문』 1947년 11월 29일)

정윤환, 김우열, 김윤근 3인의 고등심리원 심판관이 고등심리원장과 군정장관 앞으로 사표를 제출한 것은 11월 25일의 일이었다. 관할권 침해에 대한 이 심각한 항의를 계기로 판사단과 검사단이 회의를 열어 문제를 살피고 있는 와중에 관할권 침해는 태연히 자행되고 있었던 것이다.

일개 경사가 뇌물 먹은 사건에 어떤 중요성이 있어서 군정재판으로 옮겨야 하겠다는 결정을 누가 내렸을까? 설마 하지 중장이나 딘 소장이나 헬믹 준장은(헬믹은 1947년 12월 10일자로 소장으로 승진했다.) 아니었겠지. 아마 미군의 영관급 간부 한 사람이 청탁을 받아 저지른 짓이 아닐까 생각된다. 군정재판이라면 죄 없는 사람도 마구 때려잡는 무서운 곳으로만 알았는데, 이렇게 잡범들 풀어주는 온정적인 면도 있었다는 사실이 신기하다. 남조선에서 미군정 군정재판은 이런 식으로 운영되고 있었다.

1947. 12. 26.

전쟁 중에도 유화적 태도를 지킨 호찌민

1947년 12월 27일자『경향신문』에 동남아시아 여러 나라 정세에 관한 기사 하나가 실렸다. 스탠리 스윈튼 AP기자의 분석기사인데 동남아시아 지역이 '서남아주(西南亞洲)'로 표시되어 있다. 도입부의 전체적 조망과 끝의 베트남 설명 부분을 옮겨놓는다.

> 「분규 혼란만 계속, 비운의 면전 불인 인도네시아 우울하다」
> 〔싱가포르 26일발 AP합동〕 고무, 석(錫), 석유 기타 열대지방 원료품의 세계적 산지인 서남아시아 지구는 혁명과 정치적 혼란을 내포한 채 1948년의 새해를 맞이하게 되었는데 새해에 있어서의 이 지구의 공기는 일층 험악화하여 가는 것으로 관측되고 있다. 여사한 복잡다난한 문제를 앞에 둔 서남아시아 각지의 과거 1년간의 회고와 1948년의 전망에 관하여 AP 기자 스탠리 스윈튼 씨는 다음과 같이 논평하였다.
> 과거 1년간의 서남아시아는 혁명과 정치적 불안이 중첩하였었다. 인도네시아에서는 화-인(和-印) 간의 전투가 전개되고 있었고 불인(佛印, 프랑스령 인도차이나)에서는 프랑스 정부군과 월남정권이 전쟁을 하여왔으며 섬라(暹羅, 타이)에서는 피분 전 수상 영도하의 쿠데타가 실

행되었고 면전(緬甸, 미얀마)에서는 대규모의 암살사건으로 인하여 정치적 통격(痛擊)은 최고조에 달하였던 것이다. 그리고 영국은 말레이 반도 및 보르네오의 자령(自領) 내의 정치형태 개조를 분망히 계속하여온 것이다.

서남아시아는 수세기 간 섬라국을 제외하면 타국의 식민지로서 신음하여왔던 것이다. 그러나 여사히 비참한 눈물의 역사를 겪어온 이 지구에서는 민족운동이 전개되어 각 민족은 자민족의 정치적 독립과 식민지 지배로부터의 해방을 요구하여왔었다. 인도네시아, 안남, 면전 등은 이러한 운동의 중심이 되고 있다. 그리고 이 서남 각지의 정치적 정세는 현재 대략 다음과 같은 것이다. (…)

불인: 서남아시아에서 가장 투쟁이 격심한 지구는 불인이다. 현재 프랑스 정부는 당지 혁명정권인 월남 정권의 정치적 타협을 거부하고 있다. 월남 정부는 안남 민족주의자들이 1945년 불인의 독립을 획득하기 위하여 호찌민 박사 영도하에 수립된 것이다. 그런데 프랑스는 월남 정권을 타도하기 위하여 현재 10만의 군대를 동원하고 있는 것이다. 이리하여 불인과 프랑스 본국과의 증오는 격화하고 있는데 안남인의 저항이 가장 강력한 곳은 교지지나(交趾支那, 코친차이나)이다. 그리고 프랑스는 근근(近近) 신공격을 개시할 것으로 예측되고 있다.

1946년 12월 19일 베트남전쟁이 발발하기까지의 상황 전개를 1946년 12월 28일자 일기에서 살펴보았다. 1년이 지난 지금까지도 그 전쟁은 계속되고 있다. 그러나 조선 언론의 베트남 관계 보도는 거의 끊겨 있었다. 『경향신문』의 경우를 보면 전쟁 발발 후 한 달 동안 관련 기사가 자주 실렸지만 1947년 2월 이후 연말까지는 겨우 두어 차례 조그만 기사가 실렸을 뿐이다.

호찌민은 전쟁을 피하기 위해 혼신의 노력을 기울였고, 그로 인해 비굴한 타협주의자로 몰려 정치적 매장의 위험을 겪기도 했다. 그러나 30년 가까이 진행된 전쟁을 이끌며 국민의 신뢰를 지킬 수 있었던 데는 얼마나 전쟁을 싫어하는지 국민에게 확실히 보여준 까닭도 있었을 것이다.

구한말의 조선인 식자들은 『월남망국사』를 보며 망국의 길에 대한 경각심을 일으켰다. 중국 중심의 천하체제에 함께 속해 있으며 크기가 비슷한 나라였던 베트남의 운명에서 공감을 느꼈던 것이다. 해방 후 베트남 민족주의 운동의 전개 상황이 수시로 조선 언론에 보도된 것도 약소민족으로서의 공감대가 유지되었기 때문일 것이다. 그런데 베트남전쟁이 일어난 후 베트남 관계 보도가 급격히 줄어든 것은 무슨 이유 때문이었는지 이해하기 어렵다.

베트남 민족운동은 당시 아시아 민족운동의 사례 중 조선과 비슷한 조건이 많은 경우였다. 당시 조선 사회에 잘 알려지지 않았다 하더라도 독립전쟁이 지난 1년간 어떻게 진행되었는지 대충 살펴보겠다.

전쟁 발발 직후 베트남 정부는 3단계 전쟁 계획을 담은 성명을 발표했다. 여러 해 전부터 호찌민(Ho Chi Minh, 1890~1969)이 장려해온 '모택동 전략'을 담은 것이었다. 제1단계는 방어에 치중하며 산악 요새에서 역량을 키우는 단계다. 제2단계는 요새를 거점으로 적 시설에 기습을 가하는 단계다. 그리고 유리한 조건이 형성되었을 때 전면전으로 나서는 것이 제3단계다.

1947년 내내 베트남군은 제1단계 전략을 착실히 실행했다. 프랑스군과의 충돌을 최대한 피하면서 오지 지역에서 실력 양성에 힘썼다. 이 지연작전은 프랑스 당국을 초조하게 했다. 아직 본국 내에서 전쟁 반대 여론이 크게 일어나지 않고 있었지만, 마다가스카르의 저항운동도 시작되고 있었기 때문에 상황을 서둘러 종결짓지 않으면 곤경에 빠질 염려가 있었다. 벌써 병력 증원 요청은 본국에서 거부당하고 있었다.

프랑스군 사령관 발뤼(Jean-Étienne Valluy, 1899~1970) 장군은 1947년 10월 7일 야심적 작전에 나섰다. '레아(Lea) 작전'이란 이름의 이 작전은 베트민 사령부가 있던 박칸에 공수부대를 투입하고 동원 가능한 전 병력으로 남북에서 협공해 그 지역을 완전히 차단하는 것이었다. 박칸에 있던 호찌민 등 베트민 간부들은 공수부대의 습격을 아슬아슬하게 모면했다. 공수대원들이 회의장에 도착했을 때 아직 불이 안 꺼진 담배꽁초도 있었다고 한다.

12월 22일까지 계속된 레아 작전이 베트남군에게는 최대의 위기였다. 프랑스군은 베트남군 9,000명을 사살했다고 주장했다. 그러나 베트남군은 결정적 타격을 입지 않고 이 위기를 빠져나갔다. 레아 작전의 종결을 고비로 프랑스 본국 상황은 계속해서 인도차이나 당국에 불리한 쪽으로만 변해갔고, 베트민은 전쟁 계획의 제2단계를 선언했다. 윌리엄 J. 듀이커는 『호치민 평전』(정영목 옮김, 푸른숲 2003) 610쪽에서 이 상황을 이렇게 설명했다.

> 1948년 1월, 인도차이나공산당 상임위원회는 혁명에 유리한 쪽으로 상황이 변하고 있다는 자신감을 반영하여 퇴각을 중심으로 하는 제1

> 단계가 끝났고, 세력 균형의 제2단계가 시작되었다고 선언했다. 베트민군은 이제 적과 전투를 개시하기로 했다. 당 지도부는 새로운 전략의 하나로 이웃한 라오스와 캄보디아의 대중을 조직하여 민족해방을 위한 투쟁에 적극적으로 나서도록 노력을 기울이겠다고 선언했다. 베트민 전략가들은 인도차이나의 영토 전역으로 혁명 작전 범위를 확대함으로써 프랑스군을 분산시키고 그때 드러나는 취약점을 공격할 수 있기를 바랐다. (…)
> 추옹 친은 1947년에 쓴 글에서 이렇게 표현했다. "적이 위로부터 우리를 공격하면 우리는 아래에서부터 적을 공격한다. 적이 북에서 우리를 공격하면, 우리는 베트남 중부나 남부, 아니면 캄보디아나 라오스에서 대응한다. 적이 우리의 근거지 한 곳으로 뚫고 들어오면, 우리는 즉시 적의 배나 등을 강하게 공격하고 적의 다리를 자른다. 즉 도로를 파괴한다."

이 전쟁은 일진일퇴를 거듭하며 1954년까지 계속되다가 디엔비엔푸전투에서 프랑스군이 참패를 겪은 후 제네바회담으로 종결되었다(1954년 7월 21일). 북위 17도의 '임시군사경계선' 북쪽은 베트민이 이끄는 베트남민주주의공화국이, 남쪽은 프랑스가 세워준 베트남국이 다스리고 있다가 1956년에 총선거를 실시한다는 조약이었다. 그러나 베트남국과 그 후견자로 나선 미국이 이 조약을 승인하지 않고 총선거를 거부하자 이번에는 미국이 주역을 맡은 제2차 베트남전쟁이 벌어지게 된다.

제1차 베트남전쟁의 진행 과정에서 눈여겨볼 것이 호찌민의 유화적 태도였다. 전쟁 발발 전에도 호찌민은 프랑스와 타협하기 위해 노력했고, 그 노력은 전쟁 발발 후에도 계속되었다. 프랑스 당국이 전쟁 전망을 유리하게 보면서 아무런 양보도 하지 않았기 때문에 직접 성과는 없었다. 1947년 5월에 프랑스 당국은 베트남군의 즉각 무장해제와 프랑스군 무제한 주둔의 휴전 조건으로 베트남이 프랑스연합에 참여할 것을 요구했다. 실질적 항복 요구인 이 조건에 대해 호찌민이 이렇게 응답했다고 한다.

> "프랑스연합에는 겁쟁이들이 들어갈 자리가 없습니다. 만일 내가 이 조건들을 받아들인다면 나는 겁쟁이가 될 것입니다." (『호치민 평전』, 596쪽)

프랑스 측의 무리한 요구를 거부하면서도 호찌민은 제3국 중재를 통한 국제적 해결을 추구하며 중재 역할을 맡을 국가로 미국을 지목했다. 여러 경로를 통해 베트남이 "자본주의적 자율 발전을 지지하며, 조국 재건을 위한 외국 자본 유치를 필요로 한다."는 메시지를 보내고 미국의 베트남 정부 승인이 "미국의 위상과 영향력이 높아질 것이며 (…) 동남아시아에 평화가 올 것"이라는 결과를 가져올 것이라고 설득했다(『호치민 평전』, 595~600쪽).

타협을 향한 호찌민의 노력이 전쟁을 바로 끝내지는 못했다. 그러나 장기간에 걸친 그의 꾸준한 노력은 프랑스 국내 여론과 미국 등의 국제 여론에 영향을 끼쳤다. 그리고 베트남인의 신뢰를 얻는 효과도 있었을 것으로 짐작된다. 어려운 전쟁 상황을 오래 겪는 동안 최고 지도자가 전쟁을 회피하려 애쓰는 자세는 베트남인들에게 큰 위안이 되었을 것이다.

조선에서 호찌민과 비슷한 위치에 있었던 김일성의 자세를 이 측면에서 비교해보고 싶은 마음이 든다. 김일성은 소련 주둔군의 도움을 얻어 순탄하게 권력을 장악할 수 있었다. 그는 혁명기지론에 입각해서 이북 지역의 혁명을 서둘러 완성하고 나서 이남 지역을 '해방'시킨다는 전략을 취했다. 그래서 여운형을 앞세워 온건한 노선의 범 좌익을 광범한 기반 위에 세워주는 대신 비타협적인 박헌영파의 남로당을 지원했다. 그 결과가 분단건국과 전쟁이었다.

김일성이 좀 더 타협적이고 유화적인 노선을 취했다면 다른 결과가 나왔을지는 장담할 수 없다. 그러나 호찌민에 비해 대결을 불사하는 노선을 걸은 것은 분명한 사실이고, 호찌민에 비해 그의 지도력이 경직된 쪽으로 발전한 것도 분명한 사실이다. 그 차이에는 음미할 여지가 많이 있다.

1947. 12. 28.

엉망으로 돌아가는 도쿄전범재판

도쿄전범재판정(Tokyo War Crimes Tribunal)은 극동국제군사재판정(극동IMT, IMTFE, The International Military Tribunal for the Far East)의 일부였다. 도쿄재판이 시작된 1946년 5월 3일자 일기에서 밝힌 것처럼 극동IMT의 재판정은 동아시아-동남아시아 여러 나라에 약 50개가 열렸고, 도쿄재판정은 그중 하나였다. 5,700여 명으로 추산되는 극동IMT의 피고인 가운데 도쿄재판정에 기소된 이는 28명뿐이었다.

그럼에도 도쿄재판정은 국제IMT의 초점이었다. 뉘른베르크재판에 이어 전범재판의 새로운 양상을 보여준 'A류' 전범의 재판이 여기서 진행되었기 때문이다. ('A급'이라 하여 B급, C급과 등급으로 구분된 것처럼 흔히 이해하는데, 'class'란 말은 등급이 아니라 종류를 뜻한 것이었다. A류는 평화에 대한 범죄였고, B류와 C류는 인도에 대한 범죄이며 그중 B류는 실행 책임을, C류는 상급자의 책임을 묻는 것이었다. 이 글에서는 혼란을 일으키는 '급' 대신 '류(類)'라는 말을 쓴다.) A류 전범은 '평화에 대한 범죄'로 기소된 것인데, 정책 결정의 책임을 개인에게 묻는다는 점에서 논란의 대상이었고, 일본제국 최고위 인사들이 기소 대상이라는 점에서 관심이 집중되었던 것이다.

도쿄재판정의 전범 28인 중 군부 인사가 18명, 정치인이 9명이었고

재판받는 도조 히데키. 그 자리에 쇼와 천황도 함께 있어야 한다고 생각하는 사람이 일본에도 미국에도 많이 있었다.

또 한 사람은 정치철학자였다. 정계, 군부와 함께 전쟁 수행의 주역이었던 재계 인사들은 논란 끝에 제외되었다. 무엇보다 일왕 히로히토(裕仁, 1901~1989)의 제외가 이 재판의 성격을 규정하는 가장 중요한 사항이었다. 기소된 28인의 유무죄를 따지는 것보다 천황에게 면죄부를 주는 것이 이 재판의 더 중요한 목적이었다고 할 수 있다.

재판은 1948년 11월 12일의 판결까지 30개월 이상 계속되었다. 재판 중 죽은 두 사람과 정신이상 진단을 받아 심리에서 제외된 한 사람을 빼고 피고 25인 전원이 유죄판결을 받았다. 교수형 판결을 받은 7명은 1948년 12월 23일 스가모형무소에서 형이 집행되었다. 무기형 판결을 받은 16명 중 복역 중 죽은 세 사람을 뺀 13명은 1954년에서 1956년 사이에 사면을 받아 출감했다. 20년형을 판결받은 한 사람은 복역 중 죽었고, 한 사람은 7년형 판결을 받았다.

1947년 12월 말에는 도조 히데키(東條英機, 1884~1948)의 심리가 진행되고 있었다. 제2차 세계대전 기간의 대부분을 군부대신

(1939~1941)과 총리대신(1941~1944)으로 지낸 도조는 전쟁의 최대 원흉으로서 가장 큰 주목을 받은 피고였다. 그런데 도조의 심리 중 뜻밖의 사태가 발생했다. 변호인의 신문 중 천황의 전쟁 책임을 시사하는 발언이 나온 것이었다.

> 로건(변호인): 평화를 바라는 천황의 의사에 반하여 기도(木戶幸一, 내대신)가 어떤 행동을 취하거나 무언가 진언한 사례를 하나라도 기억하고 있습니까?
> 도조: 그런 사례는 물론 없습니다. 내가 아는 한은 없습니다. 이뿐만 아니라 일본의 신민이 폐하의 의사에 반하여 이러쿵저러쿵하는 것은 있을 수 없는 일입니다. 하물며 일본의 고관이라면 더욱 그렇습니다.
> (허버트 빅스, 『히로히토 평전』, 오현숙 옮김, 삼인 2010, 669쪽에서 재인용)

도조는 천황에 대한 충성심을 고지식한 방법으로 토로한 것이었다. 그런데 천황에게 무조건 복종한다는 그 말은 전쟁에 대한 천황의 책임을 인정하는 뜻이었다. 예수의 말씀을 세상에 전할 수 있기 위해 베드로가 예수를 세 차례 부정한 것과 같이 도조는 천황을 지키기 위해 천황의 권위를 본심과 달리 부정해야만 했다.

천황이 연루될 위험을 피하기 위해 이 실언(?)을 주워 담는 노력을 존 다우어는 『패배를 껴안고』, 418~419쪽에 이렇게 그렸다.

> 전범 재판이 실제로 열리기 전에 SCAP(연합군최고사령부), IPS(전범재판검찰부) 그리고 일본 관리들은 천황의 기소를 막았을 뿐만 아니라 피고 중 어느 누구도 천황을 걸고넘어지지 않게 하기 위해 막후에서 움직였다. 펠러스의 충고를 들은 요나이(米內光政, 총리)는 도조에게 어

떤 식으로든 천황을 연루시키지 말라는 주의를 주었다.

그러나 재판의 성격을 규정하려는 공동 전선은 여기에서 멈추지 않았다. 궁정 및 일본 정부의 고위층들은 GHQ와 협력하여 전범으로 기소될 가능성이 있는 사람들의 명부를 작성했으며, 이후 스가모수용소에 구금된 수백 명의 'A급' 전범 혐의자들은 천황에게 어떤 책임도 전가되지 않게 하겠다고 자진해서 맹세했다.

천황을 지키기 위한 노력이 얼마나 오랫동안, 얼마나 열심히 이루어졌는지는 1947년 12월 31일에 도조가 순간적으로 합의된 선을 벗어나 천황에게 궁극적 책임이 있음을 시사했을 때 눈앞에 드러났다. 발언이 나오자마자 미국 주도하의 검찰이 증언을 정정하도록 비밀리에 그를 지도한 것이다.

도쿄전범재판은 엄격하고 공정하게 진행되더라도 논란의 여지가 많은 재판이었다. 한 국가의 정계와 군부 지도자들이 현행 국내법에 따라 정책을 결정하고 수행한 행위에 대해 국가의 책임에 그치지 않고 개인의 책임을 추궁하는 것이 합당한 일일까? 전범 피고들의 변호인단은 일본의 대외정책이 침략을 위해서가 아니라 자위를 위해 결정된 것이라는 주장에 중점을 두었다. 그 사이의 차이를 엄정하게 판별하는 것이 가능한 일일까?

앞서 진행되었던(1945년 11월~1946년 9월) 뉘른베르크전범재판의 원리를 그대로 베껴온 사실이 이 문제를 더 어렵게 만들었다. 독일의 나치 수뇌부는 하나의 공고한 집단을 이루고 일반 정치인들이 상상하기 힘든 범죄적 정책들을 지속적으로 수행했다. 범죄집단으로서 실체가 분명했던 것이다. 그러나 일본 사정은 그와 달랐다.

도쿄전범재판에서 피고들의 수백 개 죄목은 55개 소인(訴因)으로 요

1948년 도쿄에서 열린 전범재판. 뉘른베르크재판보다도 더 노골적인 '승자의 재판'이 되었다. 아시아 피해민족의 참여가 적었던 것이 가장 뚜렷한 문제점이었다.

약되었는데, 그 첫 번째가 '침략전쟁을 수행하기 위한 범죄적 공모'에 참여했다는 것이었다. 그런데 그 공모가 이뤄진 기간이 1928년 1월 1일 이후였다. 그 기간에 일본의 정계와 군부에서는 많은 지도자가 바뀌었고 그들은 대부분 나치 수뇌부와 비교할 때 보통 사람들이었다. 그 기간 내내 일본제국의 권력 핵심부에서 자리를 지킨 것은 히로히토 한 사람뿐이었다. 도쿄의 피고들이 공직을 맡은 기간을 맞춰보면 그들이 하나의 공모에 꾸준히 참여하는 상황을 상상한다는 것이 불가능한 일이다.

천황을 보호한다는 것이 도쿄전범재판 최대의 약점이었다. 1948년 11월 판결이 나올 때 11명의 재판관 중 다섯 명이 별도로 개인 의견서를 발표했는데 그중 오스트레일리아의 웹(Sir William Webb, 1887~1973) 재판장과 프랑스의 베르나르(Henri Bernard) 재판관은 천황의 면책을 비판했다. 인도의 팔(Radhabinod Pal, 1886~1967) 재판관은 도쿄재판이 위법이며 피고가 전원 무죄라고 주장했다.

『히로히토 평전』과 『패배를 껴안고』에서 팔 재판관의 역할에 대한 평가의 차이가 재미있다. 존 다우어는 『패배를 껴안고』 605쪽에서 "도쿄군사재판의 판사 열한 명 중 팔 판사만이 국제법에 조예가 깊었다."라는 점을 지적하며 "가장 예리했고 기억에 남았던 판사" 둘 중 하나가 팔이었다고 평가했다. 그런데 빅스(Herbert Bix, 1939~)는 거의 정반대 의견을 내놓았다.

> 팔은 친추축파 인도 민족주의자인 찬드라 보스(Chandra Bose)를 지지하는 인물로 오래전부터 친일파였다. 영국과 일본의 제국주의를 모두 비난하며 대동아공영권 이데올로기를 결코 받아들이지 않았던 많은 인도 지도자들과 달리, 팔은 일본제국주의를 대놓고 옹호했다. 5월 도쿄에 도착하자 그는 불성실한 태도로 임명을 받아들였으며, 일본에 대한 법적인 제재는 고사하고 일본을 재판할 권리 자체도 인정하지 않았다. 처음부터 재판이 실패로 끝나는 것을 지켜볼 작정이었던 팔은 다른 판사가 어떻게 판결하든 독자적으로 반대 의견을 쓸 생각이었다. (『히로히토 평전』, 659쪽)
>
> 사실관계를 심각하게 오인한 것이 일본의 행위에 대한 팔의 역사적 분석을 그르쳤다. 예를 들면 그는 장작림이 일본 군인에게 암살된 것이 아니라고 단언했고, '헐 노트'는 미국의 최후통첩이었다고 주장하면서, 이렇게 썼다. "지금 이 시대를 사는 역사가들마저 이렇게 생각할 것이다. 이번 전쟁을 놓고 말하자면, 진주만 공격 직전에 미국 국무부가 일본 정부에 보낸 것과 같은 통첩을 받을 경우 모나코왕국이나 룩셈부르크대공국이라도 미국을 향해 무기를 들고 일어날 것이라

고." (같은 책, 677쪽)

수바스 찬드라 보세(Subhas Chandra Bose, 1897~1945) 이야기는 이 일기에서도 한 일이 있다(1946년 9월 19일자). 인종차별을 중시하며 일본의 대동아공영권 주장에 호응했던 인도 정치지도자였다. 인도 민족주의자 중에는 보세의 추종자도 적지 않았다. 인도가 아직 정식 독립을 하지 못한 이 시점에서 그런 인물이 인도에서 선택된 배경과 경위가 무척 궁금하다. 이제 곧 인도에서 조선에도 유엔위원회 위원을 파견할 참이니까.

『Wikipedia』「Radhabinod Pal」 항목에 도쿄전범재판에 대한 팔의 관점이 설명되어 있다.

> 팔은 도쿄재판이 정당한 판결을 내릴 수 없는 재판이라고 믿었다. 불공정하고 불합리하며 안정된 평화에 아무것도 공헌할 수 없는 재판이라고 생각했다. 그는 이 재판이 패자에 대한 승자의 심판일 뿐이며 복수욕의 충족밖에 가져올 것이 없으리라는 생각이었다. 그는 개별 의견서에서 이 재판이 "복수의 욕망을 채우기 위한 사법절차의 엉터리 운용"이라고 비판했다. 팔이 남경대학살을 비롯한 일본의 전쟁범죄를 충분히 알면서도 그런 범죄는 B류와 C류 전범으로 충분히 처리될 수 있다고 주장했다고 오니시 노리미츠는 설명한다. 그는 뿐만 아니라 서양인의 식민지배와 미국의 원자폭탄 사용이 범죄 목록에서 빠져있고 침략당한 나라의 재판관들이 재판에 참여하지 못하고 있다는 사실이 "도쿄재판이 승자에게 복수의 기회를 주는 것 외에는 아무 소득이 없으리라는" 사실을 말해준다고 믿었다.

도쿄재판에서 승자들만이 주역을 맡고 피해자들이 배제된 데 대한 팔 재판관의 불만에는 존 다우어도 공감을 표한다.

> 일본이 아시아의 모든 국가들을 침략하고 점령했지만, 그리고 일본인의 약탈로 인해 사망한 아시아인의 수가 엄청났지만, 열한 명의 판사 중 아시아계는 불과 세 명이었다. 심지어 그 숫자조차 승자의 원래 의도를 훨씬 상회하는 것이었다. 최초 구상에서는 아홉 명의 판사가 참가하게 되어 있었지만 그들 중 아시아계는 단 한 명이었다. 바로 중국 대표이다. 팔과 자라닐라(Delfin Jaranilla, 필리핀. 『히로히토 평전』에는 '하라니야'로 표기됨) 판사는 그들의 나라에서 여론의 동요가 발생한 뒤에 합류했다. 도쿄군사재판소는 근본적으로 백인 법정이었다. (…) 특히 정도를 벗어난 부분은 조선인 판사나 검사가 한 명도 없었다는 사실로 이는 식민지 조선에서 수십만의 남녀가 일본의 전쟁 기계에 의해 짐승처럼 학대당했다는 사실을 무시하는 처사였다. (『패배를 껴안고』, 611~612쪽)

천황의 면책, 731부대 관계자들과의 거래, 재계 인사들의 기소 제외 등 미국 측의 자의적 운영이 그러지 않아도 좋은 성과를 거두기 힘들었던 도쿄재판의 권위를 망가뜨려버렸다. 일본에서 극우파의 기세가 쉽게 되살아날 수 있는 빌미가 여기서 주어졌다. 야스쿠니신사에 세워져 있는 라드하비노드 팔 기념비가 이 역설을 말없이 보여준다.

1947. 12. 31.

"해방일기"를 잇는 "대한민국 실록"을 내다보며

29개월 전 "해방일기" 연재를 시작할 때 나는 이 작업이 하나의 산책이자 대장정이 될 것으로 내다보았다.

> 하나의 여행으로 생각합니다. '산책'의 즐거움도 있고, '대장정'의 보람도 있는 길이 되기 바랍니다. 오랫동안 먼 길을 걸을 욕심으로 쓸데없는 힘을 뺍니다. 독자 여러분께 길동무로 나서주시기를 청합니다. (『해방일기』 1945년 8월 1일)

이 여행의 끝을 8개월 후로 내다보는 이 시점에 여러 가지 생각이 마음속을 오간다. 개인적으로는 대체로 만족한다. 대한민국의 출발점을 돌아보며 이 국가의 성격에 대해 느끼던 의혹을 많이 풀었다. 우리 민족은 유별나게 잘난 것도 없고 못난 것도 없는 보통 사람들의 집단이다. 세계사의 흐름을 그 자리에서 겪어내는 동안 맡아온 역할, 그리고 변해온 모습이 모두 인간적 이해의 범위를 벗어나는 것이 아니었음을 대충 확인할 수 있었다.

작업 자세를 그만하면 잘 지켜왔다는 점에도 스스로 만족한다. 지난 30개월간은 내 인생에서 제일 엄격한 구속 속에 지낸 기간이었다. 빡

센 편이었던 군 복무보다도 더 빡센 생활이었다.

한 인간으로서 자신이 속한 사회에 대해 이만하면 떳떳한 자리에 설 수 있겠다는 보람을 길동무로 나선 독자들이 그동안 확인해준 데 감사한다.

하산길에 접어들었다고 마음이 놓인 지난가을부터 "해방일기" 이후를 생각하기 시작했다. 5년 동안 매달려 있던 한국근현대사에서 풀려나 원래 취향의 문명사 쪽으로 돌아갈 생각을 했다. 『동아시아의 20세기』라는 가제로 구체적 작업 구상을 해왔다.

40여 년의 역사 공부를 통해 '근대'라는 주제에 내 생각이 집중되어 왔다. 오늘을 살고 있는 사람들은 생각만이 아니라 느낌까지도 근대라는 조건에 크게 묶여 있다. 그런데 근대의 조건은 허물어지기 시작한 지 오래다.

근대를 먼저 겪은 지역 사람들은 '탈근대'의 길을 걷기 시작했는데, 근대를 늦게 맞은 동아시아 사람들은 변화의 징후를 느끼는 데도 뒤처져 있다.

근대는 '전통'의 가치를 까뭉갠 시대였다. 탈근대시대가 전근대시대의 복원이 되지 않을 것은 당연한 일이다. 그러나 전통 속에는 인간의 자연스러운 모습이 많이 담겨 있었고, 근대라는 역사적 상황을 벗어날 때 인간이 자연스러운 모습을 최대한 되찾기 위해서는 전통 속에서 재발견할 가치가 많이 있을 것이다. 그리고 전근대시대의 전통 중 가장 풍요로운 발전을 성취했던 동아시아의 전통은 동아시아인만이 아니라 모든 인류에게 제공할 가치가 많은 보물창고 노릇을 할 수도 있겠다는 생각이 든다.

무엇보다 '근대'를 하나의 역사적 경험으로 인식하는 것이 '탈근대'의 길을 찾기 위한 중요한 전제조건이다. 동아시아의 근대는 20세기에 접어들며 시작되었고, 21세기로 넘어오면서 탈근대 상황을 맞고 있다.

이슬람세계 같은 곳에 비하면 근대적 상황을 꽤 투철하게 경험한 편이고, 유럽 같은 곳에 비하면 짧은 기간에 압축적으로 경험한 편이다. 한 세기의 역사적 경험으로 '근대'를 부각시키기에 좋은 조건이다. 효과적으로 서술할 길만 찾으면 동아시아의 20세기는 '근대'의 정체를 밝히는 좋은 창구가 될 수 있다.

이 작업 구상에 나 스스로도 만족하고, 의논을 청한 분들도 모두 반가워하며 많은 기대감을 표해주었다. 그런데 10여 일 전 대통령선거 결과를 보고 딴생각이 들기 시작했다.

문재인 후보의 당선을 내가 바란 것은 사람이 좋아 보여서보다도, 한국 사회의 순조로운 발전을 위해 좋은 길이라고 생각해서였다. 보수주의자인 나는 불평등이 사회에 존재하는 것을 당연한 일로 여긴다. 그러나 그 불평등이 너무 많은 사람에게 고통을 주고 사회의 안정성을 위협할 정도로 심화되지는 않기 바란다.

20세기 내내 한국 사회의 불평등은 심각한 위험 수준을 넘어선 채로 지냈다. 식민지체제도 독재체제도 이 위험을 키워오기만 했다. 1987년 이래의 민주주의체제가 약간의 효과를 일으키기는 했지만 획기적 변화는 가져오지 못했다. 그러다가 지난 5년간 한나라당의 집권 아래 그 약간의 효과마저 도로 없애버리는 퇴행적 상황이 전개되었다. 1987년 이전의 독재체제를 배경으로 하는 박근혜 정권보다는 민주주의를 앞세우는 문재인 정권이 이 사회의 순탄한 발전을 위해 지금 필요한 것이라고 나는 판단했다.

선거 결과가 어떤 원인에서 나왔는지 논란이 무성하다. 나름대로 타당성 있는 여러 가지 이야기가 나오고 있지만, 나는 그 어느 것도 결정적인 원인이라고 규정하기 힘들다고 본다. 모든 요인에는 득실이 엇갈리기 때문이다. 각자가 크게 보는 것을 크다고 주장하는 것은 장님 코끼리 만지기일 뿐이다.

내게도 나름대로 크게 보이는 것이 있다. 이것도 코끼리의 한 부위에 불과한 것임은 말할 나위 없는 일이다. 그러나 코끼리 만지는 것이 단순한 호기심에서가 아니라 병든 코끼리를 고쳐주기 위해서라면 어느 한 부위가 특별히 중요한 것일 수 있다. 왜 그 부위에서 병리적 문제를 느끼는 것인지 설명할 수 있다면.

내가 중요하게 보는 문제는 우리 사회에서 힘을(재력이든 정보력이든) 많이 가진 사람들이 사회의 안정성에 공헌하려는 자세를 갖추지 못하고 있다는 것이다. 누리는 것이 많은 사람들이 자기가 속한 국가와 사회의 안전을 지키려고 애쓰는 것은 인지상정이기도 하려니와, 안정과 번영을 누리는 사회의 필수조건이기도 하다. 그런데 지금의 우리 사회처럼 지도층의 책임감이 박약한 사회가 재앙을 피하는 일을 나는 역사에서 보지 못했다.

왜 그럴까? 유력한 가설을 나는 갖고 있다. 식민지체제다. 식민지사회의 특권층에게는 자기 사회의 안보(security)를 위해 노력할 동기가 없다. 특권은 지배국가 중심의 제국체제로부터 주어지는 것이기 때문이다. 일본의 식민지로 근대화를 시작한 한국사회에서 엘리트계층의 사회에 대한 책임감이 박약한 현실은 식민지 경험에서 비롯된 것이다.

40년의 식민지시대가 빚어낸 이 문제가 60여 년이 지난 지금까지 남아 있는 것은, 아니, 오히려 더 심해진 것처럼까지 보이기까지 하는 것은 어찌된 일인가? "해방일기"에서 밝히고자 한 가장 중요한 문제가 그것이다.

해방이 되고 건국이 됐지만 대한민국은 완전한 독립국이 되지 못했다. 민족사회의 장래를 걱정하는 사람들이 도태되고, 일본 제국체제 안에서 누리던 특권을 미국 중심 제국체제에서 다시 누리려는 사람들이 대한민국 건국의 주도권을 장악하는 과정을 "해방일기"에서 밝혀왔다.

건국 당시의 대한민국이 식민지체제를 내부에 고착해놓고 있던 상황을 오는 8월까지 계속해서 그려나갈 것이다. 그리고 바로 이어 "대한민국 실록" 작업을 시작하려 한다. 대한민국이 식민지시대에서 넘겨받은 유산이 그 후 어떻게 지켜지고 어떻게 발전하는지 계속해서 살펴보려는 것이다.

구상을 처음 떠올린 지 겨우 열흘, 구체적인 계획을 밝힐 계제가 아니다. 이렇게 진행했으면 하는 희망사항에 불과하다. 그래도 이 작업을 해낼 수 있으리라는 자신감을 얻은 것은 지금까지 마음에 두어온 "동아시아의 20세기"의 뜻도 이 작업으로 살릴 수 있으리라는 생각이 들면서다. '동아시아'를 '한국'으로, '20세기'를 '20세기 후반'으로 공간과 시간을 줄이기는 하지만, '근대'의 천착은 이 작업에서도 중심이 될 것이다.

좋은 출발점으로 강준만의 『한국현대사 산책』과 한홍구의 『대한민국사』가 있는데, 그분들 노력에 내 작업이 보탬이 될 수 있는 측면이 바로 문명을 바라보는 관점이다.

현대사 서술은 정치적 입장에 대한 편견 때문에 잘 읽히기 힘든데, 20세기 후반 인류문명의 흐름을 서술의 바탕으로 깔아놓음으로써 독자들 생각의 범위를 넓혀드리고자 한다.

"해방일기"가 일기의 틀로 르포 성격에 치우쳐 있었던 것과 달리 "대한민국 실록"은 에세이 성격이 강화될 것이다. 그래서 '실록'이란 말을 생각한 것이다. 1년의 작업으로 10년의 기간을 서술할 수 있다면

1948~1987년의 독재시대를 서술하는 데 약 4년의 시간이 걸릴 것이다. 그리고 그 뒤 기간의 서술 작업을 계속해나갈지는 그때 가서 생각해봐야겠다.

안재홍
선생에게
묻는다

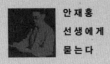

"경제민주화를 벌써 주장하셨군요"

김기협 | 1947년 12월 중 『한성일보』에 연재하신 글 「삼균주의(三均主義)와 신민주주의」를 읽어봤습니다. 제가 읽은 것은 『민세 안재홍 선집 2』 228~243쪽에 수록된 것인데, 원래의 연재에 약간의 첨삭을 가한 것이라는 설명이 붙어 있더군요.

삼균주의는 원래 조소앙 선생이 정리한 것으로 임정 시절 한독당 이념으로 채택되고 임정 건국강령에도 채택된 것이죠. 1941년 11월 임정 건국강령에 "삼균주의로써 복국(復國)과 건국을 통해 일관한 최고 공리인 정치·경제·교육의 균등과 독립·자주·균치(均治)를 동시에 실시할 것"이란 대목이 들어갔습니다.

선생님께서는 해방 한 달 후에 「신민족주의와 신민주주의」라는 글로 해방 조선의 이념적 지표를 제시했습니다. 그로부터 2년 넘게 지난 지금 신민주주의와 삼균주의의 접점과 관계를 밝히신 것이 눈길을 끕니다. 작년 봄 한독당에 합류했다가 1년여 만에 갈라져 나오신 터에 한독당 이념인 삼균주의를 제창하시는 뜻을 설명해주시지요.

안재홍 | 지난여름 한독당에서 나온 것은 본의가 아니라 부득이한 사정 때문이었습니다. '탈당'이 아니라 '출당'이었지요.

독립건국이 의미를 가지려면 이념을 세워야 하는데 그를 위한 노력이 부족합니다. 그런데 임정은 오랜 기간 모색해 삼균주의라는 이념을 채택해놓았고, 그것을 새 국가의 이념으로 그대로 받아들이지는 않는다 하더라도 새 이념을 세울 바탕으로서 큰 가치를 가진 것입니다. 비록 한독당 당원 자리를 지키고 있지는 못하더라도 그 훌륭한 가치를 받드는 마음을 표현할 필요를 느꼈습니다.

「신민족주의와 신민주주의」를 쓸 때 나는 삼균주의의 이름만 알고 있었습니다. 그 후 내용을 알게 되면서 내가 생각한 신민족주의, 신민주주의와 통하는 것임을 깨달았습니다. 특히 신민주주의와는 표리(表裏)를 이룬다고 할 만큼 같은 내용을 담은 것입니다.

표리관계라 함은 신민주주의의 실천 방안을 담은 것이 바로 삼균주의라는 것이죠. 그래서 나는 삼균 '주의'라기보다 삼균 '제도'로 파악하면 이념으로서의 신민주주의와 방안으로서의 삼균제도 사이의 표리관계가 더 분명하게 나타날 수 있으리라고 생각합니다.

김기협 | 이 글의 앞부분에서 65년 후의 사람들도 절실하게 받아들일 내용을 읽고 깜짝 놀랐습니다. 그 부분을 조금 발췌합니다.

> 지력(智力)을 고르게 하고 부력(富力)을 고르게 하고 권력(權力)을 고르게 하는 것이, 이른바 '삼균'이다. 지-부-권 셋은 인생생활의 기본 요건이니, 이것이 편재(偏在) 독천(獨擅)됨이 없도록 골고루 분배 소유되는 균등사회·공영국가를 만드는 것이 '삼균제도'이다.
>
> 그 윤리적 발동과 행사의 점에서는 지력이 원본적인 것 같지마는, 대중적이요 또 사회적인 제약 기능에서는 부력이 결정적인 조건으로 되어 있다. 현대적 사회에서 일체를 지배하는 것이 부력 즉 경제적 토대인 것이요, 그 위에 정치적 기구 즉 권력체제가 건조되는 것이

며, 따라서 지력 즉 교육문화의 제 기능이 결정되는 것이다.

고금동서 일체의 사회문제, 인세의 갈등이 모든 불평등에서 기인된 것이거니와, 비록 천태만상으로 움직이는 불평등이란 자도, 그 밑동인즉 실은 부-권-지 셋에서 출발한 것이다. 그러므로 사회의 불평등을 발본적으로 불식하는 것은 이 삼균제도요, 삼균의 실천을 정강정책으로 하는 곳에 문득 삼균주의라고 일컬을 수 있는 것이 있으니, 이 삼균주의의 성립되는 이유이다.

삼균제도 혹 삼균주의는 민주주의와 잘 대비되나니, 그는 신민주주의의 기본요소로 된다. 민주주의는 그 발생의 역사가 신권제왕 또는 봉건귀족의 권력독점, 즉 정치적 불평등에 기원한 것인 만큼, 그 당시에 있어서 정인(町人)계급 혹은 상공계급으로서 형성된 자본가계급의 사람들이 그 신흥세력으로서의 권력의 요구 형태로서 성립된 것이요, 삼균주의 그것은 다만 권력 문제에만 그치지 않아, 부와 지에까지 그 명확한 균등을 요청하는 점에서, 독특한 제도인 채 또 주의라고도 규정된다.

요즘 대한민국에서 '경제민주화'를 외치는 목소리가 높습니다. 해방공간에서, 그리고 그에 앞서 임정에서도 권력의 균등, 즉 정치적 민주주의만이 아니라 교육과 재산의 균등을 그와 나란히 주장한 사실을 살피며, '경제민주화' 얘기가 이 사회에서 왜 이렇게 늦게 나왔는지 이상할 정도입니다. 지력과 재력의 균등을 중시하신 이유를 말씀해주시지요.

안재홍 | 민주주의의 출발점으로 영국의 의회제도를 말하기도 하지만, 나는 프랑스대혁명을 진정한 출발점으로 봅니다. 당시 민주

주의혁명의 주체는 재산 없고 교육 못 받은 서민대중이 아니라 신흥 부르주아 계층이었습니다. 부르주아 계층은 지력과 부력을 갖추고 있으면서 권력만을 필요로 했기 때문에 당시의 혁명은 정치권력의 분배만을 목적으로 한 것이었습니다.

권력이 일단 왕과 귀족의 독점에서 풀려나자 서민대중이 더 큰 민주주의의 필요성을 깨닫게 되었습니다. 지력과 부력의 균등이 없는, 권력의 균등만을 내세우는 민주주의로는 제대로 된 균등이 이뤄지지 않는다는 사실을 깨달은 것이지요. 그래서 공산주의와 사회주의가 나타나게 되었습니다.

일제강점기 조선인의 고통의 원인은 이민족 지배에 있는 것으로 보이지만, 그것만이 아닙니다. 더 큰 실제 원인은 불평등에 있었습니다. 일제 통치 이전부터 있던 문제인데 일제 통치 때문에 더 심해진 것이죠. 일제의 퇴각은 민족해방의 한 부분일 뿐입니다. 불평등의 해소 없이는 진정한 민족해방이 이뤄질 수 없습니다.

김기협 | 그 점은 1920년대 후반의 공산당운동을 비롯한 좌익운동에서 제기해온 것이죠. 선생님 말씀하시는 "부력의 균등"이란 것이 좌익의 주장과 합치하는 것이기도 하고요. 그런 주장을 하면서 우익을 자처하는 선생님이 좌익과의 차이를 무엇으로 보시는지요?

안재홍 | 나는 '균등'을 말할 때 '평등'과 차이를 생각합니다. '불평등'을 해소하려는 점에서는 나도 좌익과 생각이 같습니다. 하지만 나는 불평등 해소의 목적을 절대적 평등의 실현에 두지 않습니다. 지나친 불평등이 없는, 적절한 균형을 갖추는 균등을 나는 생각합니다.

마르크스(Karl Heinrich Marx, 1818~1883)는 공산혁명의 필연성을 역

사 속에서 본다고 했는데, 나는 마르크스 역사관을 진정한 역사관으로 보지 않습니다. 마르크스가 말하는 역사는 공산혁명의 필요성을 전제로 재단된 것입니다. 역사를 있는 그대로 보는 것이 아닙니다.

있는 그대로의 역사 속에서는 절대적 평등이란 것이 없습니다. 그것이 자연스러운 인간성을 비쳐 보이는 것이기도 합니다. 인간의 본성에는 협력의 성향과 경쟁의 성향이 아울러 있습니다. 지력, 부력, 권력의 불평등이 너무 심하면 불평등을 줄이려는 반발이 저절로 나타나고, 반대로 불평등이 너무 작으면 경쟁을 통해 차이를 늘리는 현상이 저절로 일어납니다. 사적 소유권을 폐지하여 경쟁을 아주 없애고 완전한 평등을 실현하겠다는 것은 지나친 불평등에 대한 극단적 반발일 뿐이며, 인간의 본성에 어긋나는 것입니다.

해방 조선의 상황을 봐도 그렇습니다. 일제 통치의 지주 우대정책 등을 통해 부력의 불평등이 너무 커졌고, 그에 따라 지력의 불평등도 심하게 되었습니다. 불평등을 대폭 완화할 필요가 있는 것은 분명한 사실입니다. 그러나 교육수준이 높은 지주 계층을 완전히 배제하고는 건국 과업을 제대로 실천할 수 없다고 나는 생각합니다.

이북의 토지개혁이 너무 급속히 시행된 데 따르는 문제점들이 그동안 드러나왔습니다. 인적자원의 손실이 당장 문제로 떠오르고 있습니다. 고등교육을 받은 이북사람의 거의 절반이 남쪽으로 넘어왔어요. 그들은 특권층이기 이전에 교양인이요, 지식인입니다. 교양인과 지식인이 태부족인 상황에서 이북의 변화가 민족사회의 건설이 아니라 소련의 모방을 향하고 있는 것은 슬픈 일입니다.

김기협 | 이북의 변화가 소련 사회의 모방을 향해 가는 것을 걱정하시는데, 이남에서는 미국 사회의 모방이 그 못지않은 걱정거리

아닙니까? 다수 대중의 만족과 복리라는 면에서는 이북 사정이 이남보다 훨씬 나은 것 같은데, 민주주의 원리에서는 그 점이 중요한 것 아닌가요?

안재홍 | 내가 신민족주의와 신민주주의를 함께 제시하는 까닭이 거기에 있습니다. 민족주의도 민주주의도 극단으로 가면 다 문제가 있어요. '과유불급(過猶不及)'이란 말 그대롭니다. 이남에서 민족주의를 표방한 반탁운동이 반민족적인 단독정부 수립으로 귀착되고 있는 것이 민주주의를 외면하는 민족주의이기 때문입니다. 반면 민족주의를 외면한 이북의 민주주의는 미풍양속을 저버리는 데서 시작해, 인간의 행복을 묵살하는 길로 나아갈 것이 걱정됩니다.

김기협 | 며칠 전 장덕수 씨가 암살당했지요. 하지 사령관은 김구 선생의 교사에 의한 것으로 확신하는 모양입니다. 지난 6월 하순 반탁시위대의 투석사건과 관련해서도 그분과 미군정 사이에서 고초를 겪으셨는데, 이번에도 민정장관 입장이 몹시 어려우시겠죠?

안재홍 | 하지 사령관이 장덕수 씨를 무척 좋아한데다가 김구 선생과 장 씨의 나쁜 사이가 널리 알려져 있어서 어려운 상황을 예상하고 있습니다. 하지만 바로 그런 것이 민정장관 역할 아니겠습니까? 확실한 증거가 없는 한 군정청이 민족지도자에게 결례를 범하는 일이 없도록 내 최선을 다해야지요.

김기협 | 그런데 요즘 김구 선생의 행보에 사람들이 의아해하고 있습니다. 반탁 문제가 사라진 이제 이 박사와 한민당 등 분단건

국 추진세력과 결별하는 것이 당연한 일이지요. 조소앙 선생이 나서서 정협을 추진하는 것을 보고 김구 선생의 뜻이 온전한 민족주의로 돌아온 것으로 다들 생각했습니다. 그런데 일전에 이 박사의 분단건국 노선을 지지하는 담화를 거듭 발표하시는 것을 보고 망치로 뒤통수를 맞은 것 같습니다.

선생님이 한독당을 떠난 것은 반탁운동과 미소공위 때문이었죠. 김구 선생의 지도력을 받들어온 선생님의 자세가 바뀐 것이 아니었습니다. 그런데 김구 선생께서 11월 30일과 12월 1일 이 박사를 만나고 이 박사 노선 지지를 선언하시는 것을 보고도 그분에 대한 믿음이 흔들리지 않으시는가요?

안재홍 | 나로서 도저히 이해할 수 없는 일입니다. 그분의 최근 입장을 나로서는 지지할 수 없습니다. 어찌된 일인지, 그분의 진짜 뜻이 무엇인지, 더 알아봐야겠습니다.

일지로 보는 1947년 12월

12월

- 1일 유엔사무총장 리, 조선 문제의 신중 고려 천명
- 2일 사표 제출한 3심판관, 사표 제출 이유 해명 성명 발표
- 4일 하지와 검찰총장 이인, 장덕수 피살에 애도 성명 발표
- 5일 이승만, 민족자결주의를 표명하는 성명서 발표
- 7일 서울시내 4개소에 공설 전당포 신설
- 9일 남한의 물가지수 세계 2위
- 12일 수도경찰청장 장택상, 장덕수 살해범 배후 등에 대해 기자회견
- 13일 남북 간 우편물 교환 실시
- 15일 미곡자금의 보충책으로 양곡가격 인상
- 18일 중앙청 비상전력위원회, 명령 제2호로 전력사용 우선순위 결정
- 22일 김구, 단정수립 반대 성명 발표
- 24일 행정명령 제10호, '노동에 관한 규정의 임시정지' 공포
- 28일 나석주 의사의 거사 전 친서 공개
- 31일 12월 말로 창씨성명 완전 말소

찾아보기

ㅊ

ㅋ

ㅌ

ㅍ

ㅎ